Les migrations internationales et le développement

L'exode de compétences et les envois de fonds émigrés

Serge Feld

Les migrations internationales et le développement

L'exode de compétences et les envois de fonds émigrés

Préface de Joseph Grinblat et Yves Charbit

L'Harmattan

Du même auteur

Feld S., « La Main-d'œuvre étrangère en Belgique »,
analyse du dernier recensement,
Louvain-la-Neuve, Academia-Bruylant AB, 2010.

Feld S. (dir.), *Changements des structures par âge et populations actives,*
Louvain- la-Neuve et Bruxelles, Academia-Bruylant AB, 2008.

Feld S. (éd.), « Population et Développement »,
numéro spécial *Mondes en développement*, t. 36,
Bruxelles, Editions de Boeck Université, 2008.

Feld S. et Manco A.,
L'Intégration des jeunes d'origine étrangère dans une société en mutation. L''insertion scolaire, socioculturelle et professionnelle en Belgique francophone.
Paris, L'Harmattan, coll. « Logiques sociales », 2000.

Feld S. et R. Lesthaeghe (éds),
« Population and Societal Outlook », Population et prospective,
Bruxelles, Fondation Roi Baudouin, 1985

5-7, rue de l'Ecole-Polytechnique, 75005 Paris

http://www.editions-harmattan.fr

ISBN : 978-2-343-16543-1
EAN : 9782343165431

TABLE DES MATIERES

PRÉFACE

Serge Feld fut pendant de nombreuses années expert auprès de la « Commission Population et Développement » de l'ONU. Il a aussi fait de nombreux séjours de recherche auprès de la Section des études de migrations dont j'étais le chef à la Division de la Population de l'ONU. Il a été professeur de démographie à l'Université de Liège (Belgique), spécialiste des migrations. Il fournit ici un examen très approfondi de la réalité économique et sociale des pays de départ et évalue les politiques préconisées pour optimiser les dynamiques entre démographie, migrations internationales et développement. Ce livre rassemble ses principales recherches sur les conséquences des mouvements migratoires pour les pays de départ.

Une des principales qualités de cet ouvrage consiste à analyser les données les plus récentes et à expliciter les divergences des principales théories qui traitent des relations entre immigration et développement. Ses recherches s'appuient sur un examen minutieux puisé aux meilleures sources. Les données qu'il analyse sont les plus récentes et les plus pertinentes. Elles proviennent essentiellement des banques de données de la Division de la Population de l'ONU, de la Banque Mondiale, du FMI, de L'OCDE et de l'OMS. La problématique « Migrations internationales-développement » s'articule autour de deux grands axes. D'une part, l'émigration de personnel qualifié, appelée « exode des cerveaux », est généralement considérée comme un frein au développement de nombre de pays d'émigration. D'autre part, les transferts des économies des migrants vers leurs familles peuvent potentiellement constituer des ressources qui bénéficieraient à toute la population des pays de départ.

Dans la première partie, l'ouvrage se focalise sur les causes et les conséquences des migrations de personnel très qualifié (HQ). Entre 2000 et 2010, au niveau mondial, le nombre de migrants qui disposent d'une éducation supérieure est passé de 18,3 millions à 32 millions. Le nombre de migrants originaires des PVD vers les pays de l'OCDE a, quant à lui, augmenté durant ces 10 ans de 10,6 millions à 19,7 millions. Les arguments négatifs examinent les pertes de production et de main-d'œuvre qualifiée, le gaspillage des investissements publics en éducation supérieure et la diminution des recettes fiscales.

Serge Feld met en évidence le transfert de connaissances techniques et scientifiques vers les pays d'origine, l'augmentation du niveau d'éducation, les retombées des réseaux internationaux, les effets des « diasporas » et les bénéfices lors des retours des migrants. Il expose ensuite une analyse critique très documentée de la « nouvelle économie des migrations internationales ». Concernant la question cruciale du Brain Drain, ce travail éclaire les conséquences de ces mouvements sur le niveau d'éducation et sur les comptes publics. Un chapitre en particulier traite en détail des effets de l'émigration massive de médecins sur le niveau sanitaire des pays d'émigration, de l'émigration de personnel médical des PVD vers les pays développés. L'analyse des données les plus récentes permet de mesurer l'impact de ces départs sur le volume de la main-d'œuvre médicale des PVD, sur le niveau de santé de la population, sur le coût de la formation des médecins et aussi sur la qualité et l'efficacité des infrastructures de santé publique. L'auteur nous propose ici une analyse inédite et approfondie de ces questions très controversées ces dernières années au sein des organisations internationales spécialisées dans l'évaluation des programmes et des politiques migratoires internationales.

La deuxième partie de l'ouvrage examine de manière approfondie la question des envois de fonds. Serge Feld part d'une remarque fondamentale. Puisque les transferts participent au développement économique à deux niveaux, macro-économique et micro-économique, il est essentiel de les distinguer et de les analyser chacun séparément, même si une évaluation sérieuse de la contribution des transferts au développement nécessite de ne négliger ni l'un ni l'autre.

Au niveau macro-économique, s'impose le constat de l'importance des transferts d'argent par les migrants travaillant à l'étranger, voire par les diasporas, par rapport au volume de l'aide publique au développement et aux investissements directs des entreprises du secteur privé. Dans certains pays, leur rôle est décisif et deux exemples suffiront. En Égypte, dans les années 1990, les transferts des migrants étaient plus importants en US$ que les revenus du canal de Panama, ceux du tourisme et du pétrole réunis. Et en Inde, dans les années 1970, ils ont été suffisants pour couvrir le déficit de la balance commerciale et même augmenter les réserves en devises en dépit de la hausse du prix du pétrole. Aujourd'hui, dans des petits pays caractérisés par l'absence de ressources naturelles, une agriculture faiblement productive et une industrie à peine développée ne pouvant absorber la main-d'œuvre disponible, la migration est bel et bien une des rares possibilités de développement.

La faiblesse de ce type d'analyse est que le développement est uniquement défini en termes économiques alors que la dimension sociale est tout aussi importante. En effet, si les émigrants envoient de l'argent au pays d'origine, c'est bien parce que la migration à l'étranger avait pour objectif principal d'échapper, on l'a dit, à la pauvreté. Il faut donc s'interroger sur l'utilisation de cette manne par les familles. Dans cette perspective, les dépenses de santé, d'éducation, d'amélioration du logement correspondent bien davantage à la réalité que les analyses étroites qui tendent à ne considérer comme utiles au développement que les investissements dans des entreprises dans les pays d'origine. Les dépenses soi-disant « somptuaires » sont indéniablement porteuses d'un « effet de démonstration » de la réussite économique de la famille. Mais lorsque le migrant transforme sa maison, cela génère des emplois induits. Et installer l'électricité et l'eau courante n'a rien de somptuaire. Les autres utilisations des transferts sont incontestablement une source de progrès. Ils assurent à court terme la couverture des besoins de base et en particulier l'amélioration de la nourriture, tandis que les dépenses de santé et d'éducation doivent s'analyser comme des investissements à moyen et long terme au moins aussi stratégiques pour les familles que la création d'une entreprise dans le pays d'origine. L'autre apport de cette analyse en termes de développement social est une meilleure compréhension des dynamiques des migrations, loin de l'image d'un migrant *homo economicus* purement individualiste. Celle-ci est très éloignée de la réalité. Car tout migrant est porteur des aspirations d'une famille. Les transferts mettent en évidence le contrat à la fois moral et économique passé entre le migrant et sa famille. Et de même que celle-ci l'a aidé à réaliser son projet migratoire, les transferts sont la contrepartie de cet effort.

Tels sont quelques-uns des points majeurs de ce beau travail d'analyse et de synthèse que propose Serge Feld.

Joseph Grinblat
Ex- Chef de la section des études de migrations, Division de la population, ONU

Yves Charbit
Professeur émérite de démographie, Université Paris Descartes.

INTRODUCTION GÉNÉRALE

La mobilité internationale des individus est une constante de l'histoire de l'humanité. Les migrations ont de tout temps façonné la société, l'économie et la culture des régions et des États. Le rythme, la direction, l'ampleur et les motivations à l'origine de ces déplacements se sont modifiés profondément au cours des dernières décennies. La mondialisation a largement contribué à favoriser les communications, à baisser les coûts des déplacements et à partager les informations sur les opportunités qui s'offrent dans le reste du monde. Si l'accroissement des échanges des biens, des services et des capitaux fut en général favorablement accueilli, il n'en a pas été de même des mouvements du facteur travail.

Les migrations internationales font de plus en plus l'objet de vives controverses tant au niveau scientifique que dans le domaine de l'action politique. Les polémiques se nourrissent d'approches théoriques contradictoires et d'analyses empiriques divergentes qui se contentent généralement de conforter des *a priori* idéologiques. Bien souvent, les argumentaires exposés mêlent des thématiques et des objectifs qui relèvent des différentes sciences sociales. Ainsi, on rappellera que dans une démarche démographique, les questions principales posées par les migrations concernent le rythme de croissance et le vieillissement de la population, alors que, du point de vue sociologique, c'est la question de l'intégration de la population immigrante et la cohésion sociale qui est posée. L'analyse économique, quant à elle, concerne essentiellement les effets de l'offre de la main-d'œuvre étrangère sur les revenus et la production dans les pays de départ et d'arrivée, alors que la démarche géopolitique tente de concilier les contraintes de la souveraineté nationale avec les principes du droit humanitaire. L'évaluation positive ou négative des effets de migrations internationales dépend, bien entendu, des objectifs retenus.

Afin de tracer un panorama général du phénomène migratoire, de ses déterminants et de ses effets, il importe, d'abord, de tracer les grandes tendances actuelles. Au cours de 25 dernières années, le nombre de migrants internationaux au niveau mondial a connu une croissance annuelle de 3,6 %. Ce taux est le double de celui de la croissance démographique. Les deux tiers de cette augmentation se sont produits dans les pays développés. Environ 58 % des migrants sont installés dans les pays du « Nord » et 42 % dans les pays du « Sud ». Depuis 1990, le nombre total de migrants a augmenté de plus de 91 millions, soit plus de 60 % et s'élève actuellement à 224 millions de migrants. Les flux « Sud-Nord » et « Sud-Sud » sont à peu près de même ampleur et représentent chacun entre 35 % à 37 % du total des mouvements migratoires.

Contrairement à une opinion très répandue et malgré l'ampleur de ces flux, le total du nombre de migrants ne représente que 3,3 % de la population mondiale. Cette proportion n'a augmenté que de 14 % au cours des 25 dernières années. Les migrants ne représentent que 1,7 % de la population des pays en développement. Pour les pays développés, la proportion de migrants parmi la population totale est passée, au cours de la même période, de 7,2 % à 11,02 %. Bien entendu, ces chiffres au niveau mondial cachent de très grandes disparités régionales. En effet, plus des deux tiers des migrants internationaux vivent actuellement dans seulement 20 pays. Globalement, le nombre de pays de départ, de transit et d'arrivée a considérablement augmenté. Les modalités et la nature des migrations se sont fortement diversifiées entre les migrations temporaires, définitives, circulaires, celles de main-d'œuvre non qualifiée, de personnel hautement qualifié et aussi celles d'illégaux et de réfugiés. Cette plus vaste diversité des mouvements internationaux de population n'abolit cependant pas les pesanteurs historiques et les déterminants économiques et politiques qui perpétuent et renforcent des « corridors » bilatéraux entre pays de départ et d'arrivée. Ces grandes tendances sont présentées dans le chapitre introductif.

Dans cet ouvrage, c'est une analyse des principales conséquences économiques des migrations internationales pour les pays de départ qui est proposée. Au préalable, il importe de bien distinguer deux types de migrations : celles entre pays au niveau de revenu moyen à peu près équivalent et celles qui se déroulent entre les pays industrialisés et les pays en développement. Pour les premières, l'évaluation des gains et des pertes est déterminée par les mécanismes du libre-échange qui garantissent à la fois plus de spécialisation, d'économies d'échelle et de concurrence. Le niveau du « bien-être » mondial s'accroît et les retombées positives découlant de la libéralisation de l'offre internationale du travail se répartissent, dans des proportions variables, entre tous les acteurs : les pays de départ, les migrants eux-mêmes et le pays d'arrivée. Ces conclusions reposent sur les hypothèses très restrictives qui définissent le cadre du modèle classique du commerce international Heckscher-Ohlin. La plupart des travaux théoriques et empiriques en économie internationale se sont consacrés à évaluer les conséquences de l'absence d'une ou de plusieurs de ces hypothèses dans des situations concrètes caractérisées par la concurrence imparfaite. La question devient, par conséquent, d'identifier les gagnants et les perdants et d'évaluer la répartition des avantages et des inconvénients entre eux.

Cependant, la problématique des rapports entre immigration et développement économique repose également sur d'autres paramètres. L'immigration à partir des PVD est-elle une des causes principales du sous-développement ou, au contraire, n'est-elle qu'une de ses nombreuses conséquences ? La migration est-elle seulement favorable aux pays développés dans la mesure où elle répond à leur demande de main-d'œuvre sur le marché international ou, comme le soutiennent une large part de la littérature scientifique et des organisations internationales, garantit-elle aussi en toutes circonstances des effets favorables sur le bien-être des populations des pays de départ ? Si cette hypothèse est privilégiée, faut-il dès lors se contenter de gérer les flux migratoires dans de meilleures conditions ou faut-il adopter des politiques davantage volontaristes pour favoriser l'émigration à partir des PVD ? Cette attitude a longtemps prévalu au sein d'organisations internationales pour lesquelles les migrations constituaient un facteur efficace d'amélioration de la situation de pays de départ.

La problématique « Migrations internationales-développement » peut s'articuler autour de deux grands axes qui mènent, selon la plupart des acteurs de terrain, à des effets opposés. D'une part, l'émigration de personnel qualifié, appelée également « exode des cerveaux » ou encore « brain drain », est généralement considérée comme un frein au développement de nombre de pays d'émigration. D'autre part, les envois de fonds des migrants vers leurs familles fournissent des ressources considérables qui bénéficieraient à toute la population des pays de départ.

Cet ouvrage se propose de présenter les données disponibles les plus récentes, d'exposer les arguments favorables et défavorables des principales théories qui traitent de l'émigration de personnel très qualifié et des envois de fonds, d'analyser la réalité économique et sociale de nombreux pays de départ et d'évaluer les diverses politiques préconisées pour optimiser les relations migration-développement.

La première partie traite des migrations de personnel très qualifié (HQ). Entre 2000 et 2010, le nombre de migrants disposant d'une éducation supérieure est passé de 18,3 millions à 32 millions. Le nombre de migrants des PVD dans les pays de l'OCDE a augmenté durant ces 10 années de 10,6 millions à 19,7 millions. Ce presque doublement témoigne d'un accroissement de la sélectivité des flux migratoires. Les arguments défavorables au « brain drain » portent sur les pertes de production et de main-d'œuvre qualifiée, le gaspillage des investissements publics en éducation supérieure pour les diplômés qui ont émigré et la diminution des recettes fiscales. Inversement, les arguments favorables mettent l'accent sur le transfert de connaissances techniques et scientifiques, l'augmentation des dépenses d'éducation grâce à un effet d'incitation, les retombées des réseaux internationaux et les bénéfices recueillis lors des retours des migrants. La question centrale concerne cependant l'émigration de personnel médical des PVD vers les pays développés. Pour l'évaluer, on présente les trois types d'indicateurs les plus significatifs : les taux d'émigration des médecins, la densité médicale et les mesures des pénuries des personnels de santé. On expose ensuite les analyses mesurant l'impact de ces départs sur le volume de la main-d'œuvre médicale des PVD, sur le niveau de santé de la population, sur le coût de la formation des médecins, et aussi sur la qualité et l'efficacité des infrastructures de santé publique.

La problématique des envois de fonds occupe, elle aussi, une place privilégiée dans la démarche globale visant à intégrer les causes et les conséquences des mouvements migratoires dans la panoplie des politiques de développement. La croissance considérable des envois de fonds et leurs conséquences sur le bien-être des populations des pays de départ sont examinées dans la deuxième partie. Entre 1995 et 2015, les transferts des migrants sont passés de 101 milliards de $ à 582 milliards de $. En 20 ans, l'augmentation est de 780 % et s'élève à 435 milliards en 2015 pour les seuls PVD. C'est une croissance qui est 15 fois supérieure à celle du nombre de migrants. Cet accroissement considérable sur une si courte période a tout naturellement eu pour conséquence de stimuler toute une panoplie d'initiatives destinées à accroître la mobilisation et l'orientation de ces ressources internationales qui sont désormais plus élevées que l'APD (Aide p ublique au développement) et les investissements directs extérieurs. On reconnaît que ces transferts participent à l'amélioration du niveau de vie des familles en diminuant la pauvreté, en réduisant les inégalités, en améliorant la situation sanitaire, en augmentant le niveau de l'éducation et également en favorisant une autonomisation du statut des femmes. Parmi les effets positifs, on relève aussi la fonction stabilisatrice des envois de fonds et l'amélioration des comptes extérieurs. D'autres effets font l'objet d'appréciations contradictoires. Ainsi, l'aléa moral de l'offre de travail et le phénomène du « Dutch disease » sont fréquemment évoqués.

Cette croissance de ressources extérieures, autrefois marginales, a favorisé l'émergence d'un grand nombre d'agents et d'institutions qui se sont donnés pour mission d'intégrer les incitants économiques, sociaux et politiques afin d'articuler efficacement les envois de fonds au cœur des politiques de développement. Cela repose sur des initiatives spécifiques pour orienter ces flux, réduire les coûts des transferts, et tenter de mobiliser l'épargne des « diasporas ». Ces initiatives très diversifiées mobilisent une vaste communauté comprenant des gouvernements, des intermédiaires financiers, des ONG, des organismes publics bilatéraux et multilatéraux de développement gravitant principalement au sein de la famille des institutions de l'ONU, d'autres institutions régionales et spécifiques, des associations de migrants, des autorités locales et des mouvements à but politique, social et humanitaire. Ces dernières années, les réponses sont devenues beaucoup plus nuancées quant à la question de savoir si la migration fut un facteur important du développement économique. On observe un déplacement significatif de perspectives des analyses et du contenu des thématiques qui traitent les effets économiques des envois de fonds et de l'émigration de personnel très qualifié.

C'est une démarche davantage multidisciplinaire qui actuellement paraît privilégiée, parallèlement à l'analyse économique. La problématique des migrations est de plus en plus traitée comme une des composantes, importante certes, mais pas fondamentale, du vaste éventail des instruments dont disposent les acteurs du développement.

CHAPITRE 1

LES GRANDES TENDANCES DES MIGRATIONS INTERNATIONALES DEPUIS 25 ANS

INTRODUCTION
LES FLUX MIGRATOIRES
ET LA CROISSANCE DÉMOGRAPHIQUE

Il convient en premier lieu de situer l'évolution des flux migratoires internationaux en regard de la croissance démographique mondiale. Au cours des 25 dernières années, la population mondiale est passée de 5 309 millions de personnes en 1990 à 7 349 millions en 2015, soit une augmentation de 2 040 millions et de 38,4 %, évolution nettement plus faible qu'au cours des années antérieures. Par contre, durant cette même période, le stock de migrants internationaux a connu une croissance sans précédent de 91,2 millions de migrants, passant de 152,6 millions en 1990 pour atteindre, selon les dernières estimations, 243,7 millions. Cela représente un accroissement de 60 %[1].

Cette augmentation du nombre total de migrants, près de deux fois plus élevée que celle de la population mondiale, est le produit d'une très grande diversité de situations et de facteurs, tant au niveau des grandes régions que de chacun des pays. La nature et la structure des migrations internationales ont connu ces dernières années des transformations considérables dans de multiples domaines. Elles se sont d'abord concrétisées par des changements dans les proportions des migrations permanentes, temporaires et circulaires. Ensuite, on relève d'importantes variations du poids respectif des déterminants économiques, politiques et environnementaux qui ont influencé la croissance de la proportion de migrants illégaux et de réfugiés, mais également l'augmentation de la proportion de migrants très qualifiés. Elles résultent aussi de l'émergence d'un grand nombre de nouveaux pays de départ.

Tracer les perspectives des grandes tendances migratoires sur la longue durée est indispensable pour élaborer les scénarios démographiques. Cela ne dispense cependant pas de mettre également en évidence les changements

---

[1] On adopte la définition utilisée par tous les documents de l'ONU : un migrant international est une personne qui vit dans un autre pays que son pays de naissance.

qui caractérisent les mouvements de population dans le court terme. On se limite à trois types de données qui permettent de brosser le panorama général des mouvements migratoires[2] : d'abord les estimations des stocks de migrants internationaux, ensuite l'évolution des flux de migrations nettes et leur répartition entre régions d'origine et de destination, et troisièmement les changements plus récents qui ont marqué des principaux flux bilatéraux.

LES ESTIMATIONS DU NOMBRE DE MIGRANTS INTERNATIONAUX ET LEUR POIDS DANS LA POPULATION TOTALE

En 2015, sur les 243,7 millions de migrants internationaux, 140 millions d'entre eux, soit 58 %, vivaient dans les pays développés et 103 millions, soit 42 %, dans les PVD. Cette proportion ne s'est que légèrement modifiée en 25 ans. Elle a augmenté de 4 % en faveur des pays développés. Au sein de ce groupe des pays développés, 85 millions de migrants, soit 61 % du total, proviennent des PVD et 39 % sont originaires des pays développés. Par contre, dans les PVD, 103 millions de migrants, soit 87 %, proviennent d'autres pays de ce groupe, et 13 % seulement ont immigré à partir des pays développés.

TABLEAU 1.1 : NOMBRE DE MIGRANTS INTERNATIONAUX PAR CONTINENT D'ORIGINE ET DE DESTINATION EN 2015 (MILLIONS)*

	Origine					
Destination	Afrique	Asie	Europe	Amérique latine et centrale	Amérique du Nord	Océanie
Afrique	16,4	1,2	1,0	0,0	0,1	0,0
Asie	4,1	59,4	6,9	0,4	0,5	0,1
Europe	9,2	20,2	39,9	4,6	1,0	0,4
Amérique latine et centrale	0,1	0,3	1,3	5,9	1,3	0,0
Amérique du Nord	2,3	15,5	7,5	24,6	1,2	0,3
Océanie	0,5	3,0	3,0	0,2	0,2	1,1

(*) : UN (2015b).

[2] Pour ce chapitre, on utilise principalement les données fournies par UN (2015), Department of Economic and Social Affairs, Population Division, Trends in International Migration Stocks, The 2015 Revision ; UN, database POP/DB/MIG/Stock Rev.2015. La définition des groupes de pays et des régions est celle adoptée par l'ONU.

Le tableau 1.1 montre que, au cours des 25 dernières années, deux régions - l'Asie et l'Europe - ont accueilli 2/3 du total des migrants. Le volume et le mouvement sont quasiment semblables pour ces deux régions, avec plus ou moins 48 millions de migrants en 1990, et 75 et 76 millions de migrants en 2015. Les deux régions ont connu un accroissement annuel de 1,1 million de migrants. Elles sont suivies en troisième position par l'Amérique du Nord avec 54,5 millions de migrants. Durant cette même période, le nombre mondial de migrants a augmenté à un taux annuel de 3,6 %. Les 2/3 de cette croissance se sont produits dans les pays développés et 1/3 dans les pays sous-développés. L'Asie, l'Amérique du Nord et l'Europe ont connu le même taux de croissance de 1,1 % par an. L'augmentation en taux est presque nulle pour l'Afrique, l'Océanie et l'Amérique latine.

C'est durant la décennie 2000-2010 que les migrations internationales ont connu la croissance la plus élevée avec un taux mondial de 4,9 %. L'Europe a connu au cours de ces années un pic annuel de 1,8 %, soit le double de la période précédente et de celle qui suit depuis 2010. Cette variation considérable du nombre de migrants résulte de plusieurs facteurs dont principalement la chute du rideau de fer qui a entrainé une augmentation de l'immigration intracontinentale à partir des pays de l'Europe centrale et de l'Est. Elle s'explique aussi en très grande partie par une sorte « d'artifice méthodologique » découlant de la définition officielle du stock de migrants internationaux qui a pour effet, dans ce cas, de biaiser l'évaluation des mouvements migratoires. En effet, elle comptabilise toutes les personnes qui sont nées dans un autre pays que celui dans lequel elles résident. Or, avec le démantèlement de l'ex-URSS et de l'ex-Yougoslavie, plus de 27 millions de personnes se sont retrouvées « nées à l'étranger », dans de nouveaux pays, sans avoir traversé la moindre frontière[3].

Plus de 2/3 des migrants internationaux vivent dans seulement 20 pays. Avec 47 millions de migrants, les États-Unis sont le premier pays d'accueil. Ils sont suivis par l'Allemagne et la Russie avec chacun 12 millions de migrants. Ensuite, les trois pays qui suivent sont l'Arabie saoudite avec 10 millions de migrants, le Royaume-Uni et les Émirats arabes unis avec 9 millions de migrants. L'origine et les qualifications de ces migrants sont bien entendu très différentes selon les pays d'accueil et sont précisées ci-dessous. L'ampleur de ces flux ne doit cependant pas masquer le fait que, contrairement à une opinion très répandue, les migrants ne représentent actuellement que 3,3 % de la population mondiale. Cette proportion n'a augmenté que de 14 % durant ces 25 dernières années. Ces chiffres au niveau mondial cachent

[3] De manière paradoxale, on peut soutenir que plus il y a de nouveaux pays (par séparation ou scission), plus il y a d'étrangers qui n'ont jamais immigré au cours de leur vie.

une grande partie des différences qui se marquent principalement au niveau des grandes régions qui composent les pays développés et les PVD.

TABLEAU 1.2 : NOMBRE TOTAL DE MIGRANTS (MILLIONS) - TAUX DE CROISSANCE DU STOCK DE MIGRANTS ENTRE 1990-2010 - POURCENTAGE DE MIGRANTS PAR RAPPORT À LA POPULATION TOTALE - PAYS DÉVELOPPÉS ET PAYS EN VOIE DE DÉVELOPPEMENT - ET PAR CONTINENT*

	Nombre total de migrants (millions)		Taux de croissance du stock de migrants				Pourcentage de migrants par rapport à la population totale	
	1990	2015	1990-2000	2000-2010	2010-2015	1990-2015	1990	2015
Monde	152,6	243,7	2,0	4,9	4,4	3,6	2,9	3,3
Pays développés	82,4	140,5	2,1	2,9	1,6	2,3	7,2	11,2
Pays en développement	70,2	103,2	-0,1	2,0	2,8	1,3	1,7	1,7
Afrique	15,7	20,6	-0,1	0,2	0,8	0,2	2,5	1,7
Asie	48,1	75,1	0,1	1,7	1,8	1,1	1,5	1,7
Europe	49,2	76,1	0,7	1,6	0,8	1,1	6,8	10,3
Amérique latine et centrale	7,2	9,2	-0,1	0,2	0,2	0,1	1,6	1,5
Amérique du Nord	27,6	54,5	1,3	1,1	0,7	1,1	9,8	15,2
Océanie	4,7	8,1	0,1	0,2	0,2	0,1	17,5	20,6

(*) : UN (2015b).

Comme le montre le tableau 1.2, cette proportion s'est maintenue pour l'ensemble des PVD au même niveau (1,7 %) durant toute la période, alors que, pour les pays développés, elle a augmenté de 7,2 % à 11,2 %. Cette augmentation de la part des migrants dans la population totale est très importante pour l'Amérique du Nord où elle se situe à 15,2 %, et pour l'Europe où 10,3 % de la population est composée d'immigrants.

Cette proportion est le résultat de la combinaison de l'augmentation des flux migratoires et de la quasi-stagnation démographique dans la plupart de ces pays. Par contre, en Afrique, en Asie et en Amérique latine, la situation se présente très différemment, le total des migrants ne représentant que 1,5 % du total de la population. Ces données couvrant de grands agrégats géographiques occultent des différences nationales considérables que l'on développe ci-dessous.

ORIGINES ET DESTINATIONS DES GRANDS FLUX MIGRATOIRES

La répartition des migrants selon les pays d'origine présente des situations très diversifiées dans les grands continents d'immigration. Ainsi, en Asie, 90 % des 27 millions de nouveaux migrants de la période 1990-2015 sont nés dans un autre pays asiatique que celui de leur pays de résidence. Par contre, en Europe et en Amérique du Nord, les situations sont plus contrastées. En Europe, 45 % des migrants sont nés dans un autre pays européen et 25 % en Asie. En Amérique du Nord, 54 % des migrants sont originaires d'Amérique latine et 35 % proviennent d'Asie. Une opinion largement répandue entretient l'illusion que les mouvements migratoires internationaux seraient principalement alimentés par des flux provenant du « Sud » vers le « Nord ». Il ne s'agit pas d'une définition géographique mais de la classification selon les indicateurs du développement mondial. Le « Nord » est composé de pays à revenus élevés (RNB de plus de 12 476 US$), le « Sud » par les pays à bas revenus (moins de 1025 US$) et les pays à revenus intermédiaires (tranche inférieure entre 1025 et 4030 US$ et tranche supérieure entre 4030 et 120 476 US$) (World Bank : 2017).

GRAPHIQUE 1.1 : RÉPARTITION DES MOUVEMENTS MIGRATOIRES ENTRE PAYS DU « NORD » ET DU « SUD », 2015 (EN MILLIONS ET POURCENTAGES)*

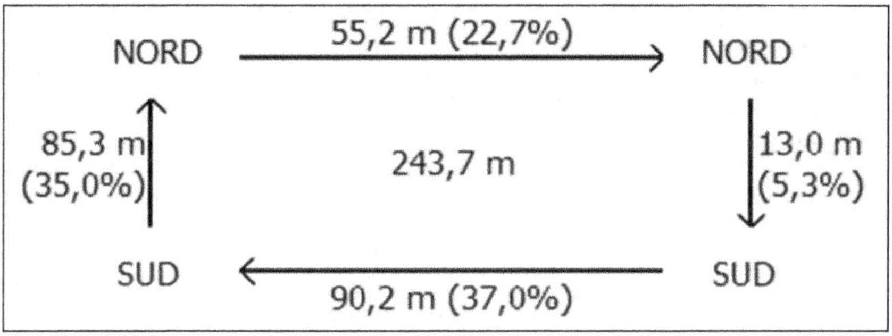

(*) : UN (2015a).

La réalité est tout autre. Pour les 244 millions de migrants, c'est-à-dire les personnes qui habitent en dehors de leur pays de naissance en 2015, les flux Sud-Nord (35,0 %) et Sud-Sud (37,0 %) sont pratiquement de même volume. Ils sont suivis par les flux Nord-Nord (22,7 %) et dans une très faible proportion par les flux Nord-Sud (5,3 %). Entre 1990 et 2015, ce sont les pays du « Nord » qui ont connu la plus forte croissance du stock de migrants internationaux, à partir des flux provenant du Sud (76 %), mais depuis 2010, la croissance est nettement plus forte dans le groupe des pays du « Sud ». L'augmentation du stock de migrants est de 2,9 % par an en moyenne et elle est imputable à raison de plus de 90 % de flux provenant du Sud.

Les tendances récentes reflètent évidemment l'augmentation considérable du nombre de réfugiés qui a atteint son plus haut niveau depuis la fin de la deuxième guerre mondiale[4]. Il s'élève en 2015 à plus de 21 millions de personnes, soit 8 % de la population totale des migrants. Plusieurs pays du sud de l'Europe ainsi que l'Allemagne ont fait face, ces dernières années, à des arrivées massives de réfugiés. Mais ce sont globalement les pays du « Sud » qui ont accueilli 86 % du total mondial des réfugiés. Parmi ceux-ci, le groupe des pays les moins développés a accueilli, quant à lui, 25 % des réfugiés. Plus de la moitié d'entre eux proviennent de 3 pays qui ont subi les plus violents conflits armés : la Syrie avec 3,9 millions de réfugiés, l'Afghanistan avec 2,6 millions de réfugiés, et la Somalie avec 1,1 million de réfugiés.

Le tableau 1.2 présente, au niveau des continents, l'origine et la destination des migrants internationaux sur la même période 1990-2015. Une première constatation s'impose. À l'exception de l'Amérique du Nord, où elles ne représentent que 27 % du total, les migrations intracontinentales sont partout très largement majoritaires. Cette proportion se situe pour l'Afrique à 52 %, pour l'Asie à 60 %, pour l'Europe à 66 %, pour l'Amérique latine à 71 % et pour l'Océanie à 59 %. Les migrants des pays d'Afrique se sont dirigés en deuxième choix vers l'Europe (27 %) et dans une très faible

---

[4] Les réfugiés sont compris dans le calcul du nombre total de migrants estimé par l'ONU. La distinction entre migrants et réfugiés, autrefois très claire, tend à s'estomper. Selon le HCR (Haut-Commissariat aux Réfugiés), les *migrants* choisissent de quitter leur pays non pas en raison d'une menace directe de persécution, mais surtout afin d'améliorer leur vie en trouvant du travail, et pour des motifs d'éducation ou de regroupement familial. Contrairement aux réfugiés qui ne peuvent pas retourner à la maison en toute sécurité, les migrants ne font pas face à de tels obstacles en cas de retour. Les *réfugiés* sont des personnes qui fuient des conflits armés ou la persécution. Leur statut est défini par la *Convention de 1951 relative aux réfugiés et son protocole de 1967* ainsi que d'autres textes juridiques. De nombreux réfugiés ne sont pas enregistrés dans les flux internationaux parce qu'ils sont déplacés à l'intérieur de leur pays.

proportion (7 %) vers l'Amérique du Nord. Le continent africain reste très peu attractif pour les migrants des autres régions. En Asie, près de 60 millions de personnes ont émigré vers un autre pays du continent, principalement à partir du sous-continent indien vers les pays du golfe et l'Arabie saoudite. Une partie importante des flux migratoires est composée de réfugiés qui s'installent vers des pays limitrophes des zones de conflits armés. Les autres destinations sont l'Europe (20,2 millions) et l'Amérique du Nord (15,3 millions). Les flux migratoires du reste du monde vers l'Asie sont peu élevés.

Sur la période 1990-2015, le nombre total des migrants est sensiblement le même en Europe qu'en Asie, mais c'est l'Europe qui, par rapport à sa population, a très largement accueilli les flux les plus nombreux. Les flux intra-européens s'élèvent à près de 40 millions de migrants. La plus grande partie de ces flux résulte de mouvements à partir de l'Europe de l'Est et Centrale vers l'Europe de l'Ouest à la suite de la chute du rideau de fer, de la dislocation de plusieurs pays en guerre et de déplacements forcés de population. Les deux autres continents d'origine sont l'Asie, qui représente 25 % des migrants, et l'Afrique avec 18 % des migrants. L'Amérique du Nord (États-Unis et Canada) a accueilli principalement des migrants d'Amérique latine et centrale (24,6 millions) et d'Asie (15,5 millions). Depuis des siècles, l'Amérique du Nord est essentiellement un continent d'immigration, et les flux de départ y sont négligeables. En Amérique latine et centrale, les flux sont essentiellement unidirectionnels. Environ 69 % des migrants se sont dirigés vers l'Amérique du Nord alors que l'immigration à partir des autres continents y est pratiquement inexistante.

Cependant, en se focalisant uniquement sur les cinq dernières années (2010-2015), les mouvements les plus récents indiquent des modifications substantielles dans la répartition du stock de migrants internationaux. Ainsi, on peut observer à la fois une augmentation des flux « intra-asiatiques », une diminution importante des migrants intra-européens (dont le nombre revient en 2015 au niveau de celui des années 1990), une forte diminution du nombre de migrants originaires d'Amérique latine en Amérique du Nord, et une très importante progression du nombre de migrants intra-africains (qui était encore négative au cours des années 1990-95).

LES GRANDS CORRIDORS MIGRATOIRES

Les mouvements migratoires envisagés au niveau des régions et des continents, s'ils donnent de premières indications sur l'orientation générale, occultent nécessairement l'ampleur et l'évolution des flux qui se déroulent entre les pays qui en sont les principaux acteurs. De même, le classement des pays qui ont reçu et ceux qui ont envoyé le plus grand nombre de migrants internationaux au cours des 25 dernières années, s'il fournit des indications très précieuses à la fois sur leurs capacités d'accueil et sur leurs propensions à émigrer, ne permet toutefois pas de faire émerger les principaux axes bilatéraux. En effet, la focalisation sur les grands pays qui se caractérisent par les diasporas les plus nombreuses ne permet pas de mettre en exergue les mouvements bilatéraux déterminés par les soubresauts de la conjoncture économique et par les nouvelles contraintes géopolitiques.

GRAPHIQUE 1.2 : LES 15 POPULATIONS MIGRANTES LES PLUS NOMBREUSES D'UN PAYS D'ORIGINE VERS UN PAYS DE DESTINATION EN 2000 ET 2015 (EN MILLIONS DE MIGRANTS)*

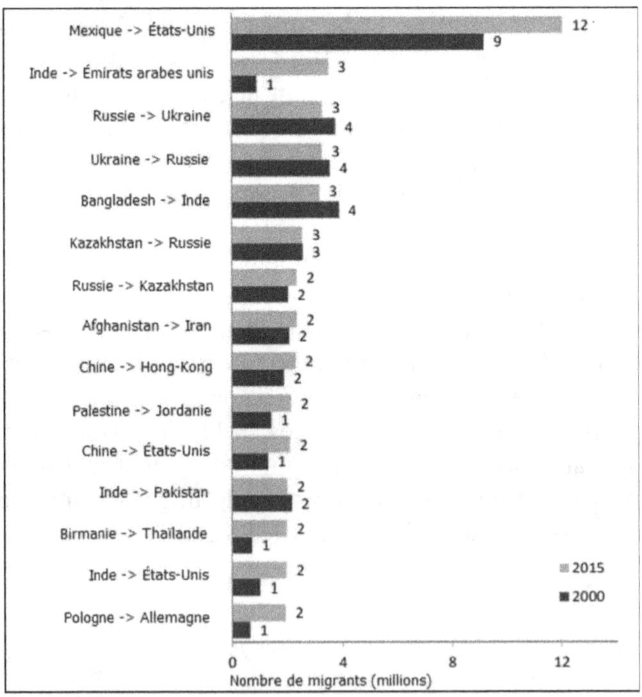

(*) : UN (2016)

Le graphique 1.2 présente les 15 principaux corridors migratoires depuis un pays de départ vers un pays d'accueil en 2000 et en 2015. Globalement, l'ordre de ces corridors reste le même sur ces 15 ans et la tendance indique partout, à quelques exceptions près, un accroissement important des migrants internationaux. Une première configuration traduit une situation avec un lien presque exclusif entre un pays de départ et un pays d'accueil. C'est d'abord le cas du corridor Mexique-États-Unis où les 12 millions de migrants représentent 98 % du total de l'émigration de ce pays. C'est la même tendance qui prévaut, mais avec des effectifs beaucoup plus réduits, pour les mouvements Algérie-France, Burkina Faso-Côte d'Ivoire et Cuba-États-Unis. Une deuxième configuration montre une plus grande diversification des flux à partir de certains pays. Ainsi, l'Inde a envoyé des migrants principalement vers les Émirats arabes unis, vers le Pakistan et vers les États-Unis. Une troisième modalité migratoire traduit, dans une certaine mesure, des déplacements bilatéraux de population. C'est le cas des mouvements dans l'ensemble géographique correspondant à l'ex-URSS. Depuis une quinzaine d'années, le nombre de migrants entre la Russie et l'Ukraine s'élève, dans les deux sens et pour chacun des deux pays, entre 3 et 4 millions de personnes, et entre la Russie et le Kazakhstan les chiffres s'élèvent à 2 millions de personnes. Il est cependant important de rappeler la précision selon laquelle les migrants sont définis, par l'ONU et les autres organisations internationales, comme des personnes qui sont nées dans un autre pays que celui de résidence. Cette situation particulière qui se manifeste pour ces 3 pays résulte, par conséquent en grande partie, du tracé de nouvelles frontières qui ont généré une population de migrants qui n'ont pas franchi de frontières. Le seul corridor européen, parmi les 15 premiers flux mondiaux présentés au graphique 1.2, concerne les migrations entre la Pologne et l'Allemagne qui ont doublé au cours des 15 dernières années.

PREMIÈRE PARTIE

L'ÉMIGRATION DE MAIN-D'ŒUVRE TRÈS QUALIFIÉE DES PVD

« Si le roi de France envoyait cent mille sujets à ses frais en Hollande, pour y apprendre la marine, ils seraient inutiles à leur retour si on n'envoyait pas plus de vaisseaux en mer qu'auparavant. Il est vrai qu'il serait d'un grand avantage dans un État de faire apprendre aux sujets à faire les manufactures qu'on a coutume de tirer de l'étranger, et tous les autres ouvrages qu'on y achète ; mais je ne considère à présent qu'un État par rapport à lui-même. »

Richard Cantillon,
Essai sur la nature du commerce en général,
Chapitre XX, 1ère partie, 1755.

CHAPITRE 2

TENDANCES DES MIGRATIONS INTERNATIONALES DE MAIN-D'ŒUVRE HAUTEMENT QUALIFIÉE

INTRODUCTION
LA GÉNÉRALISATION DE L'ÉMIGRATION DE PERSONNEL HAUTEMENT QUALIFIÉ

Les inquiétudes suscitées par l'émigration à grande échelle de personnel hautement qualifié (HQ)[5] à partir des PVD ont incité les acteurs du développement et les chercheurs à disposer, au-delà de quelques monographies ponctuelles et fragmentaires, de données précises et harmonisées pour le plus grand nombre de pays.

Plusieurs travaux ont, au fil des années, produit les données les plus fiables possibles sur les flux des migrations HQ qui ont servi de références pour la quasi-totalité des analyses ultérieures. Carrington et Detragiache (1998) ont, les premiers, calculé les taux d'émigration de 61 pays vers la zone de l'OCDE en distinguant les catégories de_migrants selon trois niveaux d'éducation. Ils se sont basés sur les données du recensement des États-Unis en 1990. Ensuite, les travaux de Docquier et Marfouk (2005), fondés sur des données plus récentes, ont complété et approfondi l'évaluation des stocks de migrants selon le pays d'origine et le niveau d'éducation dans 192 pays et territoires sur la période de 1990 à 2000. La première banque de données standardisées à grande échelle a été réalisée par l'OCDE et elle couvrait 227 pays de départ et 29 pays d'arrivée à partir des recensements des années 2000 (Dumont et Lemaitre, 2005). Beine et al. (2007) ont poursuivi l'élaboration de cette banque de données en rassemblant les indications sur l'âge des migrants à l'arrivée dans le pays d'accueil afin de déterminer dans quel pays ils avaient obtenu leur formation supérieure. Par la suite, la meilleure synthèse critique des recherches des quarante dernières années fut proposée par Docquier et Rapoport (2012) qui ont évalué les conséquences économiques des migrations HQ qui sont vues comme des manifestations du processus de mondialisation. Ils ont présenté

[5] La définition de personnel hautement qualifié consistait d'abord à prendre en compte des professions bien spécifiques, telles que médecins, ingénieurs, professeurs, etc. Très rapidement, pour des raisons de standardisation des données, il a été convenu de définir cette catégorie en incluant tous les individus qui ont obtenu une éducation de niveau supérieur.

les données disponibles au début des années 2000 sur le volume et l'intensité des flux et ils ont analysé les déterminants et les conséquences principales du « brain drain ». Bien entendu, la démarche la plus pertinente pour mesurer tous les aspects de ce phénomène serait de comparer les flux annuels d'émigration de HQ de chaque pays par rapport au nombre de diplômés du niveau supérieur formés chaque année. Si ces données étaient disponibles, elles permettraient de calculer un « taux de déperdition » que l'émigration induit chaque année en opérant une ponction sur chaque promotion de diplômés HQ. Il serait alors possible de mesurer dans les budgets nationaux le surcoût qui, par conséquent, devrait être affecté à l'éducation supérieure de chaque nouveau diplômé qui resterait dans le pays.

Ce chapitre présente d'abord les tendances les plus récentes des flux de migrants HQ au niveau international. Il présente ensuite les 30 principaux pays d'émigration de HQ vers les pays de l'OCDE. Pour une évaluation plus précise du phénomène, on définit et on utilise un « taux d'émigration de HQ ».

LES TENDANCES RÉCENTES DE L'ÉMIGRATION HQ

À défaut de disposer de données sur une base annuelle, la source la plus récente et la plus complète est celle fournie par la dernière actualisation de la « Database on International Migration DIOC OCDE (2010/11) ». Ce sont les données de cette source qui constituent l'essentiel des informations dans ce chapitre.

Quelques observations préalables permettent de bien évaluer la portée de ces données sur l'évaluation des flux d'immigration de HQ. Premièrement, ce sont des stocks de migrants HQ pour l'année 2000/11 qui sont comparés à ceux de l'année 2000. Cette variation de stock sur 10 ans donne les tendances générales des flux migratoires, mais ne permet évidemment pas de suivre au plus près les variations annuelles. Ensuite, les données concernent uniquement les migrations vers les pays membres de l'OCDE et, par conséquent, l'immigration des HQ vers les autres pays développés et vers les PVD n'est pas prise en compte. Troisièmement, pour un grand nombre de pays, il n'est pas possible de déterminer si les migrants ont obtenu toute leur formation supérieure dans le pays de départ ou s'ils l'ont complétée en partie dans les pays d'accueil ou dans des pays de transit.

Une brève comparaison entre les flux de migrants de tous niveaux de qualification et les migrants HQ vers les pays développés et le reste du monde permet de dégager les grandes tendances suivantes. Sur la période de 25 ans, entre 1990 et 2015, le nombre total de migrants dans le monde, comme on l'a indiqué précédemment, a augmenté d'environ 90 millions pour atteindre 243,7 millions, soit une croissance d'environ 60 % avec cependant une légère diminution de ce taux au cours des dernières années. Si on se limite à la période 2000/2010, l'augmentation est de 50 millions de migrants, soit une croissance de 29 % en 10 ans.

Sur la même période 2000/2010, on comptait près de 31,5 millions de migrants disposant d'une éducation supérieure au sein de l'ensemble des pays de l'OCDE, ce qui représente une augmentation considérable de plus de 70 % en seulement 10 ans, c'est-à-dire plus du double de l'augmentation du nombre de migrants de toutes catégories. Le nombre total de migrants de toutes catégories vers le groupe de tous les pays développés a augmenté de 17,5 % pour la même période. Les migrants HQ représentent plus du tiers du stock de migrants en 2010 dans tous les pays de l'OCDE ainsi que dans les autres pays développés. Le nombre de HQ a connu une très forte augmentation au cours de cette période dans le prolongement de la tendance des années antérieures.

Le tableau 2.1 rassemble les données principales sur les groupes de pays et les continents d'origine des migrants HQ. Un premier examen indique que le nombre de migrants HQ originaires des pays membres de l'OCDE a augmenté de 50 % au cours de cette décennie. Ces mouvements migratoires internes à la zone OCDE recouvrent des situations très diverses. D'abord, la forte attirance des États-Unis et du Canada pour les diplômés du cycle supérieur des pays développés d'Europe et de l'Asie de l'Est. Ensuite, la poursuite des mouvements d'émigration de main-d'œuvre très qualifiée des pays de l'ex-bloc soviétique. Enfin, l'ampleur de ces flux traduit aussi l'intensification de l'intégration du marché du travail et l'augmentation de la libre circulation des personnes au sein de l'Union européenne. La deuxième tendance forte reflète très clairement l'ampleur et la dynamique du phénomène de « brain drain ». Au cours de l'année 2010/11, on comptait près de 19,5 millions de migrants avec un niveau d'éducation supérieure issus des PVD (aussi bien les pays à revenu moyen intermédiaire que ceux à revenu bas), ce qui représente 62 % du total des migrants HQ présents dans les pays membres de l'OCDE. C'est une augmentation considérable de plus de 83 % sur une dizaine d'années. Ces premières données montrent clairement que la sélectivité des flux migratoires s'est accélérée au cours de cette décennie puisque l'augmentation de la migration HQ est supérieure à celle des flux des migrants de tous niveaux de formation. En outre, la part des PVD parmi les pays d'origine est en très forte croissance. Ces chiffres concernent uniquement l'immigration vers des pays membres de l'OCDE. Il faut y ajouter les autres pays développés (surtout les pays du golfe Arabique) qui accueillent aussi une part importante des flux de migrants HQ des PVD et pour lesquels les données sont souvent incomplètes.

TABLEAU 2.1: STOCKS DE MIGRANTS DANS LE MONDE ET DANS LES PAYS DÉVELOPPÉS 1990-2015- STOCKS DE MIGRANTS AVEC UNE ÉDUCATION SUPÉRIEURE DANS L'OCDE 2000/2001 - 2010/2011*

TOUS LES MIGRANTS (EN MILLIONS)	1999	2000	2010	2015
Tous les pays	154,2	172,2	221,7	243,7
Vers l'OCDE	82,3 (1)	84,0	135,6 (1)	123,8
Pays développés non-OCDE		31,2		48,7
Migrants (en millions) avec une éducation supérieure dans l'OCDE				
RÉGION D'ORIGINE				
Afrique		1 705,5	3 060,6	
Asie		6 110,0	10 914,9	
Europe		6 767,2	10 887,4	
Amérique du Nord		841,6	1 159,9	
Amérique latine		2 680,3	4 929,3	
Océanie		305,5	465,3	
GROUPE DE PAYS				
Pays OCDE		6 491,5	9 923,2	
Pays développés non-OCDE		1 276,6	1 992,5	
Pays revenus bas/moyens		10 622,7	19 472,0	
TOTAL		18 390,0	31 387,7	

(*) : UN (2015a) ; OCDE (2015a) ; Arslan, et al. (2015)

Une présentation par continent d'origine révèle des évolutions régionales fortement contrastées en ce qui concerne la dynamique de croissance des stocks de migrants HQ ainsi que de grandes différences du ratio mesurant le rapport entre la catégorie des migrants non qualifiés et celle des migrants avec une éducation supérieure[6]. L'Asie, avec près de 11 millions de migrants HQ, représente la source la plus importante. L'augmentation de l'immigration HQ est de plus de 78 % en 10 ans et elle est alimentée

[6] Les données sont produites par OCDE (2015a), Arslan et al. (2015), tableau 8 et annexes.

essentiellement par trois pays : l'Inde, la Chine et les Philippines. L'Asie se caractérise par un ratio très significatif indiquant que la proportion des migrants HQ est plus du double de celle des non qualifiés (35 % par rapport à 16 %) par rapport au total du stock de migrants dans l'OCDE. C'est clairement la Chine qui se démarque par l'écart le plus élevé avec 47 % de migrants HQ et seulement 15 % des non qualifiés. L'Amérique latine est le continent d'origine de plus de 4,9 millions de migrants HQ dans l'OCDE[7]. Le ratio migrants HQ/migrants non qualifiés est l'inverse de celui de l'Asie (16 % de qualifiés contre 34 % de non qualifiés). Ce résultat traduit le poids prépondérant de l'émigration de main-d'œuvre non qualifiée du Mexique et de l'Amérique centrale vers les États-Unis. Seulement l'Argentine et dans une moindre mesure le Brésil présentent une proportion plus élevée pour les migrants HQ. La situation est très différente pour les migrants HQ, beaucoup moins nombreux, originaires d'Afrique. Ils représentent une proportion presque égale à celle des non qualifiés (10 % et 12 %). Les écarts entre pays sont cependant considérables et reflètent très clairement les différences des niveaux de développement économique et d'infrastructure du système d'éducation supérieure. Pour des raisons spécifiques, trois pays, le Nigéria, l'Afrique du Sud et l'Égypte, se distinguent des autres pays par une proportion de migrants HQ plus élevée que celle des non qualifiés.

L'INFLEXION DES TENDANCES AU COURS DES DERNIÈRES ANNÉES

Un examen plus précis au niveau régional, distinguant les cinq premières années (2000/2005) des cinq années plus récentes (2005/2010), permet de mettre nettement en évidence une inflexion très marquée des flux d'émigration HQ[8]. Si, au niveau mondial, sur l'ensemble de la période, la croissance de la migration HQ reste largement positive, elle a cependant également subi, comme c'est le cas pour l'ensemble des migrations internationales, un mouvement de fort ralentissement. Cette inflexion a été causée en grande partie par la crise économique et financière des années 2007/2008 qui, en affectant négativement le marché du travail des pays développés, a réduit les embauches de nouveaux HQ et accéléré le mouvement inverse de retour au pays d'une partie d'entre eux.

---

[7] Dans la mesure où l'on s'intéresse uniquement à l'émigration à partir des PVD, on ne présente pas les données détaillées pour l'Europe et l'Amérique du Nord.

[8] Les migrants récents sont tous les migrants qui étaient présents dans le pays de destination depuis 5 ans ou moins.

Ainsi peut-on constater que l'Asie a connu une croissance de 54 % de migrants HQ entre 2000 et 2005 et de 15 % seulement entre 2005 et 2010. En Afrique, la diminution de la croissance est beaucoup plus forte : elle chute de 95 % au cours de la première période à 13 % pour les années 2005/2010. Mais ce retournement de tendance, probablement très conjoncturel, se concrétise particulièrement en Amérique latine et centrale. Le changement est très rapide et très profond puisqu'à la croissance de 74 % entre 2000 et 2005 a succédé une diminution de 18 % entre 2005 et 2010[9]. Une présentation détaillée au niveau des pays permet de mieux appréhender le poids que représentent les principaux pays d'émigration HQ et de mettre en évidence les transformations récentes des flux de HQ.

LES PRINCIPAUX PAYS D'ORIGINE

Le tableau 2.2 présente les 30 principaux pays d'origine des migrants HQ en 2000 et en 2010 qui résident dans un des pays de l'OCDE. Ces chiffres, on le rappelle, ne portent que sur les stocks de migrants. Ce n'est que par la comparaison avec les données des stocks de 2000 que l'on peut évaluer avec suffisamment de précision les évolutions les plus récentes. Ce tableau présente, en résumé, un large panorama qui couvre aussi bien l'émigration à partir des pays développés que celle issue des PVD. Il met en évidence la grande diversification des sources d'émigration, mais aussi les convergences entre grands groupes de pays de départ. L'émigration de HQ à partir des PVD, tendance actuellement prépondérante des mouvements migratoires mondiaux, s'inscrit dans le contexte général de mondialisation qui a englobé la circulation des biens, du capital et dans une moindre mesure du travail. Néanmoins, l'évaluation des changements des flux les plus récents risque d'être occultée, dans cette analyse, par le poids des migrants déjà installés de longue date dans les pays d'accueil. Cette liste des 30 principaux pays d'origine permet de mettre en évidence les cinq caractéristiques suivantes :

1° Cette liste ne varie presque pas entre 2000 et 2010/11. Deux pays ont quitté cette liste sur cette période : l'Égypte et le Costa Rica. Et deux nouveaux pays apparaissent : Hong Kong et le Brésil. Le classement des pays en fonction du nombre de migrants HQ ne subit pas de modification substantielle. Cela s'explique en grande partie par un phénomène de structure. En effet, pour de nombreux pays, les flux d'émigration se sont échelonnés sur une longue période et ont eu pour résultat de constituer des

---

[9] Les données ne sont pas disponibles pour les années après 2011. Il n'est par conséquent pas possible de déterminer si cette inflexion s'est prolongée ou s'il ne s'agissait que d'un mouvement conjoncturel.

communautés bien établies avec un nombre élevé de migrants. Par conséquent, même les flux migratoires très importants des dernières années n'entrainent pas des variations suffisantes de stocks de nature à modifier substantiellement le classement des pays de départ.

TABLEAU 2.2 : LES 30 PRINCIPAUX PAYS D'ORIGINE DE MIGRANTS HAUTEMENT QUALIFIÉS EN 2010 VERS L'OCDE*

Pays	Migrants HQ 2010	Migrants HQ 2000	Taux de croissance
Inde	2 239 605	1 002 334	123,4
Philippines	1 545 206	889 072	73,8
Chine	1 529 414	822 793	85,9
Royaume-Uni	1 473 738	1 082 320	36,2
Allemagne	1 224 326	865 422	41,5
Pologne	1 007 573	467 242	115,6
Russie	898 519	624 830	43,8
Mexique	885 232	474 970	86,4
Corée	811 062	517 087	56,9
Ukraine	654 491	372 688	75,6
France	619 110	377 431	64,0
États-Unis	598 186	418 219	43,0
Canada	561 574	423 033	32,7
Roumanie	555 259	268 212	107,0
Vietnam	539 908	348 141	55,1
Iran	471 401	289 735	62,7
Pakistan	451 777	202 688	122,9
Italie	432 850	273 480	58,3
Maroc	425 917	233 734	82,2
Colombie	375 053	173 710	115,9
Japon	364 093	277 150	31,4
Cuba	341 999	222 430	53,8
Chine - Taïwan	336 400	263 209	27,8
Algérie	324 523	217 553	49,2
Afrique du Sud	297 200	162 288	83,1
Jamaïque	292 963	190 722	53,6
Hong Kong	291 592	147 120	98,2
Brésil	291 510	144 119	102,3
Pays-Bas	282 124	187 381	50,6
Irlande	273 810	176 984	54,7

(*) : Arslan et al. (2015).

2° Les trois premiers pays d'origine sont des PVD d'Asie. L'Inde, la Chine et les Philippines totalisent plus de 5,5 millions de migrants HQ résidant au sein de l'OCDE. Le Mexique, le Vietnam, l'Iran et la Colombie sont les PVD qui les suivent selon le nombre de migrants HQ. L'Inde est le pays qui a connu la croissance du stock de migrants HQ la plus élevée avec plus de 123 % en 10 ans. Les autres PVD d'origine qui ont connu l'augmentation la plus forte de migrants HQ sur cette période sont le Pakistan avec 123 % et la Colombie avec 116 %.

3° Un deuxième groupe, comprenant plus de 3,3 millions de migrants HQ est d'une nature totalement différente de celle de l'émigration provenant des PVD. Il comprend les trois plus grands pays de l'Union européenne : le Royaume-Uni, l'Allemagne et la France. Ce sont des pays dans lesquels les institutions d'éducation supérieure ainsi que les services Recherche et Développement des grandes entreprises ont depuis longtemps produit abondamment un personnel scientifique qui possède toutes les compétences requises pour satisfaire la demande sur le marché du travail international des HQ. À l'exception du Royaume-Uni, dont les flux se sont, pour des raisons économiques et historiques, en grande partie dirigés vers les États-Unis et le Canada, ce nombre de migrants HQ est le résultat de l'intensification des échanges et de l'approfondissement du marché intérieur dans l'Union européenne. La sélectivité de l'offre ne résulte pas seulement des caractéristiques des HQ. De son côté, la demande de personnel très qualifié module aussi les flux via les politiques migratoires restrictives qui fonctionnent selon des régimes de points et de quotas.

4° Un troisième groupe est constitué de pays de l'Europe de l'Est qui, jusqu'à la chute de l'Union soviétique, subissaient le rideau de fer et dont la main-d'œuvre n'avait pas accès au marché du travail des pays occidentaux. La mauvaise situation économique de ces pays lors de la transition vers l'économie de marché, les troubles sociaux et les craintes d'insécurité politique ont accéléré les flux de départ au cours des dernières années. Les trois principaux pays de départ sont la Pologne, suivie par l'Ukraine et la Roumanie. La Pologne compte plus de 1,007 million de migrants HQ. Elle a connu une très forte accélération de l'émigration (115,6 %) sur la période 2000/2010.

5° En Amérique latine et centrale, les trois pays qui ont connu la plus forte augmentation du nombre de migrants HQ pour la même période sont la Colombie (+ 115,9 %), le Brésil (+ 102,8 %) et le Mexique (+ 86,4 %). Pour éviter une sous-estimation des flux, on rappelle qu'une partie non négligeable des migrants HQ ont émigré vers d'autres PVD de ce continent. Toutes les données disponibles ne couvrent que les migrants HQ installés dans les pays de l'OCDE. Dans la mesure où les migrants vers les autres pays à haut niveau de PNB ne sont pas pris en compte, il en résulte une deuxième source de sous-estimation de l'émigration HQ à partir des PVD.

LE « TAUX D'ÉMIGRATION » DES HQ : UN INDICATEUR PERTINENT DE LA MESURE DU « BRAIN DRAIN »

Le taux d'émigration des HQ est défini comme le nombre total de personnes d'un niveau d'éducation supérieure nées dans un pays et habitant à l'étranger (dans un pays de l'OCDE) divisé par le total de la population de même niveau d'éducation et résidants dans ce pays[10]. Ces données de l'OCDE n'incluent pas les migrants vers les autres pays à haut niveau de revenu moyen comme les pays du golfe Arabique ni les migrants qui se sont dirigés vers les PVD. Le taux d'émigration des HQ constitue indubitablement l'indicateur le plus pertinent du « brain drain », bien plus que le nombre total de HQ présents dans les pays d'accueil ou encore la variation du stock de migrants sur une courte période qui sont des données qui ne sont en mesure que de présenter des indications partielles sur l'évolution des flux.

Le tableau 2.3 présente les 10 premiers pays d'Afrique, d'Amérique latine et centrale et d'Asie selon le niveau des taux d'émigration de leurs HQ en 2010/11 et en 2000. Il donne aussi le nombre total des migrants HQ de ces 30 pays en 2010/11. On ne retient, dans ce tableau, que les pays de plus de 1 million d'habitants[11]. Ces pays, mais aussi tout un groupe de pays avec une population peu nombreuse, se caractérisent par un taux de « brain drain » nettement plus élevé que les autres PVD. Cette situation découle de leurs spécificités comme l'insularité, le niveau de développement insuffisant pour intégrer suffisamment les promotions annuelles de diplômés, l'étroitesse du marché du travail du personnel qualifié et le faible niveau des rémunérations. Il en a résulté que, pour la plupart de ces pays, environ 50 % de la main-d'œuvre HQ - dont ils ont financé la formation - exercent leur profession dans un pays de l'OCDE. Pour les 30 pays repris dans le tableau 2.3, 10 d'entre eux ont des taux d'émigration de HQ supérieurs à 25 %. Ce sont, en outre, les PVD dont les revenus par habitant sont les plus bas qui se distinguent par les plus grands écarts entre le taux d'émigration général et celui des migrants HQ. Les principaux pays qui, au niveau mondial, sont à l'origine des plus grands « stocks » de migrants HQ n'apparaissent pas dans ce classement parce qu'ils sont classés selon le « taux d'émigration des

---

[10] Les données ont été calculées à partir de : OCDE (2015c) et OCDE, International Migration Data (2010 à 2014). Dans ce dernier document, la BOX 3 présente la méthodologie adoptée et les raisons du choix de la banque de données « Barro-Lee 2013 » pour l'estimation de la population d'un niveau d'éducation supérieure de chaque pays.

[11] Parmi les pays de moins d'un million d'habitants, on citera la Guyane avec un taux d'émigration de 93 %, la Barbade avec 66 %, Fidji avec 34,5 %, Belize avec 33,5 % et la Gambie avec 28 %.

HQ ». Par ailleurs, il convient d'évaluer l'impact de ces flux à la fois du point de vue des pays d'accueil et de celui des pays de départ. Seuls quelques pays de départ représentent la majorité de l'ensemble du stock de migrants HQ (l'Inde : 2,240 millions ; la Chine : 1,530 millions ; le Mexique : 885 000). Mais ils constituent pour de nombreux pays d'accueil un apport substantiel de main-d'œuvre scientifique très qualifiée dans divers secteurs d'activité. Néanmoins, la taille de ces pays, le volume de leur population et les capacités de leur système d'éducation supérieure à produire annuellement des diplômés formés ont pour effet de réduire fortement l'impact de ces départs sur leur potentiel de main-d'œuvre académique et scientifique.

Les taux d'émigration des migrants HQ sont entre 2 fois et 15 fois plus élevés que les taux d'émigration pour l'ensemble des migrants de toutes catégories. Ces écarts se sont nettement accrus pour presque tous les pays entre 2000 et 2010/11. Ils reflètent la très forte sélectivité des flux migratoires caractérisés par une proportion des HQ en constante augmentation. La variation des taux d'émigration HQ de la plupart des PVD entre 2000 et 2010/11 résulte de deux mouvements agissant dans des directions opposées : d'une part, la croissance des flux de migrants HQ et, d'autre part, l'augmentation du nombre de HQ produits par le système d'éducation de ces pays. Comme le souligne l'analyse de l'OCDE, dans un grand nombre de PVD, l'augmentation du niveau d'éducation supérieure de la population de ces PVD a été en mesure d'atténuer ou même d'annuler la croissance des taux d'émigration qui serait sinon survenue à la suite de l'augmentation du nombre de migrants HQ. Ainsi, en Afrique, le nombre total de migrants HQ des PVD dans les pays de l'OCDE a connu une croissance de plus de 80 %, mais les taux d'émigration HQ sont relativement stables car, sur cette même période, on a enregistré plus qu'un doublement de la population disposant d'un niveau d'éducation supérieure (OCDE, 2014).

Globalement, les taux d'émigration HQ sont plus élevés en Afrique (entre 43 % et 14,5 %). Cela concerne principalement les PVD avec le nombre total de migrants HQ le moins élevé. Il en est de même pour les petits pays d'Amérique centrale (Haïti : 75 % et Trinité-et-Tobago : 68 %). Dans ces PVD avec des PNB parmi les plus bas de ces deux continents, l'émigration HQ représente en moyenne entre 20 % et 30 % de la main-d'œuvre disposant d'une éducation supérieure. En Asie, à une exception près, les taux pour les 10 premiers pays se situent entre 18 % et 9 % et sont nettement moins élevés qu'en Amérique latine. Les Philippines, qui ont le nombre total de migrants le plus élevé et aussi plus particulièrement de main-d'œuvre très qualifiée (1,545 million), se distinguent néanmoins par un taux d'émigration HQ relativement bas. Dans de nombreux cas en Asie, les taux d'émigration HQ diminuent probablement à cause de la croissance très rapide de la catégorie de personnel très qualifié dans la main-d'œuvre totale.

TABLEAU 2.3 TAUX D'IMMIGRATION DES HQ (2010/2011 ET 2000/2001). NOMBRE TOTAL DE MIGRANTS HQ DANS L'OCDE EN 2010/2011*

	Taux d'émigration 2010/2011	Taux d'émigration 2000/2001	Nombre de migrants 2010/2011 (en milliers)
AFRIQUE			
Ile Maurice	43,8	53,1	47,4
Zimbabwe	43,6	30,1	88,8
Congo	37,4	34,8	38,9
Sierra Leone	32,7	36,3	25,7
Zambie	29,9	16,3	30,3
Malawi	21,9	19,9	9,8
Mozambique	17,0	39,5	29,5
Ghana	15,9	11,6	116,0
Sénégal	14,8	16,8	51,0
Cameroun	14,4	16,0	64,3
AMERIQUE LATINE ET CENTRALE			
Haïti	75,1	47,1	167,4
Trinité-et-Tobago	68,2	72,4	115,5
Jamaïque	32,7	47,1	293,0
Honduras	32,2	13,7	59,6
Cuba	20,0	27,8	342,6
Salvador	20,0	14,2	128,6
Guatemala	17,4	18,9	80,1
Uruguay	14,1	8,3	41,7
République dominicaine	11,8	10,1	167,5
Colombie	10,8	6,0	375,1
ASIE			
Papouasie - Nouvelle-Guinée	20,6	16,4	12,6
Koweït	17,8	10,0	30,3
Laos	14,9	25,3	52,0
Cambodge	14,8	/	52,7
Syrie	17,5	/	75,4
Vietnam	10,6	18,3	539,9
Singapour	9,6	9,9	74,7
Nouvelle-Zélande	9,4	8,1	174,8
Népal	8,9	2,2	60,4
Philippines	8,1	6,8	1545,2

(*) : OCDE (2015a), Arslan et al. (2015), tab. 16 et annexe 6.

Ces observations générales doivent être complétées par des analyses plus précises à divers niveaux. Avant tout, il conviendrait de prendre en compte les mouvements migratoires de HQ qui se déroulent en dehors des pays de l'OCDE. Ensuite, comme on l'expose dans le chapitre 4, il est essentiel d'examiner de manière plus approfondie les données spécifiques à certaines professions, particulièrement celles qui relèvent du domaine médical et paramédical, qui se caractérisent par des taux d'émigration beaucoup plus élevés.

CHAPITRE 3

L'ÉMIGRATION DE PERSONNEL HAUTEMENT QUALIFIÉ À PARTIR DES PVD OU LE « BRAIN DRAIN ». PHÉNOMÈNE POSITIF OU NÉGATIF POUR LE DÉVELOPPEMENT ?

INTRODUCTION
LES ORIGINES D'UNE LONGUE CONTROVERSE

De tout temps, ceux qu'on appelait les « clercs » ont circulé d'un pays à l'autre à la recherche de plus de connaissances scientifiques et artistiques et aussi de conditions de vie plus favorables pour l'exercice de leur art. Le questionnement sur les conséquences économiques de l'émigration d'une partie de la main-d'œuvre hautement qualifiée (HQ) n'est apparu avec force dans la littérature économique et dans l'opinion publique qu'au début des années 1960. Il se limitait, dans une première période, aux pays occidentaux, et ce n'est qu'ultérieurement que la problématique s'est refocalisée avec l'émergence des flux en provenance des PVD. Le Royaume-Uni avait connu depuis longtemps une émigration massive d'« académiques », ingénieurs et enseignants, et surtout de médecins vers les États-Unis et le Canada. Cette migration transocéanique massive vers l'Amérique du Nord fut plus que compensée par le recrutement de personnel médical provenant d'Inde, du Pakistan et des Philippines. Ce mouvement de substitution d'une partie du personnel médical de Grande-Bretagne par une main-d'œuvre du sous-continent asiatique a contribué à la survie, à faible coût, du « National Health Service ».

La logique de maximisation des revenus des médecins et des autres professions académiques qui alimentait ce phénomène était simple : bénéficier dans le pays d'origine d'une éducation supérieure à très faible coût grâce au financement public de la formation universitaire pour ensuite émigrer et exercer une profession dans le secteur privé en Amérique du Nord afin de bénéficier d'une rémunération élevée sur le marché académique. Cette démarche est fondée sur ce que certains chercheurs ont appelé le « taux de rendement croisé de la migration avec éducation ». Déjà, dès le début de ces mouvements, Psacharopoulos (1971) avait, le premier, calculé ce taux qui compare, d'une part, le niveau de rémunération dans le pays d'origine des individus disposant d'une éducation secondaire avec, d'autre part, le revenu escompté à l'étranger diminué du coût de l'investissement supplémentaire dans une formation supérieure auquel on ajoute le coût de la migration. Dans tous les cas analysés, il avait montré que l'incitation à l'émigration des HQ était très élevée.

Cette première prise de conscience du phénomène au cours des années 1960 se focalisait principalement sur l'émigration à partir de l'Europe occidentale. Elle fut suivie une quinzaine d'années plus tard par des inquiétudes d'une autre nature, suscitées par la forte croissance de l'émigration de HQ des PVD devenus récemment indépendants vers les pays du Nord. La question qui faisait polémique à ce moment consistait à savoir si cette émigration de HQ était une des causes du sous-développement ou si, à l'inverse, elle était une de ses conséquences, un symptôme des dysfonctionnements de ces pays. Partie prenante du processus de mondialisation, ces flux se sont fortement accélérés et se sont beaucoup diversifiés. Comme on l'a relevé au chapitre précédent, ce n'est pas seulement le volume des flux qu'il faut prendre en compte, mais la proportion des émigrants HQ par rapport aux capacités de produire annuellement une main-d'œuvre de niveau de 3e cycle. Les répercussions bénéfiques ou négatives sur les pays d'émigration sont très contrastées selon la taille des pays de départ, le volume de leur population et leur niveau de développement économique.

L'ARGUMENTAIRE CLASSIQUE

Les premiers flux d'émigration de grande ampleur de HQ furent d'abord analysés dans le cadre général de la théorie classique des mouvements des facteurs de production et plus particulièrement des conséquences économiques des migrations internationales. Une synthèse des effets macroéconomiques est présentée au chapitre 8. Dans le cas particulier des HQ, leur départ pose la question des conséquences résultant des modifications du ratio capital humain/ensemble des émigrants et aussi de celui du ratio capital humain et physique/population restante. Dans la continuité de leur argumentation selon laquelle les conséquences de tous les mouvements migratoires sont toujours favorables, Grubel et Scott (1968) ont nié toute possibilité, même dans le cas des HQ, d'une « perte » du surplus du consommateur. Cependant, leur raisonnement était fondé sur une hypothèse peu vraisemblable puisqu'elle supposait que la valeur du capital humain par migrant était égale à la valeur du capital humain et physique dans la population restante. Dans le prolongement de ce même courant d'idées,

Berry et Soligo (1969) ont ensuite démontré que c'était uniquement dans le cas où les stocks de capital physique et humain sont retirés, par la migration, dans des proportions identiques à la dotation initiale des facteurs dans le pays d'émigration, que le revenu moyen de la population d'origine resterait inchangé. Par contre, précisaient-ils, dans tous les autres cas, si la combinaison de facteurs travail/capital retirés est différente de celle du pays d'émigration, le revenu moyen de la population restante sera inférieur après l'émigration des HQ. La question des externalités positives des HQ n'était, quant à elle, guère envisagée dans ce contexte.

Au cours des années 1980, l'émigration de HQ des PVD a suscité des inquiétudes et des critiques de la part de nombreuses organisations internationales et d'acteurs de terrain du développement. L'objectif prioritaire des politiques de coopération avec les PVD consistait alors à renforcer leur potentiel scientifique en augmentant le nombre de médecins, d'ingénieurs et d'enseignants. Or, au même moment, ces pays étaient conduits à « exporter » vers les pays développés une quantité souvent supérieure de main-d'œuvre très qualifiée à celle reçue dans le cadre de la coopération technique et scientifique. De nombreux travaux se sont attachés à mesurer la « valeur historique » ou la valeur de remplacement des migrants HQ provenant des PVD, à évaluer les coûts supportés par la collectivité pour leur formation supérieure et aussi à prendre en considération les compétences perdues à la suite de leur émigration. Ces travaux ont suscité des prises de position très polémiques sur les conséquences de l'émigration des HQ. Selon certains travaux, elles auraient eu pour effet, en réalité, de provoquer des flux d'« aide inverse ». Selon d'autres analyses, elles provoqueraient un phénomène de transfert net de compétences des PVD vers les pays développés (CNUCED, Commission du transfert de la technologie, 1978). Selon la théorie de la dépendance qui était en vogue à cette époque, ce phénomène était considéré comme une des conséquences négatives du système international de « l'échange inégal » (Massey, 1998).

BRAIN DRAIN, BRAIN GAIN OU BRAIN WASTE. IMPACTS DE L'ÉMIGRATION HQ SUR LE DÉVELOPPEMENT

Les divergences terminologiques pour qualifier l'émigration des HQ reflètent des points de vue théoriques et des évaluations empiriques souvent contradictoires. Le choix du terme brain « drain » traduit la conviction que ce type d'émigration entraîne une déperdition de ressources rares et indispensables au développement des PVD. Ces pertes se concrétiseraient particulièrement dans le domaine des finances publiques, des capacités technologiques et de la diminution du capital humain.

L'expression de brain « gain » implique, par contre, que l'on mette en évidence les bienfaits qui résulteraient d'une plus grande mobilité internationale de HQ. Grâce à une meilleure répartition des facteurs de production sur le marché mondial, tous les acteurs seraient gagnants. La production scientifique augmenterait au niveau mondial et ses conséquences seraient profitables à toutes les parties : d'abord aux pays développés qui feraient l'économie du financement de la formation d'une main-d'œuvre qualifiée, ensuite, évidemment, aux migrants qui recevraient des rémunérations plus élevées. Mais elles seraient aussi bénéfiques aux pays de départ qui bénéficieraient de retombées positives pécuniaires, mais surtout technologiques, résultant de la plus grande production scientifique des migrants qui serait mise à leur disposition grâce aux multiples canaux empruntés pour le transfert des connaissances.

Le brain « waste » peut, quant à lui, s'interpréter selon deux points de vue. D'une part, dans les pays d'arrivée, il existe une forte probabilité que certains migrants très qualifiés ne puissent pas accéder à des emplois correspondant à leur niveau de formation. À cause de rigidités sur le marché dans ces pays, de pratiques monopolistiques, de réactions xénophobes ou de barrières protectionnistes empêchant l'accès à certaines professions, une partie des migrants HQ seraient, en fin de compte, cantonnés dans des emplois qui requièrent des compétences nettement inférieures à celles qu'ils seraient en mesure d'espérer en fonction de leur niveau de qualification. Ce phénomène serait particulièrement marqué sur le marché du travail des HQ aux États-Unis en fonction du pays d'origine des migrants (Ozden, 2006)[12]. Selon l'OCDE, cette tendance à l'« overqualification »[13] aurait augmenté de 3 % entre 2000 et 2010, et atteindrait 37 % du total des migrants vers les pays de l'OCDE (OCDE, 2014b). On constaterait, toujours selon cette étude, une forte corrélation négative entre le niveau du revenu moyen des pays de départ et la prévalence de l'*overqualification* parmi les migrants de ces pays : elle serait de 27 % pour les migrants issus de l'OCDE, et de plus de 40 % pour ceux originaires des catégories de pays au PNB moyen bas et très bas. Il en résulte un gaspillage de ressources puisqu'il concerne des

---

[12] Plusieurs facteurs ont partiellement expliqué ce « brain waste ». D'abord la valeur des diplômes universitaires peut varier fortement entre PVD de départ et pays développés d'immigration et donc biaiser l'ampleur de la sous-qualification des emplois de migrants. On constate aussi des situations ou des HQ émigrent avec, *a priori*, l'intention d'accepter, dans un premier temps, des embauches dans des positions professionnelles sous-qualifiées par rapport à leur formation car les rémunérations sont largement supérieures à celles qu'ils pourraient obtenir pour des emplois de même niveau dans leur pays d'origine.

[13] L'*overqualification* (surqualification) est mesurée par la proportion d'individus ayant obtenu un diplôme universitaire et qui occupent un emploi dans une profession intermédiaire ou basse selon la classification internationale (ISCO 4 à 9).

investissements perdus par les migrants, les familles et les gouvernements qui les ont financés. D'autre part, dans de nombreux PVD de départ, la faiblesse des infrastructures, le manque d'équipements de qualité ainsi que l'insuffisance de facteurs complémentaires auraient pour conséquence qu'une partie importante des diplômés universitaires (enseignants, médecins ou ingénieurs) seraient surqualifiés pour les emplois qu'ils occupent. Dans ces deux situations de brain waste, il convient d'examiner quel est le rôle imputable aux migrations de HQ dans le phénomène de la sous-utilisation d'une partie du capital humain des PVD dans les pays d'accueil et aussi dans celui du surinvestissement dans des filières de spécialisation qui ne répondent pas aux priorités économiques des PVD.

Le cadre de référence des analyses ainsi que les prises de position politiques concernant les effets du « brain drain » se sont élargis au fil des controverses et des transformations des flux migratoires, pour finalement englober l'ensemble des situations qui caractérisent le sous-développement. Succinctement, voici les principaux arguments négatifs et positifs du brain drain, avant leur analyse en détail dans la suite de ce chapitre.

« Brain drain » et développement. Synthèse des arguments négatifs

Le premier argument soutient que la diminution du stock de capital humain réduirait le niveau de la production nationale, la productivité de tous les facteurs de production et par conséquent la croissance économique des pays de départ. Ensuite, le départ d'une partie substantielle des HQ priverait les PVD d'une main-d'œuvre déjà expérimentée et aussi de jeunes diplômés qui ont incorporé les dernières avancées technologiques au cours de leurs études.
Alors qu'ils ne disposent que de ressources très limitées et de faibles budgets, le départ d'une proportion élevée de HQ entraînerait en outre un gaspillage d'une partie importante des investissements publics que les PVD ont consacrés à l'augmentation du niveau d'éducation et de qualification de la population. De plus, les PVD perdraient des recettes fiscales importantes puisqu'ils ne pourraient plus taxer les HQ qui ont émigré. Ces impôts qu'ils ne sont plus en mesure de percevoir bénéficieraient, par contre, aux pays d'accueil qui ont économisé les coûts de formation des migrants. Enfin, le brain drain provoquerait une diminution dramatique de la quantité et de la qualité des services nécessaires pour garantir les besoins essentiels de la population dans les domaines de la santé et de l'éducation.

« Brain drain » et développement. Synthèse des arguments positifs

Tout d'abord, le retour d'une partie des migrants formés à l'étranger contribuerait à élever le niveau des compétences et la productivité de la main-d'œuvre. Les envois de fonds des HQ seraient, en plus, particulièrement élevés et fourniraient des ressources substantielles aux ménages ainsi que des recettes en devises pour les pouvoirs publics. En outre, les migrants HQ seraient des vecteurs importants du transfert, à un coût très bas, de connaissances scientifiques et de technologies vers les pays d'origine. Les migrants HQ stimuleraient de surcroît l'investissement international, et plus spécifiquement l'investissement en éducation et capital humain dans les pays d'origine. Enfin, les pays d'origine bénéficieraient de la coopération que leurs diasporas apporteraient en termes d'influence politique, de connexions économiques et commerciales et d'externalités positives. Dans un premier temps, ces arguments négatifs et positifs ont eu pour effet de stimuler les questionnements sur l'impact spécifique des migrations sur le développement, mais très rapidement, au-delà de leur portée polémique, ils ont aussitôt montré leurs limites car ils reposaient sur des analyses trop fragmentaires et mal documentées. Avant de les évaluer de manière détaillée, une présentation préalable des controverses portant sur des modalités de compensation des pertes éventuelles permet de mettre en lumière les principaux enjeux du débat.

FAUT-IL COMPENSER LES PERTES DE BIEN-ÊTRE PAR LA TAXATION DES MIGRANTS HQ ?

Bhagwati fut à l'origine d'une proposition qui visait à recommander l'instauration d'un mécanisme international de taxation des migrants HQ destiné à compenser les « pertes » subies par les pays d'origine. Cependant, il n'était en aucun cas question, dans ses propositions, d'ériger des barrières à la libre circulation internationale des personnes (Bhagwati et Dollafar, 1973)[14]. Cette taxe, dont le principe et les modalités suscitèrent de très vives oppositions, devait être prélevée sur les migrants ou leurs employeurs pendant une durée de 10 ans par les autorités fiscales des pays d'accueil, sous les auspices de l'ONU, puis elle devait être versée aux gouvernements

[14] Il n'y avait aucune ambiguïté sur le fait que ces propositions n'avaient pas pour but de restreindre la libre circulation des individus, car elles ne visaient pas à imposer un « droit d'émigration » pour rembourser préalablement le pays de départ des frais de formation, mais qu'elles étaient destinées à s'appliquer uniquement, *a posteriori*, sur la rémunération des HQ dans les pays d'accueil. Le différentiel de revenu entre PVD et pays d'accueil est tellement élevé que ce prélèvement n'aurait pas été de nature à freiner l'immigration des HQ.

des pays d'origine des migrants HQ. Plusieurs arguments étaient avancés pour fonder ces transferts internationaux de recettes fiscales. Bhagwati avait relevé trois types de « compensation » de nature très différente qui chacune justifiait la mise en œuvre de ce mécanisme de transfert international de prélèvement fiscal.

Rembourser les dépenses

D'abord, cette taxation des migrants HQ aurait permis le remboursement partiel des dépenses de formation, d'éducation et d'entretien des HQ financées en grande partie par les budgets publics des PVD, mais aussi de compenser les pertes de production générées par l'émigration d'une partie de la main-d'œuvre qualifiée essentielle au processus de développement. Les HQ qui émigrent au début de leur carrière professionnelle seraient les principaux bénéficiaires de la libre circulation internationale des scientifiques au détriment de la population restante. Dans la mesure où il n'est pas possible d'évaluer avec précision l'importance des pertes, qui varient fortement selon que les migrants proviennent d'un pays d'Afrique à bas niveau de revenu ou d'un pays à niveau de revenu intermédiaire, une procédure internationale de prélèvement forfaitaire apparaissait comme la plus judicieuse pour assurer au mieux les compensations (Bhagwati et Hamada, 1974).

Internationaliser la fiscalité

Selon un deuxième argument, il serait justifié d'étendre ces mesures de taxation à des migrants HQ qui échappent à l'impôt dans leur pays alors qu'ils conservent tous leurs droits civiques et politiques. Comme le faisaient alors remarquer les experts de la CNUCED, étendre sa juridiction fiscale aux ressortissants à l'étranger ne constituait pas vraiment une innovation. Les États-Unis d'abord et les autres pays développés ensuite ont instauré un système d'« imposition générale » selon lequel les revenus des nationaux à l'étranger sont soumis à l'impôt de leur pays d'origine. Par contre, les PVD, à cause des déficiences de leur administration fiscale, ont été contraints de renoncer à ces recettes prélevées sur les revenus de nationaux à l'étranger[15]. Selon ses partisans, cette taxe reposait aussi sur des critères moraux, au-delà de l'aspect économique[16].

---

[15] À l'argument selon lequel cette mesure serait discriminatoire à l'encontre des migrants HQ sur le marché du travail des pays d'accueil, il a été répondu que des conventions internationales de déductions fiscales entre pays de départ et d'arrivée ont permis d'éviter des doubles impositions.

[16] Cet argument perd une grande partie de sa pertinence dans l'hypothèse où les migrants décident de renoncer à leur nationalité d'origine ou lorsque leur départ a été aussi suscité en grande partie par leur opposition envers les comportements des autorités du pays d'origine.

L'équité entre HQ

Un troisième argument proposé par ces chercheurs reposait sur le principe de l'équité au sein des pays départ. L'émigration offre l'opportunité aux HQ de bénéficier immédiatement d'une rente substantielle par rapport à ceux qui choisissent d'exercer dans leur pays de formation. Cet argument implique que la progressivité de l'impôt sur le revenu appliquée aux HQ dans le pays d'origine devrait aussi s'étendre à leurs ressortissants qui travaillent, temporairement ou même définitivement, à l'étranger (Bhagwati, 1978). La taxation prélevée au niveau national ne peut pas être un instrument adéquat de la redistribution des revenus dans une situation où le facteur travail est presque parfaitement internationalement mobile. Dans cette perspective, la CNUCED avait calculé les recettes auxquelles les PVD auraient pu prétendre si l'on avait appliqué un impôt de 10 % prélevé sur le travail des migrants dans les trois principaux pays d'immigration des HQ, à savoir : les États-Unis, le Royaume-Uni et le Canada. La question, d'une autre nature, qui se pose ensuite est celle de l'évaluation du taux d'élasticité de l'émigration par rapport aux variations de la charge des impôts dans les pays d'origine (Wilson, 2007)[17].

Partager les bénéfices des pays d'accueil

Une toute autre approche consistait non pas à mettre en place un système de compensation pour les pertes subies par les pays de départ, mais plutôt de partager les avantages économiques dont bénéficiaient les pays d'arrivée. Plusieurs recherches ont évalué les économies de formation réalisées par les pays d'accueil grâce à l'arrivée d'une main-d'œuvre formée et spécialisée. Ces économies peuvent se mesurer, particulièrement aux États-Unis, par le grand nombre de facultés de médecine et d'ingénieurs que ces pays n'ont pas eu à construire, ni à gérer ou à financer grâce à l'arrivée régulière de cohortes de jeunes diplômés médecins et autres scientifiques. L'argument consistait à soutenir que les gains que représentent les économies substantielles d'investissement pour des dizaines de Facultés que les pays d'immigration n'ont pas créées devraient être équitablement répartis avec les pays de départ qui avaient supporté la charge de la formation et de l'éducation de ces HQ.

Dans cette même perspective, d'autres travaux ont davantage développé l'argument d'un « transfert inverse des technologies ». De nombreuses

---

[17] On pouvait cependant s'interroger sur la probabilité que l'impôt supplémentaire à la charge des migrants HQ influencerait négativement leur propension à envoyer des fonds vers les pays d'origine. Cet effet de substitution réduirait par conséquent la valeur nette de ces recettes fiscales.

estimations montraient que la valeur économique des migrants HQ vers les pays développés dépassait, dans beaucoup de cas, le montant total de l'aide technique et scientifique destinée au pays de départ. Plusieurs organisations internationales ont par conséquent continué de proposer des procédures pour inverser l'ampleur des flux de compétences scientifiques et académiques dans un sens plus favorable aux PVD (UNCTAD 1987 ; Assemblée générale de l'ONU, 1985 ; PNUD, 1992).

La problématique de la compensation des pertes a finalement été abandonnée à la fois à cause de l'opposition des pays d'immigration et des difficultés de sa mise en pratique, mais également parce que la réalité des pertes a été de plus en plus contestée. Ainsi Bhagwati a-t-il par la suite nuancé son analyse en précisant qu'il n'y aurait des pertes que dans l'hypothèse où les migrants HQ auraient pu pleinement exercer leurs compétences dans les pays d'origine. Si, par contre, il y a un sous-emploi élevé de HQ, la migration représenterait une « soupape de sécurité » (Bhagwati, 2009). Cette controverse s'est néanmoins révélée profitable pour les PVD. Elle a contribué à renforcer une première ébauche de coopération scientifique entre pays d'accueil et pays de départ, elle a encouragé les partenariats académiques entre institutions de recherche et, plus globalement, elle a favorisé la mise en place des mesures pour renforcer l'impact de retombées positives pour la population. Elle a aussi favorisé une prise de conscience des excès de certaines pratiques des agences de recrutement de médecins dans des pays pauvres, ce qui eut pour effet de proposer des « codes de bonne conduite » exposés au chapitre 9.

LA THÉORIE CLASSIQUE STATIQUE DES EFFETS DE L'ÉMIGRATION DES HQ

Cette théorie expose, premièrement, les effets des dépenses d'éducation sur les probabilités des pertes potentielles pour les pays de départ et sur l'incitation à émigrer, et deuxièmement, les conséquences des différentiels de revenus sur l'émigration HQ.

Rendement privé, social et émigration

L'augmentation du niveau général d'éducation et les externalités qu'elle génère ont un impact positif sur le développement économique des PVD. La théorie classique distingue deux cas de figure selon la proportion de nouveaux diplômés qui émigrera. Il y a brain « drain » si une partie substantielle des HQ formés dans ces pays émigrent au moment d'entrer dans la vie professionnelle. Par contre, si une faible partie seulement de ces HQ nouvellement formés émigre, des possibilités de brain « gain » sont réelles. S'ils ne sont pas soumis à de fortes contraintes budgétaires, les individus ou leurs familles ont intérêt à investir dans l'éducation, d'autant plus que le différentiel entre le faible coût marginal privé et le rendement marginal privé est élevé et augmente constamment en fonction du niveau des diplômes. Le coût privé est bas même pour les ménages qui financent eux-mêmes une partie de l'éducation de leurs enfants parce que, dans ces pays, le secteur public prend généralement en charge une partie significative des frais de scolarité à tous les niveaux. Les écarts de niveau de rémunération selon le diplôme sont particulièrement élevés dans les PVD, surtout le différentiel entre les diplômés du niveau universitaire et ceux du niveau secondaire. Les individus sont donc incités à maximiser ce différentiel entre coût et rendement marginal privé, et donc à augmenter leur demande d'éducation auprès des pouvoirs publics.

Sur le graphique 3.1.a), le total de la main-d'œuvre, des moins qualifiés aux plus qualifiés, est représenté sur l'axe OA. Le coût privé de l'éducation (supposé constant) est de OC, et le rendement privé de l'éducation est BD. À la droite de g, le rendement privé excède le coût privé ; il y a donc une forte incitation à ce que la demande d'éducation supérieure se situe à MoA. Le gain pour l'économie du pays est représenté par gfD[18]. L'éducation supérieure génère des externalités positives et, par conséquent, le rendement marginal social est plus élevé que le rendement privé. Le rendement social est représenté par la droite EJ, au-dessus de BD. Si les individus supportent seuls tous les coûts de l'éducation, l'économie se trouvera dans une situation suboptimale puisque le volume de la main-d'œuvre très qualifiée sera de AM0 et pas de AM1. Afin de maximiser les gains d'externalités pour la collectivité, il est nécessaire d'accroitre la demande d'éducation. C'est par la prise en charge par les budgets publics d'une partie substantielle de son coût total qu'il sera possible d'augmenter la quantité de HQ. Les recettes fiscales obtenues par la taxation des HQ permettent de corriger l'éventuel sous-investissement des agents privés en éducation supérieure. Une alternative au financement public pour encourager les individus à augmenter leurs investissements en éducation consiste à favoriser l'émigration des HQ. Les opportunités de bénéficier de revenus nettement supérieurs vont inciter des individus à augmenter leurs investissements en éducation et, ensuite, à tenter d'obtenir des emplois à l'étranger.

Sur la figure 3.1.b), EX représente le rendement marginal de l'éducation des HQ qui ont émigré, et AM1 le volume total des HQ qui, dans cette

[18] On reprend ici, en partie, la présentation proposée par Commander et Alii (2002).

hypothèse, ont tous émigré. Les gains de cet investissement profitent intégralement aux migrants et à l'économie des pays d'accueil. Cependant, il s'agit d'une situation exceptionnelle puisqu'elle repose sur l'hypothèse que toutes les nouvelles promotions de diplômés HQ ont émigré. Or, les taux d'émigration des HQ sont très différents selon les pays comme l'a montré le chapitre 2.

GRAPHIQUE 3.1 : COÛT DE L'ÉDUCATION, ÉMIGRATION HQ ET GAINS OU PERTES POUR LE PAYS DE DÉPART

a)

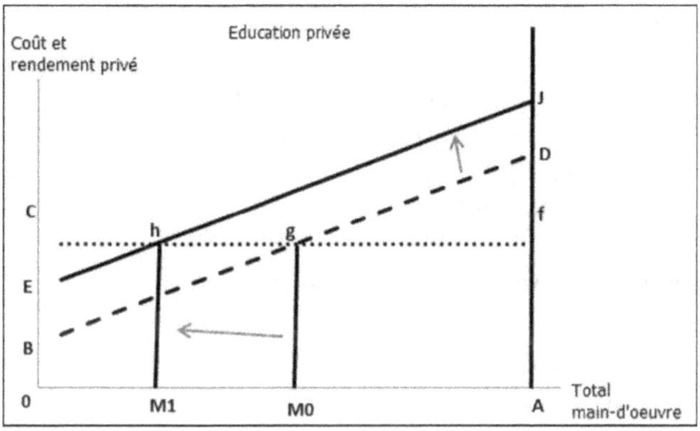

b)

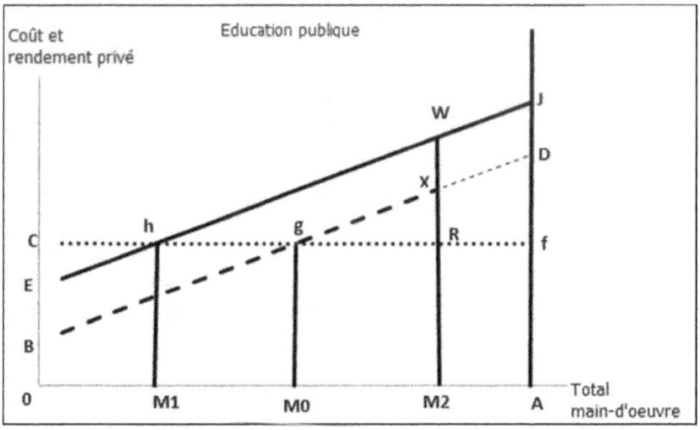

Pour des pays de petite taille à faible niveau de développement et avec un marché du travail du personnel qualifié très étroit, les taux d'émigration des HQ sont très élevés. Le pire scénario pour les PVD de départ à bas niveau de revenu est que tous les HQ émigrent puisque le coût total de l'éducation supérieure est très largement pris en charge par le budget public hM1jA alors que les HQ qui ont émigré ont obtenu hM1A1X. La situation est bien plus diversifiée pour les pays moyennement développés avec une population plus importante.

Cependant, pour diverses raisons, tous les HQ n'émigrent pas : les principaux freins sont les coûts des déplacements, la limitation des visas, l'attachement familial ou encore les barrières à l'installation dans les pays d'accueil. Dans l'hypothèse où seule la quantité Am2 de HQ émigre, les gains se répartissent entre migrants HQ qui obtiennent WRfX grâce aux salaires plus élevés à l'étranger, alors que les HQ qui sont restés accroissent la production du pays d'origine de hM1M2W, résultat de la proportion des HQ qui n'émigrent pas et du niveau des externalités positives. Les dépenses d'éducation s'élèvent à hM1Af et le gain, dans ce cas, pour le pays de départ est : hM1Wm2-hM1Af soit hRW - Rm2Af. Dans les cas où le gain HWR, c'est-à-dire la production des HQ qui restent, est supérieur à la perte RM2Af de production des HQ qui ont émigré, le pays d'origine tire un bénéfice de la migration d'une partie des HQ.

Le différentiel de revenu et l'émigration des HQ

Une présentation plus proche de la réalité doit prendre en compte le très important différentiel de revenu des HQ entre les PVD et les pays d'immigration. Cet écart s'élève, dans la grande majorité des situations, à plusieurs centaines de pourcentages. Il représente donc un facteur prépondérant dans la décision d'investir dans l'éducation en vue de l'émigration malgré les fortes probabilités d'une période relativement longue sans emploi et d'un déclassement professionnel dans le pays d'accueil. Cette situation est illustrée par le graphique 3.2. La droite LZ représente le niveau des revenus des HQ dans les pays d'accueil. Elle se situe très au-dessus de la droite EX qui correspond au rendement social de l'éducation dans le pays d'origine. Les revenus des migrants HQ seront de RYZf. Le gain de production pour les pays d'origine est de hWR à comparer au coût d'éducation perdu par l'émigration de RM2Af. Il en résulte une forte probabilité que ce différentiel de revenu provoque un surinvestissement dans l'éducation et un sous-emploi des HQ dans les pays d'origine.

GRAPHIQUE 3.2 : ÉMIGRATION HQ ET DIFFÉRENTIEL DE REVENU ENTRE PAYS DE DÉPART ET D'ACCUEIL

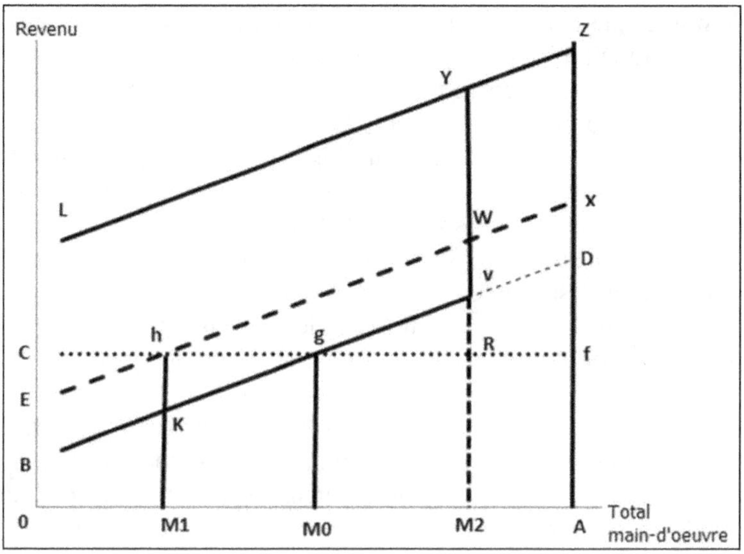

« LA NOUVELLE ÉCONOMIE » DU BRAIN DRAIN

Un des prolongements principaux de la « NELM »[19] porte sur les conséquences économiques de l'émigration des HQ pour les PVD d'origine. Cette théorie initiée par Stark et ses coauteurs à la fin des années 1980 a renouvelé la réflexion socio-économique sur la problématique des migrations internes et internationales, et elle l'a enrichie de perspectives novatrices. Les hypothèses originales de ces auteurs ont été à l'origine de nombreuses recherches empiriques et théoriques. Mais d'autres travaux, dans la continuité de cette approche, se sont révélés par la suite assez banals, se contentant de simplement transposer les concepts de base de l'analyse économique aux migrations internationales. La thèse défendue dans la quasi-totalité de ces travaux aboutit à la conclusion que l'émigration HQ a des effets globalement bénéfiques sur l'économie des PVD. Les aspects négatifs sont largement minimisés ou ignorés.

Les principaux gains pour les pays de départ, selon cette théorie, se manifesteraient dans les domaines suivants. D'abord, la possibilité d'émigration pour les HQ, en augmentant leur revenu escompté, aurait un très fort effet incitatif pour accroitre la demande d'éducation supérieure dans

[19] La New Economics of Labour Migration est présentée au chapitre 8.

les PVD. Sur la longue durée, et pour de nombreux pays, il en résulterait non pas une diminution, mais au contraire une augmentation souvent substantielle du stock de capital humain, bien supérieure que s'il n'y avait pas eu de migrations internationales. Ensuite, les retours d'un certain nombre de HQ permettraient à leurs pays d'origine de disposer, à un coût nul ou très bas, des connaissances scientifiques et de l'expertise technologique acquises dans les pays développés. Les migrants HQ constitueraient, en réalité, un des meilleurs vecteurs du transfert de technologies. En plus, le niveau des envois de fonds des HQ serait bien plus élevé que celui des autres catégories de migrants, et il fournirait une source supplémentaire de revenus. Enfin, les diasporas bien établies de HQ émigrés joueraient un rôle fondamental pour promouvoir les investissements internationaux vers leurs pays, et elles seraient à l'origine de la constitution de réseaux efficaces de soutien scientifique et politique.

Par contre, les aspects négatifs, comme la perte de ressources fiscales ou le risque de ne pas pouvoir conserver dans le pays une « masse critique » scientifique minimale, sont généralement sous-estimés ou négligés. Néanmoins, de nombreux chercheurs considèrent qu'il faut éviter toute conclusion hâtive et trop générale qui résulterait d'une approche basée uniquement sur des facteurs conjoncturels. Généraliser à tous les PVD des conclusions sur les retombées bénéfiques de l'émigration HQ conduirait à négliger la grande diversité des pays classés dans les catégories « moyennement développés » et « moins développés » qui sont très disparates. Il faut aussi intégrer dans l'analyse les niveaux de développement de ces pays, la taille de leur marché du travail, les écarts de rémunérations avec les pays d'accueil, la proportion de migrants HQ par rapport à l'ensemble du flux migratoire, et le volume de leur main-d'œuvre de niveau supérieur, et ceci afin de réaliser une évaluation pertinente des effets du « brain drain » dans chaque contexte spécifique.

Ainsi, introduire la dimension temporelle a été un des apports fondamentaux de l'analyse de Stark et Fan. Ils ont explicité la nécessité de bien distinguer dans ce processus migratoire long et complexe les conséquences à court terme qui risquent d'être négatives, de celles à long terme qui seraient, selon eux, nécessairement positives.

À court terme, ils reconnaissent les possibilités de diminutions temporaires du stock de capital humain, ainsi que les risques de sous-emploi des HQ et les probabilités de surinvestissement dans l'éducation supérieure dans les pays de départ (Stark et Fan 2007a).

Dans le long terme cependant, ces inconvénients deviendraient, de manière surprenante, une « bénédiction déguisée » selon Stark et Fan, et cela grâce à trois raisons qui sont sujettes, elles aussi, à de nombreuses critiques.

D'abord, le niveau de suréducation des parents constituerait un facteur positif quant au niveau des performances intellectuelles et scolaires des enfants des HQ qui n'ont pas choisi d'émigrer. Ensuite, le sous-emploi des HQ les amène à prolonger leur recherche d'emplois sur le marché du travail afin de trouver l'embauche qui correspondrait le mieux à leurs qualifications. Ils sont dès lors plus exigeants pour maximiser leur productivité et donc améliorent, de la sorte, l'efficience du marché du travail. Enfin, les possibilités d'émigration encouragent les HQ à investir dans les formations et dans l'acquisition de compétences qui rencontrent le mieux les exigences technologiques du marché du travail des pays développés. Ils contribuent de cette façon, et ultérieurement, à la diffusion et à l'augmentation des connaissances technologiques dans les PVD. Les deux pays les plus souvent cités qui symbolisent ce lien positif entre émigration des HQ et croissance sont l'Inde et l'Irlande. Il est cependant bien malaisé de tirer des conclusions générales à partir de ces deux exemples : l'émigration est-elle vraiment le moteur de leur croissance économique ? Et d'autre part, les taux actuellement élevés de migration des HQ de ces deux pays ne sont-ils pas simplement le reflet d'économies diversifiées et ouvertes à l'économie internationale qu'il serait abusif de généraliser à la majorité des PVD ?

L'ÉMIGRATION DES HQ, MOTEUR DE LA CROISSANCE DU CAPITAL HUMAIN ?

L'argument de l'effet d'incitation

L'unanimité prévaut parmi les chercheurs et les acteurs en économie du développement pour admettre que garantir plus d'éducation et de santé est une condition essentielle de la croissance des PVD. Par conséquent, la thèse, selon laquelle l'émigration des HQ ne diminuerait pas le stock de capital humain des pays de départ (principalement le nombre d'ingénieurs et de médecins), mais serait au contraire un des moteurs principaux de leur augmentation, a représenté un tournant important de la littérature. Au-delà de son aspect paradoxal, elle a généré de nombreuses recherches théoriques et empiriques qui ont eu comme objectif de la vérifier. Elle a également suscité de nombreuses critiques.

L'argument principal, déjà évoqué précédemment, repose sur l'effet d'incitation. Les individus comparent le différentiel entre le revenu qu'ils peuvent espérer dans leur pays d'origine et celui espéré dans les pays d'immigration grâce à un accroissement de leur investissement en éducation supérieure. Ils évaluent les chances d'émigration, les chances d'accès au marché du travail dans les pays développés et aussi la probabilité d'obtenir un emploi dans un délai qui ne serait pas trop long, en fonction du type et du niveau de leur qualification. Il en résulte généralement une forte augmentation de la propension de demande d'éducation supérieure.

Plusieurs modèles ont analysé les conditions qui déterminent les probabilités de diminution ou d'augmentation du stock de capital humain en comparant des économies ouvertes qui favorisent les migrations internationales aux économies fermées. En fonction de plusieurs paramètres, tels que l'information asymétrique à laquelle font face les employeurs, l'éventail des opportunités dont disposent les HQ et le poids des déterminants qui conditionnent les incitations à plus d'investissement en éducation, ces études empiriques ont été en mesure de présenter des situations où coexistaient à la fois des phénomènes de brain « drain » et de brain « gain » mais dans des proportions différentes (Stark, Helmenstein et Prskawetz, 1998).

Dans une contribution substantielle et très documentée, Docquier et Rapoport (2011) complètent leur présentation théorique par l'analyse de données sur l'émigration HQ et le stock de capital humain dans un grand nombre de pays. Cette recherche, qui rejette le point de vue pessimiste, inscrit le phénomène de l'émigration dans le cadre général de la globalisation de l'économie et de l'intensification de l'intégration internationale du marché du travail des HQ. Les simulations indiquent que les pays gagnants ont à la fois un niveau très bas de capital humain et un taux d'émigration faible des HQ (moins de 20 %), tandis que les pays perdants ont un taux d'émigration HQ élevé et un taux de participation à l'éducation supérieure très haut. Ces auteurs relèvent qu'en fin de compte il y a plus de pays perdants que de pays gagnants. De plus, les gains des pays gagnants seraient globalement inférieurs aux pertes des pays perdants. Les grands pays émergents profiteraient peu, en termes relatifs, de l'émigration HQ alors que, pour un grand nombre de petits pays, les pertes seraient importantes. Cependant, en termes absolus, et au niveau mondial, les gains l'emporteraient sur les pertes et, par conséquent, l'émigration HQ serait positive car elle accroitrait, de peu, le volume du personnel très qualifié pour les PVD considérés dans leur ensemble (Docquier et Rapoport, 2011 : 25).

Leur conclusion s'appuie sur une analyse antérieure couvrant 127 pays et concernant l'immigration des HQ et de non qualifiés ainsi que le taux de formation du capital humain, dont ils actualisent et complètent les données. L'examen en détail de la situation de chacun de ces pays permet de mesurer les effets du brain drain sur les variations en pourcentage du nombre de HQ et de mettre en évidence des tendances très divergentes. Premièrement, ils montrent que les effets sont positifs pour les pays de plus de 20 millions d'habitants et pour les pays classés dans les groupes « supérieurs moyens » et

« inférieurs moyens », mais qu'ils sont négatifs pour les autres. Deuxièmement, ils identifient, parmi les principaux bénéficiaires de l'émigration HQ, la Chine (+7,6 %) et l'Inde (+7,0 %), suivis par l'Indonésie, l'Égypte, le Brésil et l'Argentine. Les principaux perdants sont les petits pays du Pacifique (-41,4 %) et des Caraïbes (-32,9 %), suivis par les petits pays d'Amérique centrale et les pays d'Afrique subsaharienne (Beine, Docquier et Rapoport, 2008). De nombreuses autres études nuancent, minimisent ou même nient cet effet d'incitation et d'autres mettent, par contre, en relief plusieurs effets indirects négatifs.

Des biais de sélection

Contrairement à l'hypothèse largement répandue selon laquelle la migration HQ se déroulerait dans un contexte d'information imparfaite qui offrirait les mêmes chances d'embauche à tous les migrants HQ, quels que soient leurs niveaux de compétence, plusieurs analyses ont démontré que le processus de « screening » était bien souvent efficace. Les migrants HQ seraient réellement sélectionnés en fonction de leurs compétences sur le marché du travail des pays d'accueil. Les moins performants n'auraient guère de grandes chances d'être recrutés et il en résulterait un sentiment de découragement qui conduirait un grand nombre de migrants potentiels insuffisamment qualifiés à renoncer à investir davantage en dépenses d'éducation supérieure. Cette sélection provoquerait aussi un effet d'« écrémage » qui aboutirait à abaisser le niveau moyen de compétence des individus éduqués restant dans les pays de départ (Schiff, 2006). En outre, dans la mesure où les HQ de certains PVD subissent, dans une forte proportion, le phénomène du « brain waste », une partie des migrants potentiels, sachant qu'ils n'obtiendraient pas, en définitive, des emplois correspondant à leur niveau de diplôme, préféreraient renoncer à des investissements supplémentaires en éducation supérieure pour eux ou leurs enfants, car leurs revenus seront de toute façon supérieurs à ceux de leurs pays d'origine (McKenzie et Rapoport, 2006)[20]. Dans ce cas, c'est l'effet dissuasif qui l'emporte sur l'effet incitatif.

La nature de la formation supérieure

On admet généralement que dans les PVD caractérisés par des flux importants de départs de HQ, qu'ils soient spontanés ou qu'ils résultent d'une politique d'« exportation » de main-d'œuvre qualifiée, le type et le

[20] Ces auteurs ont présenté la même argumentation concernant les réserves que l'on peut formuler au sujet des effets des envois de fonds sur les dépenses d'éducation s'agissant des migrations illégales du Mexique rural vers les États-Unis.

contenu de l'éducation supérieure offerte tendent à correspondre beaucoup plus aux besoins du marché des pays d'accueil qu'à ceux des pays de départ.

Le marché du travail pour les HQ des pays développés se caractérise par une pénurie de spécialistes dans plusieurs créneaux. Dans les emplois publics, cela résulte du manque d'investissement dans l'éducation supérieure ou de pratiques restrictives pour l'accès à certaines professions. Dans les emplois privés, cela s'explique en partie par la concurrence internationale pour les qualifications très recherchées sur le marché des HQ. La demande d'éducation supérieure des catégories les plus favorisées de la population des PVD est probablement plus alimentée par l'espoir d'augmenter les chances d'accéder au marché des pays développés que par les déterminants de l'offre de travail locale.

Dans les PVD grands « exportateurs » de HQ et dans les petits pays avec un marché du travail trop étroit, le système académique, dans ses grandes orientations et selon le curriculum des programmes, répond davantage aux exigences de l'économie des pays d'accueil qu'aux nécessités des pays de départ. Par exemple, de nombreuses études ont épinglé des situations proches de la caricature dans les spécialisations de médecine (préférences pour la chirurgie esthétique plutôt que l'épidémiologie, la gériatrie plutôt que la pédiatrie, bref, des spécialisations pour lesquelles la demande est forte dans les institutions hospitalières des pays développés). La même tendance se retrouve dans le curriculum d'autres formations scientifiques plus adaptées au marché des pays développés au détriment des spécialisations en agronomie, et à la production de services nécessaires à la satisfaction des besoins de base. Une étude récente, basée sur des enquêtes réalisées avec des étudiants de 3e cycle dans cinq petits pays du Pacifique ainsi qu'au Ghana, indique, dans une certaine mesure, la réalité de ces inflexions dans les programmes d'études et dans les matières enseignées (Gibson et McKenzie, 2011). En ce qui concerne le Ghana, 32 % des étudiants ont modifié leur choix d'études en fonction de meilleures opportunités d'émigration. L'ampleur de ce phénomène est cependant difficile à évaluer.

Le sous-emploi des HQ

Les projets d'émigration des HQ ont aussi pour conséquence d'augmenter le sous-emploi des diplômés du niveau supérieur dans les pays de départ. Deux approches ont théorisé ce phénomène. D'abord la théorie de Todaro, évoquée précédemment, décrit le mécanisme au cours duquel le différentiel entre le revenu observé dans le pays de départ et le revenu escompté dans le pays d'accueil incite les ménages à manifester une forte demande d'éducation supérieure pour leurs enfants. Cette demande est très souvent satisfaite par les pouvoirs publics qui acceptent d'augmenter l'offre de places dans les institutions d'éducation supérieure. Il en résulte, selon Harris et Todaro, des contingents de diplômés qui dépassent les capacités de ces économies d'absorber annuellement ce surplus de HQ[21].

Une autre approche du sous-emploi des HQ repose sur l'hypothèse du salaire de « réservation » des diplômés sur le marché du travail des PVD, lequel augmenterait en proportion de la probabilité d'émigrer et de réussir à obtenir un emploi dans les pays développés. Les candidats HQ à l'émigration resteraient en attente de se présenter sur le marché selon une analyse de Stark et Fan (2007). Ceux qui, dans un premier temps, auraient échoué à obtenir un contrat d'emploi à l'étranger seraient très réticents à s'impliquer sur le marché du travail de leur pays d'origine. Ils consacreraient essentiellement leur temps à des initiatives pour améliorer leurs chances d'embauche à l'étranger. Le processus de recherche d'emploi des HQ sur le marché du travail international requiert beaucoup de temps et de disponibilité et ne permettrait donc pas de s'impliquer totalement sur le marché national. Les HQ qui ont déjà beaucoup investi dans l'éducation supérieure choisissent d'investir davantage de leur temps disponible pour améliorer leurs opportunités d'obtenir un emploi. Ils n'ont pas intérêt à offrir leurs services sur le marché du travail local et viennent ainsi gonfler les effectifs des diplômés inactifs.

Certes, si pour ces multiples raisons, le sous-emploi des HQ est effectivement très élevé dans de nombreux PVD, le départ d'une partie d'entre eux ne provoquera pas de perte de production pour l'économie des pays d'origine. Cependant, la perte se manifesterait sur un autre plan. Elle résulterait du surinvestissement fait par les pouvoirs publics dans le développement de certaines filières de l'éducation supérieure au détriment de l'éducation fondamentale. Dans ce cas, le brain drain entrainerait une distorsion dans l'affectation des ressources rares d'un grand nombre de PVD. Actuellement, toutes ces recherches ne sont pas encore en mesure de fournir une réponse sans ambiguïté prouvant l'effet positif de l'émigration HQ sur l'augmentation du capital humain et physique des PVD.

Dans une revue critique de la littérature, Schiff a épinglé des résultats très contradictoires à partir des principaux panels qui couvrent des dizaines de

---

[21] Cette théorie, proposée par Michael Todaro, d'abord au sujet des migrations rurales-urbaines et étendue ensuite aux migrations internationales, a fourni le cadre explicatif général et les principaux éléments qui seront développés ultérieurement par les chercheurs de la NTM (New theory of economic migration). Il est surprenant que très peu d'auteurs de cette école, quels que soient leurs domaines de recherche, aient explicitement reconnu leurs dettes à la théorie de Todaro et Harris (1970).

pays. Alors que, on l'a rappelé, Docquier et Rapoport soutiennent que, dans certaines hypothèses, le brain drain induirait des effets positifs sur la croissance du capital humain des pays de départ (Beine et al., 2008), l'impact serait par contre globalement négatif selon d'autres études (Lucas, 2004). Pour d'autres encore, il n'y aurait aucune possibilité fiable de conclure que l'émigration HQ aurait un effet positif ou négatif sur la croissance des pays de départ ou sur la variation des taux d'inscription annuels dans les cycles d'éducation supérieure (Faini, 2006). Parmi d'autres facteurs de nature à réduire considérablement les effets positifs du brain drain, Schiff présente un argument de poids qui repose sur l'hétérogénéité de la catégorie des HQ formés dans les PVD. Considérant les niveaux très contrastés de compétence et d'expertise des HQ sur le marché international, il soutient qu'il est probable que les plus doués auront le plus de chances d'être embauchés sur le marché international. Il en résulte que, par un processus d'écrémage, le niveau général de compétence du groupe des HQ qui restent dans les PVD sera inférieur à la moyenne à celui des promotions de diplômés qui terminent le cycle d'éducation supérieure (Schiff, 2006).

LES APPORTS DE LA « DIASPORA » ET DES RÉSEAUX

Les réseaux de chercheurs et de scientifiques

Une diaspora active constituée majoritairement d'individus bien intégrés sur le marché du travail des pays d'accueil et disposant d'un niveau d'éducation supérieur constitue un atout important pour les PVD d'origine. Les effets bénéfiques se manifestent dans plusieurs domaines. D'abord, les HQ ont l'opportunité de former un milieu d'entrepreneurs qui, collectivement, peuvent exercer une influence économique de nature à favoriser le commerce et les investissements internationaux avec les pays d'origine. Ensuite, ils jouent un rôle fondamental dans la mise en œuvre des diverses modalités du transfert de nouvelles connaissances scientifiques et technologiques vers les PVD[22]. Enfin, les émigrants HQ qui retournent vers leurs pays d'origine forment un potentiel de main-d'œuvre qualifiée qui a acquis une expertise précieuse à l'étranger, ce qui contribue à renforcer l'ouverture académique et l'autonomie de la communauté scientifique nationale. Les retombées positives se concrétisent au travers de divers canaux ; certaines sont incorporées dans la dynamique du commerce international, d'autres sont favorisées par les politiques de coopération.

[22] Les diasporas sont source d'externalités financières et technologiques. Les retombées financières, au sens strict, sont présentées dans le cadre des déterminants et des effets des envois de fonds.

Le commerce international génère des externalités technologiques pour les PVD[23]. Les émigrants HQ facilitent les transferts de connaissances scientifiques ainsi que le « savoir-faire » managérial des entreprises selon les standards internationaux. Ils contribuent aussi, de manière indirecte, à soutenir la diffusion et l'adaptation des progrès scientifiques incorporés dans les biens et les services importés par leurs pays d'origine. L'exemple le plus habituellement cité est celui de l'Inde dont les ingénieurs expatriés ont initié et largement stimulé le développement du secteur de l'informatique et de la technologie. L'expertise des migrants HQ travaillant dans des institutions scientifiques de pointe dans les pays développés permettrait d'apporter une contribution importante aux secteurs de première importance pour la population des PVD (santé, démographie, agronomie...). De même, une diaspora dynamique et mobilisée accroît les opportunités offertes grâce aux coopérations bilatérales basées sur des communautés de scientifiques expatriés bénéficiant de l'environnement académique qui n'est pas disponible dans la plupart des PVD. Elle permet de profiter aussi des innovations technologiques incorporées dans l'expertise, les contacts et le savoir-faire lorsque se produisent des flux importants de retours du personnel de haut niveau formé dans les pays d'accueil. De nombreuses recherches ont bien documenté l'émergence et le développement des activités des technologies de pointe en électronique et en informatique à Taïwan, en Chine, en Corée et en Inde grâce aux échanges scientifiques entretenus avec les diasporas installées aux États-Unis.

Ces retombées positives s'inscrivent dans une perspective qui est à l'opposé de celle de la théorie des partisans « cosmopolites » du brain drain. Pour ceux-ci, l'argument fondamental repose sur le constat que les HQ des PVD ont une très faible productivité parce qu'ils ne disposent pas d'infrastructures de pointe et, par conséquent, que l'émigration vers les pays développés permettra d'accroitre leur contribution au progrès général de la science. Au niveau du welfare mondial, il en résulterait une augmentation du niveau général des connaissances scientifiques et technologiques dont les retombées, bien plus tard, profiteraient à tous les pays du monde.

Cette argumentation soulève plusieurs objections majeures. Premièrement, il importe de faire la distinction entre la recherche pure et la recherche appliquée. Seule la première offre un accès libre et gratuit à l'ensemble de la communauté scientifique mondiale. La recherche appliquée, par contre, est disponible uniquement par les licences, les brevets, les patentes, les achats de « know-how » qui représentent un coût élevé,

[23] Ces retombées constituent un des arguments les plus solides qui plaident en faveur des conséquences positives du « brain drain ».

surtout pour les PVD qui n'ont pas une masse critique de scientifiques capables de formuler leur demande, au mieux de leurs intérêts nationaux, sur le marché international des transferts technologiques. Deuxièmement, les migrants HQ actifs dans la recherche scientifique sont bien entendu engagés principalement sur des thématiques qui correspondent aux besoins du marché des pays développés. Leurs contributions à la RD et à l'innovation risquent de ne pas correspondre aux priorités économiques, sociales et environnementales des pays d'origine. Troisièmement, une proportion très limitée des flux de migrants HQ, selon les données récentes du « National Science Foundation » (NSF) et du « Bureau of Census » des États-Unis, est engagée dans des recherches scientifiques et des travaux académiques qui pourraient profiter à tous au niveau international. En réalité, la plupart d'entre eux, qui travaillent dans l'enseignement, à des postes d'ingénieurs et surtout le dans milieu médical, offrent leurs compétences en réponse à la demande de services de proximité exprimée par les populations des pays d'accueil.

Les retours

Les retombées scientifiques positives

Longtemps, la littérature a mis en exergue le fait que les retours d'une proportion élevée de migrants HQ représentaient une source importante de retombées positives pour l'économie des PVD. Cependant, malgré les programmes incitatifs mis en place par certains pays de départ, peu de mouvements significatifs de retours de HQ ont été observés. Les écarts de niveaux de rémunération, la disponibilité d'un environnement scientifique favorable et les possibilités de promotion sur le marché du travail rendent peu attrayants les retours des migrants HQ sauf ceux, minoritaires, qui sont mus par des motifs patriotiques ou sentimentaux. Une proportion élevée des retours des migrants n'a pas un caractère définitif. Ils prennent plus généralement la forme de missions temporaires et de consultances entre institutions des pays d'origine et d'accueil. Plusieurs mécanismes ont été mis en place pour faire profiter les institutions scientifiques et les divers acteurs publics et privés du développement des PVD de l'expertise des HQ « expatriés ». Parmi ceux-ci, on soulignera les succès du programme TOKTEN (Transfert des connaissances par l'intermédiaire des expatriés) initié par le PNUD et le BIT. Créé en 1997, il a été organisé dans plus de 50 PVD en mobilisant les sentiments d'altruisme de plusieurs milliers d'« expatriés » qualifiés, volontaires pour des projets d'assistance sur une courte période dans leur pays d'origine. Ce programme de transfert de compétence et d'assistance scientifique ponctuelle présente l'originalité de ne pas être fondé sur l'hypothèse d'un retour permanent. Il repose sur le volontariat de personnels très qualifiés qui, en coordination avec des projets mis en œuvre par le PNUD, transmettent leur expertise aux organismes publics, aux institutions de recherche, aux ONG et aussi au secteur privé[24].

Ces dernières années, de nombreuses études se sont penchées sur les conditions nécessaires pour assurer la réussite de la mobilisation des diasporas pour le développement économique des pays de départ des migrants HQ. Selon Kuznetsov (2006), dans les pays d'accueil, il faut s'assurer de la coordination de plusieurs facteurs. Elle implique la combinaison d'une forte motivation personnelle jointe à la volonté d'exercer une influence sur la société de ces pays, de disposer d'un niveau élevé d'expertise et des ressources financières abondantes et disponibles, comme ce fut le cas pour la Chine. Kuznetsov propose une modélisation de la dynamique entre, d'une part, les conditions socio-économiques et le cadre institutionnel dans les pays d'origine, qui peuvent être soit très favorables soit très défavorables et, d'autre part, la taille et le degré de sophistication de la diaspora des HQ de différents pays. Plusieurs modes d'interaction résultent des différentes combinaisons possibles. On ne citera ici que les deux configurations extrêmes. La première consiste dans l'interaction de conditions favorables dans le pays d'origine et d'une diaspora sophistiquée qui permet l'émergence d'un « cercle vertueux » et la transition vers une « économie de la connaissance ». C'est le cas de la Chine, de l'Irlande, de l'Inde, d'Israël et de Taïwan. La deuxième est caractérisée par des conditions défavorables et une diaspora dispersées : c'est le cas de la plupart des pays africains, des petits pays d'Amérique latine et des pays de l'ex-URSS tels que l'Arménie et l'Ukraine.

La mobilisation des ressources

La mobilisation des ressources des diasporas est devenue ces dernières années une des thématiques importantes dans les multiples forums consacrés aux liens entre migration et développement. Les programmes MIDA (Migration for Development in Africa) organisent des centaines de réseaux économiques, sociaux et politiques entre les diasporas et les communautés d'origine. Dans une démarche similaire, l'IOM (2013) propose des manuels, des « guidelines », des formations ainsi que son expertise pour créer et

[24] Le programme TOTKEN est globalement considéré comme un succès depuis plus de 30 ans. Initié au moment où se manifestaient des inquiétudes sur les effets négatifs du brain drain pour les PVD, il a pérennisé de nombreux réseaux de collaborations scientifiques et académiques entre pays. Il est cependant très malaisé d'évaluer dans quelle mesure ces programmes compensent les effets négatifs du départ de personnel qualifié des PVD. Par exemple, les consultants volontaires ont-ils le même niveau de compétence que les HQ qui ont quitté définitivement leur pays ?

entretenir des réseaux de coopération entre les communautés d'émigrants et les institutions publiques ou les initiatives privées dans les pays d'origine.

Au-delà de l'analyse économique, la question du transfert des normes et des valeurs occidentales, particulièrement la rationalité économique et l'adoption des principes d'une société démocratique grâce à l'influence des migrants HQ, a fait l'objet de discussions vives et passionnantes. Dans ce domaine, il est bien entendu hors de question de tenter de quantifier des effets spécifiques. On peut, sans difficulté, trouver de nombreux exemples édifiants qui illustrent l'influence bénéfique de HQ expatriés sur la société de leur pays d'origine. Actuellement, ces effets directs, générés par des initiatives individuelles, ont cependant perdu une partie de leur pertinence, car la globalisation a multiplié les canaux de diffusion des concepts et des comportements qui structurent l'incorporation aux normes de fonctionnement de l'économie internationale. Dans une problématique similaire, plusieurs facteurs sont en mesure d'infléchir le contexte politique et éthique qui module les relations bilatérales entre pays de départ et pays d'accueil. On rappelle d'abord l'influence qu'une communauté prospère et bien organisée d'émigrés HQ est susceptible d'exercer sur la nature et la qualité des relations politiques et économiques des pays d'accueil avec les pays d'origine.

Dans ces pays d'origine, une question longuement controversée porte sur les conséquences du départ d'une partie substantielle des HQ. Ces départs sont-ils de nature à affaiblir l'émulation au sein de la communauté scientifique et académique de ces pays ? En résulte-t-il une déperdition de la capacité de modernisation politique ? La réponse dépend, en partie du moins, des circonstances de l'émigration des HQ. S'agit-il d'une forme de quasi-expulsion, du départ forcé d'une « minorité bloquée » pour laquelle l'émigration constituait la seule échappatoire, ou bien s'agit-il d'un processus migratoire coopératif organisé à la fois par les pouvoirs publics et par les candidats à l'émigration ?

L'ÉMIGRATION DES HQ ET FINANCES PUBLIQUES

Existe-t-il un « fiscal drain » comme il y a un « brain drain » ? Quelles en sont les caractéristiques et la nature ? Et est-il possible de le quantifier ? Ces questions sont d'autant plus pertinentes que l'éducation supérieure des HQ est en très grande partie financée par les budgets publics dans la plupart des PVD. Cette prise en charge par le secteur public trouve sa justification, en principe, dans l'assurance de bénéficier ultérieurement des externalités positives que génère une main-d'œuvre éduquée plus nombreuse pour la société. À cause de la faiblesse du niveau de revenu moyen de la population, et sans l'intervention publique, le volume des dépenses privées d'éducation supérieure serait sous-optimal. Trois questions méritent d'être examinées dans la mesure où la production des promotions annuelles de HQ dépend en grande partie des financements à charge des budgets nationaux plutôt que des investissements privés.

Les effets des dépenses d'éducation supérieure

Premièrement, une des conséquences de l'émigration serait qu'une part substantielle des dépenses publiques consacrées à l'éducation supérieure ne pourrait pas être « récupérée » par les gains de productivité des autres facteurs de production. Or, le différentiel de coût entre le niveau d'éducation primaire et secondaire et le niveau d'éducation supérieur est particulièrement élevé dans de nombreux PVD. Le montant de la dépense totale publique pour un étudiant dans le cycle supérieur s'élève à plus de 100 % du PNB par habitant dans de nombreux pays, principalement en Afrique subsaharienne. Par comparaison, dans les pays occidentaux, il ne représente généralement que 25 % à 30 % du PNB moyen. Dans ces PVD, les dépenses publiques par étudiant du cycle supérieur sont entre 10 à 20 fois plus élevées que celles pour un élève du cycle primaire comme le montrent les données du tableau 3.1. Le coût de l'investissement en éducation supérieure est par conséquent proportionnellement très lourd au regard des contraintes budgétaires que subissent ces PVD. La première question que pose l'émigration HQ est celle d'un éventuel surinvestissement en éducation supérieure.

Deuxièmement, contrairement à une opinion qui fut largement répandue au moment de l'indépendance de nombreux PVD, les dépenses d'éducation n'ont pas joué un rôle substantiel pour réduire les inégalités économiques et sociales. Deux types de facteurs peuvent l'expliquer. Les distorsions dans la perception des impôts directs (auxquels les catégories de revenus élevés échappent plus facilement) d'une part, et les importants biais de sélection dans l'accès à l'éducation supérieure (favorisant les enfants des ménages des catégories supérieures) d'autre part, ont contrecarré le caractère redistributif qu'auraient pu avoir ces dépenses. Si l'effet d'émulation stimulé par une forte probabilité d'émigration des HQ renforce la tendance des pouvoirs publics à consacrer une part de plus en plus importante des recettes fiscales à l'éducation supérieure, l'effet régressif sur l'inégalité sera immanquablement renforcé.

TABLEAU 3.1 : DÉPENSES PUBLIQUES PAR ÉTUDIANT DU NIVEAU SUPÉRIEUR ET DU NIVEAU PRIMAIRE EN POURCENTAGE DU PNB/HABITANT (ANNÉE 2013-2014) LES 10 PAYS OÙ LE POURCENTAGE EST LE PLUS ÉLEVÉ*

Pays	Dépenses publiques en % du PNB/habitant-Niveau supérieur	Dépenses publiques en % du PNB/habitant-Niveau primaire
Bhoutan	102	18
Burkina Faso	210	17
Burundi	297	12
Ghana	131	23
Mali	130	11
Mauritanie	93	-
Mozambique	183	15
Niger	631	19
Rwanda	104	7
Togo	102	12

(*) : World Bank (2014d)

Troisièmement, dans la mesure où une partie des HQ pris en charge par le secteur public émigrent au moment d'entrer dans la vie professionnelle, on peut admettre qu'ils emportent avec eux à l'étranger les bénéfices escomptés de leur éducation par le pays d'origine sans fournir de « compensation » et, par conséquent, qu'ils contribuent de la sorte à l'accroissement des inégalités.

Cependant, contre cet argument, certains auteurs ont recommandé un financement de l'éducation supérieure qui serait moins à la charge des finances publiques, mais qui reposerait davantage sur les investissements privés des ménages accompagnés par des programmes de prêts d'études remboursables par les HQ. Ce système de financement des études est la pratique en vigueur aux États-Unis et dans plusieurs pays occidentaux. Cependant, préconiser une politique de retrait du secteur public dans le domaine de l'éducation serait très malaisé à mettre en œuvre dans les PVD. Il est par ailleurs peu réaliste de favoriser cette voie pour atténuer les effets de l'émigration sur l'augmentation des inégalités.

La valeur des migrants HQ

L'évaluation du « coût de remplacement » des HQ qui ont émigré dès la fin de leurs études pose des problèmes théoriques et méthodologiques. Les premières études, à connotation très polémique, sur la légitimité de compenser ces coûts portaient sur la signification qu'il convenait d'attribuer à la dépense publique d'éducation supérieure. La collectivité est-elle légitimement fondée à percevoir une forme de remboursement ? La réponse dépend de l'interprétation que les pays d'émigration donnent à cette dépense. Premièrement, on retient l'hypothèse d'un transfert de solidarité intergénérationnelle qui a pour seul but d'améliorer plus tard le niveau de bien-être des descendants des actifs qui cotisent aujourd'hui. Il s'agit alors d'un don, forcément sans contrepartie attendue. Deuxièmement, une autre approche considère cette dépense comme une modalité de prêt intergénérationnel qui sera récupéré tout au long de la vie active des HQ pour les pays qui l'ont financée. La troisième hypothèse consiste à envisager cette dépense comme un investissement public qui profitera à l'économie du pays d'origine au travers des externalités positives qui accroissent la productivité de tous les facteurs de production et aussi grâce aux impôts qui seront prélevés sur les revenus élevés des HQ.

L'évaluation de la « valeur » du migrant HQ a également fait l'objet de procédures méthodologiques contradictoires qui reflètent des approches théoriques divergentes. Dans une première approche, les travaux se sont efforcés de mesurer le coût « historique », c'est-à-dire qu'ils avaient pour ambition de prendre en compte tous les intrants qui avaient été mobilisés dans le système éducatif pour produire, *in fine*, un certain nombre de diplômés. Une deuxième méthode qui a ensuite prévalu a consisté à calculer la valeur actualisée de tous les revenus futurs que les migrants HQ auraient pu obtenir en exerçant leur compétence professionnelle dans leur pays d'origine.

Les pertes de recettes fiscales

On dispose de peu d'indicateurs pour déterminer avec précision l'ampleur des pertes de recettes fiscales occasionnées par l'émigration des HQ après leur formation. Elles comprennent les impôts directs auxquels ils auraient été soumis, mais aussi les taxes indirectes sur les dépenses de consommation qu'ils auraient faites dans les pays de départ. Le volume des recettes fiscales qui vont échapper aux PVD est le produit de plusieurs facteurs : d'abord de leur âge au moment de l'émigration afin de calculer la valeur actualisée des taxes qui auraient été versées pendant le reste de la période d'activité professionnelle des migrants HQ et qui sera, par contre, recueillie dans les pays d'accueil ; mais il dépend aussi, en grande partie, de la progressivité de l'impôt et du niveau des rémunérations des HQ.

Très peu d'études empiriques ont pu fournir des données fiables à ce propos. En Inde, ces pertes s'élèveraient pour 2005 à 0,5 % du PNB et à 2,5 % du total des recettes fiscales (Desai, Kapur et al, 2009)[25]. Ce pays n'est

[25] Ces données ne prennent en compte que l'émigration vers les États-Unis. Elles sous-estiment par conséquent fortement les pertes résultant de l'émigration des HQ de l'Inde vers tous les autres pays occidentaux.

cependant pas représentatif de la catégorie des PVD qui connaissent une émigration importante de HQ. Il s'agit d'une économie diversifiée qui repose sur une vaste communauté scientifique et un secteur public important. Selon une autre étude, au Ghana, que l'on peut considérer comme représentatif des pays de l'Afrique subsaharienne, le montant de la perte par migrant HQ s'élèverait en moyenne à 6 300 $ par an (Gibson et McKenzie, 2010). À partir de cette première évaluation, on peut tenter de calculer le montant total de la perte de recettes fiscales pour ce pays. Dans une première étape, il faut multiplier la perte pour chaque HQ par la proportion que représente la catégorie des HQ parmi le stock total d'émigrants, soit 51 225 migrants (34 %) sur un total de 150 600 migrants HQ d'après la banque de données de l'OCDE (Dumont et Lemaitre, 2005)[26]. Il faut ensuite calculer la perte totale de HQ. Le montant s'élève à 51 225 x 6 300 $ par migrant HQ = 323 millions de $. Le PNB du Ghana pour cette même année 2005 est de 30 409 millions de $. Il en résulte que la perte de recettes fiscales due à l'émigration de HQ représente par conséquent, pour cette année, environ 1,06 % du PNB.

Certains auteurs qui contestent les effets négatifs de l'émigration HQ soutiennent que les pertes de recettes fiscales seraient équivalentes au volume des envois de fonds, ce qui aboutirait finalement à un effet de compensation. Cet argument manque manifestement de pertinence. Néanmoins, dans une certaine mesure, il ne serait pas déraisonnable de comptabiliser les recettes fiscales supplémentaires obtenues grâce aux taxes indirectes prélevées à partir de l'augmentation des dépenses de consommation des ménages qui ont bénéficié des envois de fonds.

RETOUR SUR LES ENVOIS DE FONDS ET LE BRAIN DRAIN

Comme les autres catégories de migrants, les HQ envoient une partie de leurs économies vers les pays d'origine. Au chapitre 7, on expose les principales recherches qui s'efforcent de déterminer si les HQ envoient, globalement et sur le long terme, plus de fonds que les migrants non qualifiés[27]. Néanmoins, quelles que soient les estimations, il est incontestable

[26] Annexe 2, Tableau A6, « Total number of highly skilled expatriates and percentage of highly skilled expatriates by country of birth ».

[27] Dans le chapitre 6 « La décision d'envoyer une partie de l'épargne : les déterminants et les acteurs », on compare les différences de propensions à envoyer des fonds, les proportions par rapport aux revenus et le volume annuel des transferts des HQ par comparaison aux autres catégories de migrants. On peut relever trois arguments favorables et trois arguments défavorables concernant la différence du comportement des migrants quant aux envois de fonds. Les arguments positifs sont : 1° les HQ disposent de revenus plus élevés, 2° ils sont tenus de rembourser leur famille qui ont financé leurs études, 3° ce ne sont pas des illégaux,

que les envois de fonds des HQ procurent des ressources extérieures qui sont bénéfiques aux pays de départ. Il en découle la question, non examinée ici, consistant à apprécier si les pays de départ avaient réellement avantage à mener délibérément des politiques d'éducation et d'émigration qui auraient pour objectif de favoriser l'augmentation de la composante de HQ dans les flux de départ.

Selon plusieurs enquêtes, la proportion et le montant des envois de fonds sont les plus élevés parmi les migrants les plus qualifiés venant des pays qui connaissent un brain drain important. La proportion de ceux qui envoient des fonds varie entre 68 % et 93 % et le montant moyen annuel serait d'environ 5 000 US$ (Gibson et McKenzie, 2010). Une autre étude concernant les médecins africains vers les États-Unis et le Canada retient ce même montant de 5 000 US$ d'envois annuels (Clemens, 2011). Les rapports entre niveau d'éducation des migrants et volume des envois de fonds dépendent de nombreux facteurs qui rendent peu fiables des généralisations. Une étude de Bollard, McKenzie et al. (2011), fondée sur les données de 14 micro-enquêtes dans 11 pays de destination de l'OCDE et représentant 79 % des migrants HQ des PVD, distingue deux tendances opposées concernant les rapports entre envois de fonds et éducation. D'une part, on observe une tendance négative entre le niveau d'éducation et la probabilité d'envoyer des fonds (la marge « extensive ») : le pourcentage de migrants HQ envoyant des fonds serait de 27 % contre 32 % pour les migrants non qualifiés. D'autre part, la relation entre le niveau d'éducation et le montant des fonds envoyés par les migrants HQ serait positive (la marge « intensive ») ; en effet, la différence avec les migrants non qualifiés serait de 9 %. Les résultats pour cette analyse transversale montrent un transfert d'un montant annuel moyen de 874 US$ par migrant HQ et de 650 US$ par migrant non qualifié. L'effet combiné de ces deux tendances aboutirait par conséquent à un résultat positif de l'émigration HQ (Bollard, Mc Kenzie, Morton, Rapoport, 2011). Ces résultats sont cependant dépendants de nombreux facteurs spécifiques à chaque flux migratoire et à la situation des HQ sur le marché du travail des pays d'accueil. On notera, parmi d'autres, les différences de taux de retours entre migrants HQ et non qualifiés, et aussi les différences de la composition et de la localisation des familles des migrants. Dans une perspective qui prend en considération les inégalités économiques entre pays de départ, ces mêmes données indiquent une forte corrélation négative entre le niveau de revenu moyen des pays de départ et la probabilité d'envois de fonds des HQ (Gibson et McKenzie, 2011).

---

ils ont donc un accès libre à toutes les facilités du système bancaire. Les arguments négatifs sont : 1° les HQ émigrent en général avec leur famille, 2° ils sont issus de familles aisées qui n'ont pas besoin d'une aide extérieure, 3° ils n'ont pas le projet de retour.

CHAPITRE 4

L'ÉMIGRATION DU PERSONNEL DE SANTÉ DES PVD

INTRODUCTION
LA MESURE ET LES CARACTÉRISTIQUES DE L'ÉMIGRATION DE MÉDECINS

Contrairement aux autres composantes des flux d'immigration HQ, il est possible d'évaluer les conséquences du départ d'une partie du personnel médical de nombreux PVD selon des critères objectifs et mesurables. En effet, alors qu'il reste extrêmement difficile d'estimer dans quelle mesure le départ d'ingénieurs, de managers et d'entrepreneurs influence le niveau des investissements et par conséquent la croissance économique et le revenu moyen dans les pays de départ, le lien entre le volume de la main-d'œuvre médicale et le niveau de morbidité et de mortalité infantile et maternelle est, quant à lui, bien documenté. Le « brain drain » médical induit des conséquences mesurables dans plusieurs domaines : le niveau de santé de la population, le coût de la formation des médecins, et la qualité ainsi que l'efficacité des infrastructures de santé publique des pays d'émigration. On examine d'abord les spécificités du brain drain médical, puis on expose les données les plus significatives concernant l'ampleur et l'impact de l'immigration de personnel de santé sur le volume de la main-d'œuvre médicale des PVD. On présente ensuite les théories récentes qui développent la thèse selon laquelle, contrairement à l'opinion générale, cette émigration aurait pour conséquence de favoriser une augmentation de nombre de médecins dans les PVD. On propose enfin une revue critique des mesures préconisées en vue de restreindre les pratiques abusives dans le recrutement international des médecins des PVD.

LE BRAIN DRAIN MÉDICAL EST-IL FONDAMENTALEMENT DIFFÉRENT DES AUTRES FLUX D'ÉMIGRATION DE HQ ?

Les spécificités du brain drain de médecins ainsi que l'émigration d'une partie substantielle de la main-d'œuvre paramédicale soulèvent avant tout une question de principe. La migration de HQ provenant des secteurs de santé est-elle réellement d'une nature différente de tous les autres mouvements migratoires[28] ? Comme les partisans du « brain drain » le soutiennent, contribue-t-elle positivement au développement économique des pays de départ et au bien-être de leur population ou, au contraire, risque-t-elle de gravement compromettre les objectifs du millénaire pour le développement (OMD) récemment remplacés par les « objectifs pour un développement durable » ? Selon l'opinion dominante qui prévaut parmi les acteurs et au sein des organisations engagées dans la problématique de « migration et développement », la libre circulation des migrants non qualifiés, mais aussi des HQ, quelles que soient leurs professions, aurait des effets globalement positifs pour tous : les pays d'émigration comme les pays d'accueil. Ce credo politique qui était régulièrement réaffirmé dans les rapports annuels du Secrétariat général à l'Assemblée générale de l'ONU, lieu du consensus international sur cette question, a connu cependant une lente réévaluation ces dernières années. Plusieurs facteurs récents sont à l'origine de la prise de conscience de plus en plus générale des contradictions qui se manifestent entre, d'une part, l'inquiétude résultant de l'ampleur des défis à surmonter pour une amélioration substantielle de la santé publique et, d'autre part, le constat d'une croissance de plus en plus rapide du « brain drain » médical.

Les changements provoqués par la mondialisation

Une prise de conscience

La mondialisation a considérablement étendu les facilités d'accès au marché international des professions de la santé au moment même où l'OMS manifestait son inquiétude par rapport à l'insuffisance globale évaluée à plus de 4,3 millions de personnels de santé dans le monde. Cette pénurie est particulièrement aigüe dans 57 PVD. Parmi ceux-ci, 36 PVD font partie de la région d'Afrique subsaharienne. Selon l'OMS, cet important déficit de main-d'œuvre aurait freiné considérablement la réalisation de plusieurs « objectifs du millénaire », spécifiquement ceux concernant les progrès de la santé et la réduction de la mortalité. Il aurait aussi pour effet d'empêcher le développement et le fonctionnement efficace des infrastructures de soins de santé primaires (OMS, 2006). Cette mise en garde fut rapidement intégrée à l'Agenda des programmes de développement de plusieurs institutions spécialisées du Conseil économique et social de l'ONU (prioritairement par celles en charge du développement social, de la condition des femmes et de la population).

[28] Par personnel de santé, on entend tous les prestataires de services de santé (médecins, infirmiers, kinésithérapeutes, pharmaciens, techniciens de laboratoire) ainsi que le personnel administratif et d'appui nécessaire au fonctionnement de ces services.

Par la suite, la prise en compte de l'impact négatif du « brain drain » de médecins est clairement devenue une inquiétude qui a affaibli le large consensus qui prévalait jusqu'alors quant aux aspects positifs de l'immigration HQ (UN, Population and Développement Division, 2010). Cependant, étrangement, cette préoccupation n'a été mentionnée que de manière tout à fait secondaire[29] dans les divers rapports et les résolutions de l'Assemblée générale de l'ONU consacrés à l'agenda de l'après-2014 du programme d'action de la Conférence internationale sur la population et le développement du Caire (CIPD). Cette démarche contraste avec les rapports et recommandations beaucoup plus explicites et plus alarmistes de l'OMS et de la CNUCED (UN, 2014).

Le brain drain et l'état sanitaire des PVD

L'accroissement des flux migratoires de personnel médical des PVD s'est manifesté de manière concomitante à la forte mobilisation internationale contre la chute, dans certains pays, de la tendance baissière de la mortalité causée par l'émergence de nouveaux facteurs de morbidité. Dans de nombreux PVD, le virus de l'immunodéficience humaine (VIH/Sida) et d'autres sources de pandémies ont accru considérablement la mortalité par maladies transmissibles. On a aussi relevé la plus forte dangerosité d'agents infectieux à l'origine de maladies auparavant considérées comme non transmissibles, alors qu'en outre la propagation rapide de nouveaux agents infectieux tels que le syndrome respiratoire aigu sévère (SRAS), les virus A HCN1 de la grippe, le virus Ebola ont menacé de nombreuses populations de pandémies mondiales (ONU, Division de la population 2010). Ces nouveaux facteurs de mortalité ont gravement altéré la situation sanitaire générale de plusieurs PVD qui devaient déjà auparavant faire face à des insuffisances importantes en personnel médical avec des infrastructures de santé primaires largement défaillantes.

La mondialisation, en facilitant la mobilité internationale des populations et par conséquent la diffusion très rapide des risques de transmission de pandémies dans le monde, a eu pour conséquence d'encourager les programmes d'investissement dans tous les secteurs de la santé en faveur des

---

[29] On peut l'évaluer avec précision dans le questionnaire portant sur les priorités exprimées par les gouvernements concernant les grands thèmes du « follow-up » du programme d'Action de l'ICDP. Dans la thématique « Migrations internationales », la priorité « réduire l'émigration en créant des conditions favorables et empêcher le brain drain » n'apparaît qu'en 9e position. Au niveau mondial, cette priorité n'est indiquée que pour 19 % des 154 pays de l'enquête. En Europe, cette question n'est mentionnée que par 25 % des pays, en Afrique par 24 % et en Asie par seulement 17 % des pays. Framework of Actions for the follow-up (2014), General Assembly A/69/92 Annex 7.

pays les plus vulnérables. Il en a résulté des situations paradoxales où, simultanément, furent organisés des programmes d'envoi d'équipes de personnel de santé des pays développés vers les PVD, inversement, ils y ont aussi favorisé des départs massifs de médecins et personnel paramédical à partir de ces mêmes pays bénéficiaires vers les pays donateurs de l'aide internationale. Cette sorte de « chassé-croisé », où les PVD les plus défaillants contribuaient au bon fonctionnement de l'organisation hospitalière des pays développés, a conduit à questionner plus profondément les principaux déterminants de la dynamique du marché international de main-d'œuvre médical.

Ce déséquilibre se manifeste avec le plus d'acuité dans le groupe des pays d'Afrique qui ont perdu 70 % de leur personnel médical au profit des pays développés. Il est vrai qu'on ne dispose que de peu de recherches permettant d'établir avec fiabilité une relation causale entre migration et niveau de performance dans le secteur de la santé. Une étude a néanmoins montré que dans les pays d'Afrique subsaharienne où la prévalence du virus HIV sida est supérieure à 3 %, le doublement du « brain drain » médical était associé avec une augmentation de 20 % de la mortalité par le virus HIV pour les adultes (Barghava et Docquier, 2008). Bien entendu, ces chiffres doivent être interprétés dans un contexte global qui prend aussi en considération toutes les autres graves insuffisances de l'ensemble de l'infrastructure des systèmes de santé de ces pays.

Les difficultés d'interprétation des variations du nombre de médecins immigrés

L'ampleur croissante de l'émigration de HQ a joué un rôle déterminant dans la prise de conscience au sein des pays d'accueil de l'urgence et de l'acuité de ce problème. La très forte accélération du « brain drain » du personnel de santé depuis une vingtaine d'années avait déjà suscité de nombreuses inquiétudes dans les pays de départ ainsi qu'au sein des institutions internationales telles que l'OMS et la CNUCED en charge de la santé et du bien-être des populations.

Le volume des migrations de médecins

Pour documenter ce phénomène, on se réfère aux données les plus fiables et les plus récentes sur la main-d'œuvre médicale et paramédicale émigrée qui ont été collectées et analysées par l'OCDE (2015)[30]. Celles-ci permettent de synthétiser les principales caractéristiques suivantes.

Le nombre total de médecins et des membres du personnel de santé immigrés a augmenté, entre 2000 et 2010, au sein de l'ensemble des pays membres de l'OCDE, de plus de 60 % en 10 ans. En moyenne, pour les années en 2010/2011, la proportion de médecins immigrés s'élevait à 22 % de l'effectif total de médecins pratiquant dans ces pays[31] et celui de personnel paramédical s'élevait à 14,5 %. Bien que l'ampleur de ce mouvement et son accélération au cours des dernières années aient suscité une inquiétude croissante au sujet du « brain drain » médical, il convient cependant de considérer trois types de difficultés concernant l'enregistrement de ces données dans les pays d'accueil. Celles-ci sont de nature à nuancer, dans un sens ou dans l'autre, les interprétations que l'on peut proposer concernant les variations des stocks de personnel de santé. D'abord, les données recueillies couvrent uniquement les mouvements à destination des pays de l'OCDE. Ils comprennent donc la grande majorité des pays développés, mais pas les pays du golfe Persique. Or, l'émigration, particulièrement de personnel paramédical, à partir de l'Asie du Sud-Est vers les pays de la péninsule arabique et des pays de l'Union des Etats africains (UEA) a connu une forte croissance depuis une vingtaine d'années. Les données limitées aux seuls pays membres de l'OCDE impliquent par conséquent une sous-estimation de l'ampleur du « brain drain » médical.

Le marché international des HQ

Pour mesurer l'impact réel de l'immigration de médecins sur les pays d'accueil, il convient ensuite d'opérer une distinction entre les HQ « nés à l'étranger » et ceux « éduqués à l'étranger ». Dans les premières années des flux migratoires de HQ, cette distinction n'était guère pertinente puisque les mouvements migratoires se déroulaient de manière assez linéaire : après leurs études, les migrants HQ des PVD se dirigeaient, en général, directement vers les pays de destination. Par la suite, les migrations de HQ se sont diversifiées avec des étapes dans des pays tiers, des mouvements de navettes, des mouvements circulaires…

[30] Voir le chapitre 3 du rapport de l'OCDE « Perspectives des migrations internationales 2015 » pour l'exposé complet des sources, des méthodes, de la définition des catégories et du calcul des stocks de main-d'œuvre médicale formée ou née à l'étranger (pour les données des années antérieures, voir : OCDE, 2007 ; Bhargava, Docquier et Moullan, 2011).

[31] Avec cependant de très grandes variations qui méritent d'être relevées entre les pays de l'UE. Elles couvrent un large éventail avec, par exemple, plus de 35 % de médecins étrangers en Irlande et seulement 3 % en Pologne.

Le développement du marché international de l'éducation supérieure a fourni l'occasion à un nombre grandissant d'étudiants des PVD de se former dans d'autres pays que ceux de départ ou d'arrivée. Cette internationalisation de la formation médicale ainsi que les pratiques restrictives érigées à l'accès à ces études dans un grand nombre de pays ont contribué à accroitre l'offre du groupe des « diplômés internationaux ». Une part croissante de l'immigration HQ est maintenant constituée par les « non-retours » d'étudiants formés dans les pays où ils se sont installés définitivement. La proportion élevée de non-retours d'étudiants des PVD qui ont obtenu une spécialisation ou des formations complémentaires a suscité de nombreuses interrogations sur l'efficacité des programmes d'échange d'étudiants et sur les modalités des programmes de bourses d'études destinés à financer des séjours dans des institutions académiques dans les pays développés. Les spécialistes de cette problématique ont beaucoup de mal à proposer une évaluation quantitative du « brain drain » parce qu'une proportion substantielle des migrants HQ a obtenu au moins une partie de sa formation supérieure dans le pays d'accueil. Par conséquent, il en résulte certainement un risque de surestimation du coût du « brain drain » pour les pays de départ.

Au sein des pays de l'OCDE, une partie des HQ « nés à l'étranger » ne sont pas originaires des PVD. La population migrante au sein des pays développés comprend actuellement une proportion croissante de HQ. Déjà au début des années 1960, les médecins formés au Royaume-Uni constituaient l'essentiel du « brain drain » vers le Canada et les États-Unis. Au sein de l'UE, la mobilité intracommunautaire de main-d'œuvre fut, les premières années, relativement faible, mais l'approfondissement de la libre circulation des personnes et l'harmonisation des procédures de reconnaissance des diplômes ont notablement accru l'installation de HQ dans les autres pays de l'UE. Selon l'OCDE, en 2011, 26 % des médecins et 29 % du personnel paramédical immigrants dans ces pays provenaient d'autres pays membres de l'OCDE. Ne pas distinguer, pour chacun des pays d'accueil, la proportion de médecins immigrés issus des autres pays de l'OCDE de ceux provenant des pays tiers risque aussi d'induire une surestimation du « brain drain » des PVD.

Les principales tendances des migrations de médecins

Une synthèse des principales tendances des flux de personnel de la santé, calculées à partir des pays d'accueil, permet un classement de ceux qui ont reçu le plus grand nombre d'immigrants médecins, de mesurer l'ampleur de l'augmentation des stocks au cours de ces dernières années, d'évaluer la proportion de médecins immigrés par rapport au total des médecins pratiquant dans ces pays et aussi de souligner la diversité des situations nationales. Elle permet également de relever les principaux pays d'origine pour le Royaume-Uni et les États-Unis.

Les médecins formés à l'étranger

En 2014, on comptait environ 2 700 000 médecins dans l'ensemble des pays de l'OCDE, dont 461 000 médecins (17,3 %) formés en dehors du pays où ils pratiquaient leur métier. Les cinq pays qui avaient, au fil des années, accueilli les contingents plus élevés de médecins formés à l'étranger sont, dans l'ordre, les États-Unis avec 214 500 médecins, suivis par le Royaume-Uni avec 49 000 médecins, l'Allemagne avec 29 000, l'Australie avec 25 100 et la France avec 20 200. Cependant, l'Allemagne et la France sont les deux pays qui, en chiffres absolus, ont connu la plus forte progression des effectifs de médecins formés à l'étranger sur la période récente entre 2000 et 2014.

Le tableau 4.1 présente, à partir des données collectées par l'OCDE, les 20 pays membres qui présentent la plus forte proportion de médecins formés à l'étranger par rapport au total des médecins pratiquant dans ces pays en 2013[32]. En chiffres absolus, deux pays, les États-Unis et le Royaume-Uni, rassemblent plus de 57 % du total des médecins formés à l'étranger. Cette forte concentration reflète l'attractivité de ces pays en termes de conditions de l'exercice de la profession et de rémunérations pour les médecins migrants, mais elle renseigne également sur les économies considérables réalisées par ces pays en termes de coûts de formation et d'infrastructure du secteur de la santé. Divers types de facteurs expliquent ces proportions élevées de médecins formés à l'étranger.

[32] On ne présente dans ce tableau que les stocks de médecins « formés » à l'étranger plutôt que ceux des médecins « nés » à l'étranger, car cette catégorie renseigne mieux sur l'ampleur des transferts de capital humain et la perte de ressources publiques affectées à la formation du personnel de santé des pays de départ, en majorité des PVD. Néanmoins, il subsiste de nombreux biais qui rendent très difficile l'interprétation de ces mouvements. Ainsi, dans certains pays développés, une proportion importante d'étudiants choisit d'étudier dans un autre pays développé avant de revenir exercer dans le pays de naissance.

TABLEAU 4.1: POURCENTAGES DE MÉDECINS FORMÉS À L'ÉTRANGER DANS LES 20 PREMIERS PAYS D'IMMIGRATION DE MÉDECINS EN 2013*

Israël	58,5	Finlande**	19,9
Nouvelle-Zélande	43,5	Chili	15,2
Norvège	35,8	Slovénie	14,4
Irlande	34,2	Belgique	10,7
Australie	30,5	Espagne	9,4
Royaume-Uni	28,7	France	9,2
Suisse*	27,0	Allemagne	8,8
États-Unis	25,0	Hongrie	7,6
Suède*	23,5	Danemark	5,6
Canada	23,5	Autriche	4,4
OCDE 33***	17,3		

(*) : OCDE (2015b) ; OCDE (2015a).
(**) : 2012
(***) : Total des pays membres de l'OCDE

La première place d'Israël est le résultat d'une immigration importante à forte composante de HQ depuis des décennies et aussi d'une proportion élevée d'étudiants qui ont récemment obtenu leurs diplômes à l'étranger. La Nouvelle-Zélande et l'Australie sont historiquement des pays de forte immigration avec des politiques de recrutement très sélectives en faveur des HQ. Pour ces deux pays, ainsi que pour la Belgique, l'Irlande et la Suisse, mais pour d'autres raisons, on constate que l'immigration représente plus de 50 % de l'accroissement du nombre total de médecins entre 2000 et 2014. Le Royaume-Uni, le Canada et les États-Unis ont toujours attiré des contingents élevés de médecins d'Europe, du Commonwealth et d'autres PVD pour des raisons qui tiennent à l'insuffisance de leur production nationale de personnel de santé, mais aussi à cause de la forte incitation résultant du niveau des rémunérations largement plus élevé que dans les pays de départ. La Suède, la Finlande et la Suisse accueillent principalement des médecins des pays limitrophes de la Scandinavie ainsi que des pays de l'Europe de l'Est. En France et en Allemagne, de nombreux facteurs sont intervenus, triplant ainsi le nombre de médecins formés à l'étranger entre 2000 et 2014 (OCDE, 2015b). Cependant, cette très forte augmentation n'est pas totalement imputable à l'immigration, car durant cette période s'est déroulée une « régularisation » du statut de nombreux médecins étrangers pratiquant de longue date dans des institutions hospitalières dans ces pays. Ceux-ci n'étaient par conséquent pas répertoriés dans la catégorie des « médecins formés à l'étranger ». Dans les autres pays d'Europe occidentale, la tendance récente montre une augmentation modérée de la proportion de médecins formés à l'étranger. Au dernier rang des pays d'accueil parmi l'UE, on trouve les pays du sud de l'Europe. Le Portugal et la Grèce subissent le plus fortement la crise économique depuis 2008 et ne présentent par conséquent pas un marché du travail suffisamment attractif pour les médecins candidats à l'immigration.

Le poids des médecins formés à l'étranger, aux États-Unis et au Royaume-Uni

La présentation en fonction de l'origine nationale des médecins formés à l'étranger permet de mesurer le poids de l'apport de médecins formés dans les PVD par rapport à celui des médecins formés dans les pays développés.

TABLEAU 4.2 : PRINCIPAUX PAYS DE FORMATION DES MÉDECINS « FORMÉS À L'ÉTRANGER », AUX ÉTATS-UNIS ET AU ROYAUME-UNI, 2013-2014*

États-Unis - 2013			Royaume-Uni - 2014		
Pays de formation	Chiffres absolus	Pourcentage	Pays de formation	Chiffres absolus	Pourcentage
Inde	47 271	21,40%	Inde	16 833	34,50%
Caraïbes	28 253	12,90%	Pakistan	5 275	10,80%
U.E.	22 984	10,40%	Autres pays Asie	4 296	8,80%
Philippines	11 973	5,40%	Autres pays U.E.	8 978	18,40%
Pakistan	11 779	5,30%	Irlande	1 859	3,80%
Mexique	10 501	4,80%	Afrique	3 694	7,60%
Canada	8 444	3,80%	Autres pays	7 831	16,10%
Chine	5 442	2,40%	TOTAL	48 766	100%
Afrique	12 399	5,60%			
Autres pays Asie	26 572	12,00%			
Autres pays	34 745	16,00%			
TOTAL	220 363	100%			

(*) : OCDE (2015c)

Le tableau 4.2 présente les principaux pays d'origine pour les deux premières destinations d'immigration de médecins formés à l'étranger, à savoir les États-Unis et le Royaume-Uni. Les données collectées au cours des années 2013-2014 montrent clairement que l'Asie est le premier fournisseur de médecins. Elle a fourni 54 % de l'immigration de personnel médical au Royaume-Uni et 48 % de l'immigration aux États-Unis. Au Royaume-Uni, dans la continuité des flux historiques tissés avec les anciennes colonies, l'Inde, avec 34,5 %, et le Pakistan, avec 11 %, fournissent presque la moitié des apports de personnel médical. De nombreux auteurs hostiles à l'immigration incontrôlée de personnel médical et paramédical ont régulièrement dénoncé les déséquilibres d'une situation où la plus grande partie des institutions médicales du Royaume-Uni ne pouvaient fonctionner que grâce à l'embauche de migrants originaires du sous-continent indien[33].

Les autres pays de l'UE représentent 22 % de médecins actifs dans ce pays. Aux États-Unis, l'Inde constitue aussi, et largement, le contingent le plus important avec 22 % du total des médecins formés à l'étranger, suivi des pays de la zone des Antilles avec 13 %, des Philippines, du Pakistan et du Mexique. Alors que le « brain drain » représente une partie importante du personnel médical dans un grand nombre des pays africains, on note que ce continent ne constitue globalement, pour ces deux pays d'immigration, qu'une source très réduite de recrutement de médecins formés à l'étranger.

LES CONSÉQUENCES DE L'IMMIGRATION DE PERSONNEL MÉDICAL SUR LE NIVEAU DES SERVICES DE SANTÉ DES PVD DE DÉPART

Actuellement, il reste pratiquement impossible de suivre les mouvements migratoires annuels de médecins de tous les PVD sur une période suffisamment longue pour dégager les nombreuses conséquences qui en découlent pour les budgets publics d'éducation supérieure, pour l'efficacité des systèmes de santé et pour le niveau de bien-être des populations. Néanmoins, trois types d'indicateurs fournissent des pistes qui donnent la possibilité de mesurer le « brain drain » médical. D'abord, le taux d'expatriation des médecins nés dans les PVD et qui travaillent actuellement dans un pays de l'OCDE fournit les premiers indices de l'ampleur de ce phénomène. Ensuite, le calcul de l'écart des taux de densité médicale, selon

[33] Cette situation est plus manifeste encore lorsque l'on prend en compte le personnel paramédical.

qu'ils sont calculés avec émigration ou sans, permet d'affiner la réalité de la perte de potentiel de personnel de santé. Enfin, il convient d'évaluer concrètement le rôle que jouerait le « brain drain » sur le niveau des pénuries critiques.

Les taux d'expatriation des médecins

Il n'y a pas de statistiques fiables sur les flux annuels d'émigration de médecins formés dans les PVD[34]. De nombreuses difficultés méthodologiques se posent pour évaluer l'ampleur du « bain drain » médical et mesurer la couverture médicale de ces pays. Des problèmes se posent également concernant la méthode de standardisation et la collecte des données pour un grand nombre de pays de départ aux statistiques déficientes. L'approche la plus réaliste et la plus fiable consiste à ne prendre en compte que le stock de médecins nés dans un pays de départ et exerçant leur profession à l'étranger.

Le tableau 4.3 présente la liste des PVD caractérisés par la plus forte émigration de médecins et ne retient parmi ceux-ci que les 10 premiers pays d'Afrique, d'Amérique latine et d'Asie qui se caractérisent par les taux d'expatriation les plus élevés. On ne retient que les PVD pour lesquels au minimum 500 médecins nés dans ces pays travaillaient au sein de la zone de l'OCDE au cours des années 2010-2011[35]. Le taux d'expatriation est défini comme le rapport entre le nombre total de médecins nés dans un pays et travaillant dans un des pays de l'OCDE et le total des médecins exerçant dans le pays d'émigration. L'interprétation de cet indicateur, le seul disponible pour environ 190 pays, nécessite toutefois quelques précautions. D'abord, s'agissant de « stocks », ceux-ci traduisent l'accumulation des flux de médecins travaillant à l'étranger qui se sont déroulés au cours de périodes soit anciennes pour certains pays, soit très récentes pour d'autres. Cependant, ils ne peuvent évidemment pas rendre compte des fluctuations annuelles ni décrire les tendances les plus récentes des mouvements migratoires. Ensuite, les variations des taux d'expatriation entre les années 2000 et 2011 peuvent résulter d'une variation positive ou négative des flux migratoires et/ou des variations du nombre de médecins formés dans les pays départ.

[34] Sauf, occasionnellement, pour quelques pays et pour certaines années, dans quelques rares monographies consacrées à l'évaluation de la main-d'œuvre médicale.

[35] Cette limite vise à ne pas inclure dans ce classement des petites économies insulaires très marginales. Ce faisant, cette limite minimale exclut de cette liste des petits pays qui connaissent des taux d'expatriation parmi les plus élevés du monde comme le Libéria avec un taux de 80,2 %, la Sierra Leone avec un taux de 71,3 %, la Guinée-Bissau 60,8 %, le Burundi 52,6 % et le Niger 52,7 %.

Ainsi, comme l'observe l'OCDE, le taux d'expatriation de l'Angola entre 2000 et 2011 est tombé de 63 % à 34 % bien que le nombre de médecins expatriés soit resté stable, mais cela s'explique par le fait que le nombre de médecins qui résident dans le pays a fortement augmenté durant cette décennie. Au Nigéria, par contre, le nombre de médecins expatriés a doublé, mais comme le nombre de médecins travaillant dans le pays a connu lui aussi une forte croissance, le taux d'expatriation est resté stable (OCDE, 2015a). De plus, ces taux ne concernent que les stocks de médecins qui ont immigré vers les pays de l'OCDE. Or, si effectivement ceux-ci ont accueilli la plus grande proportion du « brain drain » médical, il reste néanmoins d'autres flux importants qui se sont dirigés ces dernières années de manière croissante vers les pays du golfe Arabique. On constate également une augmentation récente du mouvement migratoire « Sud-Sud » de HQ, et plus particulièrement des professions médicales. Par conséquent, on peut conclure que ces données induisent une sous-estimation des flux de départ de médecins. Par contre, dans la mesure où les données disponibles ne comptabilisent que les médecins « nés » dans les pays de départ et non ceux qui y ont été « formés », il en résulte certainement un risque de surestimation du « brain drain ». Il n'est pas possible, en l'état actuel des données disponibles, d'évaluer le niveau de compensation entre ces deux biais opposés.

Le tableau 4.3 classe les pays en fonction des taux d'expatriation décroissants. Cette présentation occulte par conséquent les pays qui comptent le plus grand nombre de médecins expatriés. Les trois premiers d'entre eux sont l'Inde avec 87 000 médecins travaillant dans un pays de l'OCDE, suivi par la Chine avec 27 000 et le Pakistan avec 18 000 médecins émigrés. Ces pays ont des taux d'expatriation extrêmement bas, car bien que leurs flux d'émigrés soient les plus élevés de tous les pays qui connaissent un « brain drain » médical, la taille de leur économie, le volume de leur population et de leur main-d'œuvre médicale ainsi que la capacité de produire de nouveaux diplômés chaque année réduisent considérablement l'impact de ces départs.

L'Afrique est le continent qui connaît les taux d'expatriation les plus élevés. La moitié des 10 premiers pays ont des taux d'expatriation supérieurs à 50 %. Ce sont des pays de l'Afrique subsaharienne qui, presque tous, ont un très bas niveau de revenu moyen ou d'Indice de Développement Humain (IDH). Pour faire face à des taux d'expatriation aussi élevés (plus d'un tiers des médecins nés dans ces pays exercent à l'étranger) et éventuellement tenter de compenser les départs au sein des nouvelles cohortes de diplômés, il leur faut consentir des investissements supplémentaires considérables en éducation. Pour chaque promotion formée et en grande partie financée par le budget public, la déperdition (équivalent du « drop-out » scolaire en quelque sorte) augmente fortement le coût moyen de la formation de chaque diplômé en médecine qui n'émigre pas[36].

TABLEAU 4.3 : TAUX D'EXPATRIATION ET NOMBRE DE MÉDECINS NÉS À L'ÉTRANGER TRAVAILLANT DANS UN PAYS DE L'OCDE - LES 10 PRINCIPAUX PAYS EN AFRIQUE, EN AMÉRIQUE LATINE ET CENTRALE ET EN ASIE EN 2010-2011 (*)

Pays de naissance	Taux d'expatriation vers l'OCDE	Nombre de médecins travaillant dans un pays de l'OCDE
AFRIQUE		
République du Congo	84,6	2 202
Malawi	66,9	535
Zambie	62,6	1 399
Cameroun	61,8	2 174
Zimbabwe	55,9	1 048
Mozambique	49,8	902
Ghana	46,9	2 051
Sénégal	43,6	573
Éthiopie	35,9	1 207
Madagascar	26,1	1 113
AMÉRIQUE LATINE ET CENTRALE		
Guyane	84,6	884
Jamaïque	70,7	2 659
Suriname	68,3	861
Trinité-et-Tobago	58,3	2 155
Nicaragua	22,8	603
Pérou	17,9	5 950
Colombie	9,5	7 535
Brésil	8,9	3 450
Cuba	8,1	6 749
Venezuela	8,1	4 244
ASIE		
Île Maurice	52,8	1 459
Liban	33,3	6 799
Sri Lanka	28,3	5 784
Népal	22,3	1 548
Irak	21,2	5 298
Syrie	19,7	7 516
Iran	17,1	12 758
Koweït	15,5	983
Philippines	15,0	16 568
Jordanie	12,2	2 244

(*) : OCDE (2015a), tableau 3.7, tableau 3.A.1.1 et Annexe.

[36] La question du coût de l'émigration de médecins est examinée dans la partie suivante.

En Amérique latine et centrale, ce sont principalement les petits pays et les économies insulaires qui subissent les taux d'expatriation les plus élevés. La plupart des autres pays ont connu des périodes de troubles politiques et d'instabilité sociale qui ont aussi incité une partie importante des HQ à émigrer. Il faut cependant souligner que, sur ce continent, une partie substantielle des flux d'émigration s'est dirigée vers des pays limitrophes. Or, les données disponibles se limitent aux seuls pays de l'OCDE. Il en résulte par conséquent une sous-estimation de l'ampleur du « brain drain » intracontinental. En Asie, à part l'île Maurice et le Liban (qui a une longue tradition d'émigration des professions libérales vers l'Occident), les taux les plus élevés s'observent parmi les pays du Moyen-Orient qui ont également connu depuis longtemps des situations d'instabilité politique et sécuritaire. Les Philippines se caractérisent par un taux d'expatriation et un nombre total de médecins expatriés parmi les plus élevés de la région. Cette situation reflète la politique migratoire de ce pays qui organise depuis longtemps l'« exportation » d'une partie importante de sa main-d'œuvre médicale et aussi du personnel paramédical. L'expatriation de personnel infirmier et paramédical accompagne de manière beaucoup plus importante celui de l'émigration de médecins. Il s'agit, ici aussi, de données pour tous les pays et pas seulement des PVD. Le phénomène n'est pas fortement corrélé avec l'immigration de médecins. Plusieurs facteurs, liés au marché du travail, à la politique d'encouragement à l'émigration de leur main-d'œuvre médicale et au niveau de qualification, expliquent ces différences. Ainsi, les cinq PVD qui ont le plus grand nombre d'infirmiers travaillant dans un pays de l'OCDE sont : les Philippines avec 220 000 personnes, l'Inde avec 70 000, la Jamaïque avec 39 000, le Nigéria avec 17 000 et Haïti avec 25 000 infirmiers.

La densité médicale et l'émigration de médecins

Les écarts de taux de densité médicale avec et sans migration

Bien qu'il n'y ait pas de critères précis déterminant le niveau de densité médicale nécessaire pour assurer un fonctionnement satisfaisant de l'infrastructure de santé d'un pays, plusieurs études et quelques recommandations d'organismes spécialisés fournissent de précieux repères. L'indicateur le plus généralement admis est celui proposé par l'OMS qui considère qu'il est impossible d'assurer les interventions essentielles en matière de soins de santé primaire prioritaires du Millénaire pour le développement (OMD) dans les pays où le taux de densité est inférieur à 230 pour 100 000 (en comptant les médecins, les infirmiers et les sages-femmes).

Pour évaluer dans quelle mesure l'émigration de médecins fragilise la situation de nombreux pays, on propose de comparer le taux de densité médicale réelle tel qu'il est observé pour l'année la plus récente possible avec le taux de densité « virtuelle » calculé si tous les médecins exerçant à l'étranger étaient restés dans le pays d'origine. Ces deux taux sont comparés au tableau 4.4. On calcule le niveau de l'écart D1 (taux virtuel) > à D0 (taux réel)

PXi . D0i = Nmxi
Nmxi + EXpxi = NTmXi

$$\frac{NTmXi}{P1} = D1$$

Où

Pxi = Population totale du pays i année x
D0i = Taux de densité médicale réelle observé pays i année x
D1i = Taux de densité médicale sans expatriation pays i année x
Nmxi = Nombre de médecins travaillant dans le pays i année X
EXpxi = Stock de médecins expatriés vers l'OCDE à partir du pays i année x
NTmxi = Nombre total de médecins travaillant dans le pays i sans expatriation
P1 = Pxi+ Expxi

N.B. : l'année x est la dernière pour laquelle on dispose des données du stock de médecins expatriés pour chacun des pays.

Dans le tableau 4.4, on présente, pour l'Afrique, l'Amérique latine et centrale et l'Asie, un classement des 15 pays caractérisés par les taux de densité de médecins les plus bas. Ce tableau présente ensuite les taux qu'ils enregistreraient dans l'hypothèse où aucun des médecins expatriés n'aurait émigré vers un des pays de l'OCDE, mais aurait pratiqué sa profession dans le pays de naissance. On ne retient pas dans cette liste les pays avec moins d'un million d'habitants bien qu'ils soient soumis à une forte émigration de médecins. En effet, l'étroitesse du marché du travail des HQ en fait des cas atypiques qui ne peuvent pas éclairer une tendance générale. Les écarts obtenus au terme de cette comparaison constituent un indicateur important de l'ampleur de l'augmentation des taux de densité médicale qui résulteraient si c'était cette hypothèse d'absence totale d'émigration qui avait prévalu. Ils ne peuvent cependant offrir des chiffres précis et indiscutables. En effet, plusieurs biais de sens opposés perturbent, à des degrés divers, mais dans la plupart des pays, le calcul de ces taux de densité « virtuelle ». D'abord, comme indiqué précédemment, ne sont recensés que les expatriés dans les pays de l'OCDE. Or, une partie du « brain drain » médical se dirige aussi vers d'autres pays avec un PNB par habitant élevé, mais qui ne sont pas membres de cette institution. Ensuite, une proportion non négligeable de médecins a migré vers des PVD limitrophes à niveau de revenu intermédiaire. Par contre, un certain nombre de pays d'émigration ont, eux aussi, eu recours à des recrutements importants de médecins étrangers au niveau régional.

Une évaluation complète de l'expatriation du personnel de santé nécessite de prendre également en compte, en plus des médecins, toutes les autres professions liées au secteur médical même si elles ne font pas partie de la catégorie des HQ. Pour la plupart des PVD, le nombre des infirmiers expatriés est supérieur de 200 % à 400 % par rapport au nombre de médecins. S'agissant d'une main-d'œuvre beaucoup moins qualifiée, on constate que ce sont les PVD au PNB par habitant les plus bas qui fournissent, proportionnellement, les contingents les plus importants de cette immigration. Il convient néanmoins de relever quelques situations exceptionnelles qui résultent de politiques délibérées de formation de personnel paramédical destiné au marché des pays développés. Ces flux s'inscrivent dans les circuits plus traditionnels de l'immigration. Il s'agit principalement d'Haïti, de la Jamaïque, du Nigéria et du Mexique.

On n'observe pas de corrélation significative entre des taux d'expatriation élevés et des taux de densité médicale très bas. Premièrement, parce que ce ne sont évidemment pas les taux d'expatriation qui sont, à l'origine, la cause unique de l'insuffisance de l'offre de médecins et, deuxièmement, parce que les taux de densité médicale très bas de nombreux PVD ne peuvent manifestement pas constituer un vivier suffisamment riche pour alimenter une forte émigration de médecins. Ces pays ne disposent pas d'une main-d'œuvre médicale qui, d'un point de vue quantitatif et qualitatif, représenterait une offre répondant aux critères valorisés sur le marché international des professions de la santé. Cependant, comme le tableau 4.3 le montre, si tous les médecins expatriés étaient restés dans leur pays de naissance, les taux de densité médicale seraient, c'est évident, beaucoup plus élevés : de l'ordre de plusieurs centaines de pourcents pour les PVD les plus vulnérables, et aussi dans une proportion très importante pour la plupart des autres pays. Cette hypothèse irréaliste, qui produit par conséquent une surévaluation exagérée, est néanmoins celle retenue pour le calcul des écarts de taux de densité présentés dans ce tableau. Bien qu'excessive dans sa démarche, elle a cependant le grand avantage de rendre compte de l'ampleur potentielle du « brain drain » médical.

Les densités médicales par pays

On constate d'abord des différences de niveaux considérables entre les 3 continents. L'Afrique se distingue par les taux de densité médicale les plus bas, que ce soit dans l'hypothèse « avec expatriation » ou celle « sans expatriation », pour les 15 pays de ce continent qui apparaissent dans le tableau 4.4. L'Amérique latine et centrale se trouve dans une situation intermédiaire. Pour certains pays, l'expatriation provoque une très forte diminution du taux de densité médicale alors que pour d'autres pays l'impact se révèle être finalement beaucoup plus limité. En Asie, bien que les taux de densité médicale soient globalement bas, l'expatriation n'a eu de conséquences très importantes que pour un petit nombre pays. Comme de nombreuses institutions internationales l'ont très fréquemment mis en évidence, c'est principalement l'Afrique subsaharienne qui est la région qui souffre des pénuries les plus graves en main-d'œuvre médicale. La situation sanitaire y est la plus mauvaise au monde et la couverture médicale est largement insuffisante pour faire face aux pandémies récentes qui ont frappé les PVD. L'OMS a souligné que cette région, qui représente 12 % de la population mondiale, subit 24 % de la charge globale de morbidité, mais ne compte que 3 % de la main-d'œuvre médicale mondiale (OMS, 2006).

Les 15 pays d'Afrique repris dans le tableau 4.4 ont des taux de densité de médecins se situant entre 1/100 000 et 6/100 000. Par comparaison, en Europe occidentale, ce taux se situe autour de 400/100 000. La moitié des PVD de ce tableau ont des taux d'expatriation supérieurs à 50 %. Les taux de densité « virtuelle » calculés selon l'hypothèse qui exclut l'expatriation de médecins seraient, sauf pour le cas particulier de la Somalie, entre 200 % à 300 % supérieurs à la densité réelle. Pour les pays les plus mal lotis, le Libéria, le Malawi, le Niger et le Burundi, la différence est nettement supérieure à 300 %. Pour les autres pays, le taux de densité augmente aussi dans des proportions considérables. La différence est beaucoup moins sensible pour le Tchad et le Burkina Faso, car ces pays ont connu un taux d'expatriation relativement peu élevé.

Cependant, il importe de rappeler que, même avec l'hypothèse irréaliste d'un taux d'expatriation nul, la densité médicale se situerait à un niveau extrêmement faible pour ces pays d'Afrique subsaharienne. Pour les 15 pays, elle se situe en dessous du niveau de 10/100 000. Comme il s'agit de pays caractérisés par une très médiocre couverture médicale, de nombreux acteurs de terrain ont été vivement interpellés par le fait que le nombre de médecins travaillant à l'étranger soit plus ou moins égal à celui des médecins travaillant dans le pays de naissance. L'impact réel sur la situation sanitaire doit néanmoins être évalué avec circonspection. Le taux de densité médicale serait, certes, plus élevé sans « brain drain » médical (de plusieurs centaines de pourcents), mais le niveau atteint serait de toute façon très en deçà des critères de l'OMS pour assurer un minimum de prise en charge de services de santé primaires. Les déficiences des équipements, du personnel et des infrastructures médicaux de ces PVD, tous situés dans la catégorie des pays plus pauvres, sont telles que le « brain drain » médical ne fait qu'aggraver, marginalement dans certains cas, les carences de leur situation sanitaire.

En ce qui concerne l'Amérique latine et centrale, on distingue très nettement deux groupes de pays. Pour le premier groupe, composé des PVD avec les taux de densité les plus bas, l'hypothèse sans « brain drain » de médecins améliorerait significativement la couverture médicale. Dans le deuxième groupe, en l'absence de « brain drain », plus de la moitié des pays connaîtrait une légère amélioration au cours des 10 dernières années. Cela s'explique par le fait qu'ils n'ont connu qu'une émigration assez limitée de médecins et donc, pour certains d'entre eux, le taux de densité médicale se maintient à un niveau intermédiaire. Le Brésil, de son côté, n'est pas du tout affecté par le « brain drain » médical. Par contre, la situation est catastrophique pour la plupart des petits PVD insulaires de la région qui n'ont pas eu la capacité, étant donné l'étroitesse du marché et le faible niveau de la demande solvable de soins médicaux, de conserver la majorité des HQ qu'ils ont formés (le taux d'expatriation est d'environ 80 % à la Barbare, à Belize, en Guyane, à Grenade et au Surinam).

En Asie, les écarts de taux de densité s'inscrivent dans un contexte très différent. Le taux de densité médicale est très bas pour tous les pays retenus dans le tableau 4.4 (pour le Cambodge, le Laos, le Yémen et l'Indonésie, ces taux sont autour de 20/100 000). Sans « brain drain » de médecins, la couverture médicale ne s'améliorerait que faiblement, soit entre 10 à 20 % pour la plupart des pays sauf pour le Sri Lanka où l'augmentation serait de 50 %.

Pour ce qui est du nombre total de médecins expatriés, quatre pays totalisent les flux les plus élevés : l'Inde où l'émigration HQ est en constante augmentation, la Chine, le Pakistan et les Philippines. Ces pays ne sont cependant pas les plus affectés par le « brain drain » car, d'une part, ils disposent d'une structure d'éducation capable de produire chaque année de très nombreuses promotions de diplômés en médecine, et d'autre part, les expatriations sont modérées en termes relatifs par rapport au total des effectifs de la main-d'œuvre médicale active dans ces pays.

TABLEAU 4.4 : DENSITÉ DE MÉDECINS POUR 100 000 HABITANTS. TAUX RÉELS ET TAUX DANS L'HYPOTHÈSE OÙ TOUS LES MÉDECINS TRAVAILLANT DANS LES PAYS DE L'OCDE N'AURAIENT PAS ÉMIGRÉ - LES 15 PAYS AVEC LES TAUX DE DENSITÉ LES PLUS BAS*

Afrique				Amérique latine et centrale				Asie			
Pays	Année	D0 **	D1 ***	Pays	Année	D0 **	D1 ***	Pays	Année	D0 **	D1 ***
Libéria	2008	1,4	7,8	Haïti	1998	25,0	50,0	Cambodge	2012	16,9	21,9
Malawi	2009	1,9	5,5	Honduras	2005	37,2	43,4	Laos	2012	18,2	22,7
Niger	2008	1,9	4,0	Jamaïque	2008	41,1	66,8	Yémen	2010	19,7	21,6
Sierra Léone	2010	5,7	7,8	Bolivie	2011	47,3	53,2	Indonésie	2012	20,4	21,1
Éthiopie	2009	2,5	3,9	Guatemala	2006	93,2	96,6	Népal	2004	22,9	29,1
Burundi	2004	2,8	6,3	Chili	2009	102,4	110,8	Afghanistan	2011	26,6	30,7
Tanzanie	2012	3,1	4,1	Pérou	2012	113,2	133,0	Bangladesh	2011	35,6	37,4
Somalie	2006	3,5	3,8	Trinité-et-Tobago	2007	117,2	281,2	Irak	2010	60,7	77,8
Tchad	2006	3,7	4,6	Paraguay	2012	122,7	124,9	Birmanie	2012	61,2	66,9
Mozambique	2012	4,0	7,5	Colombie	2010	147,1	163,3	Sri Lanka	2010	68,0	95,9
Burkina Faso	2010	4,7	5,2	Salvador	2008	159,6	167,2	Inde	2012	70,2	77,2
République centrafricaine	2009	4,8	8,5	République dominicaine	2011	159,7	180,4	Pakistan	2010	82,7	92,9
Togo	2008	5,3	9,2	Équateur	2011	172,4	183,1	Iran	2005	89,0	107,1
Rwanda	2010	5,6	7,4	Brésil	2013	189,1	190,8	Vietnam	2013	119,0	130,1
Bénin	2008	5,9	9,1	Venezuela	2011	193,9	210,7	Malaisie	2010	119,8	147,1

(*) : WHO (2015), WHO (2014), OCDE (2015a), UN (2015a)
(**) : D0 = Taux de densité observé
(***) : D1 = taux de densité dans l'hypothèse où les médecins des PVD n'auraient pas émigré

La pénurie critique en personnel de santé

Une troisième approche consiste à adopter le concept de « pénurie critique » conçu par l'OMS afin de tenter d'évaluer dans quelle mesure l'émigration de personnel de santé contribue à perpétuer ou à aggraver cette situation de pénurie. Selon l'OMS, un pays est supposé connaître une pénurie critique lorsque le personnel de santé (médecins, infirmiers et sages-femmes) est en dessous du seuil de 230/100000 habitants. Cette définition englobe donc des catégories bien plus larges que les médecins. Toujours selon l'OMS, comme on l'a souligné précédemment, en 2011, 57 pays dont 34 pays africains connaissaient des pénuries de personnel de santé estimées globalement à 2 millions de personnes (OMS, 2013). À partir de ces données, l'OCDE a calculé l'évolution des pénuries critiques au cours de la période de 2001-2011. Cette évaluation indique que l'émigration est un facteur important dans l'aggravation des pénuries critiques. L'émigration serait responsable de 20 % de la pénurie en 2011 (OCDE, 2015). Cette approche éclaire de manière très différente le rôle de l'émigration, car elle mesure non pas l'évolution d'un indice comme le taux de densité, mais elle fournit une évaluation de l'impact du départ d'une partie du personnel de santé sur les pénuries critiques dans chaque pays.

Le tableau 4.5 présente les pénuries critiques calculées au niveau des grands ensembles régionaux. Pour la plupart des PVD d'Afrique subsaharienne, on rappelle néanmoins que c'est le maintien d'un niveau de fécondité très élevé qui constitue la cause principale de la stagnation ou de la détérioration de la couverture sanitaire. Les chiffres très élevés en Amérique latine s'expliquent principalement par l'émigration massive d'infirmiers.

TABLEAU 4.5 : PÉNURIES CRITIQUES ESTIMÉES DE MÉDECINS, D'INFIRMIERS ET DE SAGES-FEMMES PAR RÉGION OMS 2000-2001 ET 2010-2011*

Région OMS	Nombre de pays			Pays avec pénurie critique				Médecins et infirmiers nés à l'étranger dans les pays de l'OCDE, par région d'origine			
	Total	Avec pénurie critique		Effectif total		Pénurie critique estimée		Effectifs		Pourcentage de la pénurie critique estimée	
		2000/01	2010/11	2000/01	2010/11	2000/01	2010/11	2000/01	2010/11	2000/01	2010/11
Afrique	46	36	31	464 865	579 748	817 992	941 505	61 212	124 824	7	13
Amériques	35	5	5	82 647	59 695	37 886	49 376	26 917	36 689	71	74
Asie du Sud-Est	11	6	7	1 763 637	2 318 101	1 164 001	661 267	90 216	177 018	8	27
Europe	52	0	0	…	…	…	…	…	…	…	…
Méditerranée orientale	21	7	6	278 412	344 050	263 394	263 394	29 926	45 703	10	17
Pacifique occidental	27	3	5	20 091	26 443	38 269	38 269	3 577	5 732	11	15
Total des pays en pénurie critique		57		2 610 552	3 328 037	1 953 811	1 953 811	211 848	389 966	9	20

(*) : OCDE (2015b), OCDE (2007)

L'ÉMIGRATION DE MÉDECINS : FACTEUR DE PERTE OU DE BÉNÉFICE POUR LE DÉVELOPPEMENT ÉCONOMIQUE DES PVD ?

Deux thèses s'affrontent sur cette question. Selon la première, on considère généralement, dans un grand nombre de PVD et au sein de certaines organisations internationales, que le départ de médecins entraîne des pertes financières et renforce les obstacles qui freinent les capacités d'utilisation des infrastructures et de la main-d'œuvre de santé dans les pays pauvres. Les déficits en densité et en couverture médicale ont été évalués au paragraphe précédent. Les coûts financiers de la formation des médecins et les pertes fiscales résultant de leur émigration sont les autres principaux arguments invoqués. Selon la seconde approche, la possibilité d'émigration crée pour les candidats médecins des opportunités de bénéfices substantiels qui sont de nature à stimuler la demande pour ce type d'éducation supérieure. Il en résulterait une augmentation de l'investissement privé en formation médicale entraînant la croissance d'un capital humain spécialisé dans le domaine de santé et qui, *in fine*, serait bien plus élevé que si ces opportunités d'émigration de personnel médical n'avaient pas existé.

Les pertes supportées par les PVD

La thèse marginaliste selon laquelle les migrants emportent avec eux une production qui égalise leur revenu, et par conséquent qu'il n'en résulterait aucune externalité négative, comme l'ont soutenu les auteurs dans la lignée de Grubel-Scott-Johnson (1966 ; 1969), n'est certainement pas pertinente s'agissant des HQ et *a fortiori* plus spécifiquement des HQ médecins. En effet, elle suppose que les migrants puissent financer eux-mêmes la totalité du coût de leurs études, ce qui est loin d'être le cas dans les pays développés et moins encore dans les PVD. Les coûts de formation d'un médecin (enseignants, laboratoires, instruments et infrastructures) sont tellement élevés que seuls les pouvoirs publics sont en mesure d'en assumer la charge. Cela pose, comme préalable à toute autre considération, la question d'une gestion optimale des finances publiques. Dès lors, trois types de pertes peuvent être envisagés[37] : premièrement, la diminution du rendement escompté d'un investissement public ; deuxièmement, l'évaluation du coût de remplacement d'une main-d'œuvre formée qui remplit des fonctions importantes dans le système de santé ; troisièmement, les pertes de revenus

[37] L'examen de l'éventail des pertes éventuelles a été très rapidement mis en évidence dans la littérature par Page et Plaza (Page, 2005).

fiscaux prélevés sur les revenus des HQ situés généralement dans le haut de l'échelle des rémunérations, et qui seront perçus par les pays d'immigration.

Il est cependant nécessaire de préciser en quoi ces arguments, concernant l'émigration de médecins, se distinguent de ceux déjà évoqués au sujet du « brain drain » en général. Le calcul de ces pertes présente de nombreuses difficultés, principalement dans la définition et la collecte des données. Il en découle qu'il n'y a guère d'évaluation générale disponible présentant cette problématique pour un groupe de pays et sur une longue période. Seules quelques monographies fournissent quelques informations partielles de ce phénomène. Ainsi, on peut relever une évaluation du « brain drain » de médecins du Kenya vers les États-Unis et le Royaume-Uni qui illustre les limitations résultant de ces questions méthodologiques non résolues (Kirigia, Gbary et al., 2006). Selon cette étude, d'une part, le coût de formation pour chaque diplômé en médecine s'élèverait à 66 000 US$ et, d'autre part, les pertes cumulées de revenus pour le pays pendant toute la période de vie active à l'étranger s'élèveraient à 518 000 US$. C'est ce chiffre qu'il faut multiplier ensuite par le nombre total de médecins qui ont émigré pour connaître le montant de la perte totale qu'aurait subie le Kenya.

Ce mode de calcul soulève deux types de questions. Premièrement, pour ce qui concerne le coût « historique » de la formation des médecins, convient-il de prendre en compte, comme le fait cette étude, le total cumulé des coûts d'éducation depuis le cycle primaire jusqu'à la fin du cycle supérieur ? La démarche de ces auteurs consiste à considérer qu'il faut nécessairement totaliser tous les coûts supportés dans les formations des niveaux inférieurs puisqu'ils constituent le passage obligé dans le « pipeline » de la formation des médecins. Un point de vue différent consiste à retenir uniquement le financement public de l'éducation supérieure de médecins, car les niveaux inférieurs constitueraient l'investissement de base que les pouvoirs publics doivent assurer à toutes les générations sans condition de remboursement ou de compensation. Deuxièmement, le choix du niveau du taux d'intérêt pour actualiser les revenus futurs est très délicat, car il influence considérablement le montant total. Un taux d'un 1 % ou 2 % en plus ou en moins est susceptible de réduire de moitié ou de doubler le calcul d'actualisation du total des revenus futurs. De plus, la question se pose de savoir s'il faut retenir tous les revenus qu'auraient perçus les médecins émigrants ou seulement le montant de leur épargne mobilisable pour des investissements productifs. Une autre recherche s'inscrivant dans la même démarche a évalué les pertes subies par les neuf pays d'Afrique subsaharienne qui connaissent un taux de prévalence du HIV/AIDS de 5 % et plus (Mills, Kanters, Hagopian et al., 2011). Deux questions sont abordées. La première porte sur les conséquences de la pénurie de médecins dans ce contexte particulier où le HIV/AIDS affecte fortement et de manière prioritaire les différentes catégories de personnel de santé, de même qu'il déstabilise l'ensemble des infrastructures de santé publique. La deuxième partie de l'étude calcule pour chacun de ces neuf pays le coût total de la formation (à partir du cycle primaire jusqu'à la fin du cycle supérieur) des médecins qui ont émigré vers les États-Unis, le Royaume-Uni, le Canada et l'Australie. Ces coûts s'échelonnent entre 21 000 US$ pour l'Ouganda et 58 700 US$ pour l'Afrique du Sud. L'estimation de la perte totale des revenus futurs espérés des investissements réalisés pour la formation des médecins qui exercent dans ces quatre pays d'immigration s'élève à 2,17 milliards d'US$ dont plus de la moitié, soit 1,41 milliard d'US$ de pertes, pour l'Afrique du Sud. Le pays qui, en chiffres absolus, subit la perte la plus basse, soit 216 millions d'US$ est le Malawi, pays le plus pauvre et qui enregistre le plus faible contingent de médecins expatriés vers ces quatre pays[38].

Plusieurs solutions ont été proposées pour renforcer les infrastructures de santé des PVD qui éprouvent des déficits importants de personnel médical et qui, de plus, subissent simultanément des pertes provoquées par l'émigration vers les pays développés. Les champs d'intervention sont divers : la formation, l'aide technique, les compensations financières, les codes de bonne conduite. Cette question est présentée au paragraphe suivant. D'autre part, comme le financement de l'éducation des médecins est principalement d'origine publique, la question des recettes fiscales attendues se pose d'abord au niveau individuel. Dans la mesure où les dépenses d'éducation supérieure profitent majoritairement aux enfants des catégories sociales favorisées, on pourrait s'attendre, en principe, à ce que cette répartition inégalitaire soit corrigée par une forte progressivité de la taxation des revenus des bénéficiaires. Cette politique est évidemment sérieusement entravée lorsque les bénéficiaires paient leurs impôts dans un pays d'immigration. Certains auteurs ont évoqué à ce sujet le terme de « fiscal drain ». Ensuite, au niveau macroéconomique, plusieurs études évaluent la perte de recettes fiscales par rapport au PNB des pays de départ. En Inde, elles s'élèveraient à 0,50 % du PNB et à 2,5 % du total des recettes publiques (Desai, Kapur et al., 2009)[39]. Au Ghana, les pertes fiscales se

---

[38] Ces 9 pays sont : l'Éthiopie, le Kenya, le Malawi, l'Afrique du Sud, le Nigéria, la Tanzanie, l'Ouganda, la Zambie et le Zimbabwe. Tous ces pays disposent d'au moins une école de médecine. Le calcul d'actualisation est basé, pour chaque pays, sur le taux d'intérêt pour des dépôts d'épargne à long terme et la durée moyenne de la carrière professionnelle des médecins dans les pays d'immigration. Ce calcul est fait en prenant en compte le délai entre la fin des études, l'année d'immigration et l'âge moyen de la retraite des médecins dans les pays d'accueil.

[39] Il s'agit des pertes de recettes fiscales pour toutes les catégories de HQ qui ont émigré et pas seulement celles des médecins.

situeraient entre 5 600 et 6 300 US$ par migrant et par an (Gibson et McKenzie, 2010).

Deux observations sont de nature à nuancer les estimations concernant l'ampleur des pertes fiscales. Premièrement, plusieurs chercheurs ont soutenu que les envois de fonds des migrants contrebalançaient la diminution des recettes fiscales. Cet argument mérite d'être pris en considération même si l'on ne dispose pas de données fiables permettant de comparer le montant des envois de fonds à celui des recettes fiscales perdues. Il faut néanmoins rappeler que dans un cas il s'agit de transferts privés et, dans l'autre, de ressources publiques. Deuxièmement, l'importance de la perte de taxation dépend du niveau de l'emploi des HQ dans les PVD de départ. Même si, comme on l'a montré, de nombreux pays d'émigration connaissent des déficits criants de main-d'œuvre médicale, une partie importante de ce personnel est néanmoins sous-employé par manque de moyens financiers et à cause des multiples déficiences des systèmes de santé. Il est par conséquent probable qu'une partie des médecins qui ont émigré n'auraient pas eu la possibilité d'utiliser leurs compétences de manière optimale et n'auraient, par conséquent, pas obtenu des rémunérations élevées soumises à un fort taux d'imposition.

Les bénéfices. L'émigration augmente-t-elle le nombre de médecins dans les pays de départ ?

Les arguments optimistes

Dans le prolongement de la théorie « NTML » fondée sur les stratégies familiales liant l'investissement en éducation et la décision d'émigrer, plusieurs auteurs ont développé des modèles selon lesquels les opportunités de rémunérations plus élevées à l'étranger augmentent les incitations pour tous les individus à acquérir davantage d'éducation, même si seule une partie d'entre eux obtiendront des emplois. La demande induite d'éducation aurait pour effet d'accroître le capital humain des PVD de départ alors même qu'une partie des HQ formés dans ces pays émigrent vers les pays développés. Il en résulterait donc un « brain gain » et non un « brain drain »[40]. Stark et Fan (2007) ont synthétisé cette approche et distinguent les effets négatifs à court terme des effets positifs à long terme.

En effet, dans le court terme, on pourrait s'attendre à ce que cette augmentation de la demande d'éducation provoque deux effets négatifs : d'abord une augmentation du sous-emploi des HQ dans les PVD

[40] Ces hypothèses ont été présentées au chapitre 3.

parce que le salaire de réservation augmente avec la perspective d'émigration, et ensuite un effet de surqualification des HQ par rapport aux besoins des PVD. Dans le long terme cependant, ces inconvénients deviendraient, de manière surprenante, une « bénédiction déguisée » selon Stark, et ceci pour trois raisons qui sont cependant sujettes à de nombreuses critiques. D'abord, le niveau de sur-éducation des parents constituerait un facteur positif pour améliorer le niveau des performances intellectuelles et scolaires des enfants des HQ qui n'ont pas émigré. Ensuite, le sous-emploi des HQ les amène à prolonger leur recherche d'emplois sur le marché du travail afin de trouver celui qui correspondrait le mieux à leurs qualifications. Ils sont dès lors plus exigeants et donc leurs démarches amélioreraient l'efficience du marché. Enfin, les possibilités d'émigration encouragent les HQ à investir dans les formations et dans l'acquisition de compétences qui rencontrent le mieux les exigences technologiques du marché du travail des pays développés. Une partie substantielle des migrants HQ contribuent, de la sorte, à la diffusion et à l'accroissement des connaissances scientifiques et technologiques dans les PVD.

Dans cette même perspective, une étude approfondie de Beine, Docquier et Rapoport (2008), basée sur des données actualisées portant sur 127 pays, fournit une contribution importante et nuancée à ce débat. Selon cette étude, l'élasticité de la formation de capital humain par rapport à l'émigration des HQ serait, globalement, de 5 %. Les pays caractérisés par un faible niveau de capital humain et un taux d'émigration bas seraient les plus susceptibles de bénéficier des effets positifs alors que, inversement, les pays dotés d'un niveau élevé de capital humain et connaissant des taux élevés d'émigration HQ subiraient les effets négatifs du « brain drain » (Beine, Docquier et Rapoport, 2008). Il y aurait, globalement, plus de pays perdants que de pays gagnants. Les principaux perdants seraient les petits pays d'Amérique latine et d'Afrique subsaharienne. Par contre, la Chine, l'Inde et le Brésil seraient largement bénéficiaires de l'augmentation de capital humain qui découlerait de l'émigration HQ. Ces résultats vont dans le même sens que ceux présentés au tableau 4.3 qui classe les pays selon les taux d'expatriation. Cette étude met en évidence le constat important que les perdants perdent plus que ce que les gagnants gagnent !

Qu'en est-il plus spécifiquement du nombre de médecins dans les PVD ? L'augmentation des flux de médecins émigrés va-t-elle avoir pour effet d'accroître le nombre de ceux qui resteront dans les pays de formation ? Cette catégorie de HQ se comporte-t-elle sur le marché international du travail de la même façon que les managers, les ingénieurs et les chercheurs ? Selon une approche très optimiste fondée sur la théorie du libre-échange, l'émigration aurait des conséquences positives, c'est-à-dire qu'elle aurait pour effet d'accroître le volume du personnel de santé des pays de départ grâce à l'effet d'émulation. Non seulement, selon cette théorie, elle ne provoquerait pas d'effets négatifs dans ces pays, mais au contraire, elle augmenterait le niveau du « welfare mondial ». C'est la thèse défendue par Clemens (2007) qui soutient qu'il n'est pas possible d'identifier des effets négatifs sur le nombre de médecins et les services publics de soins primaires pour les pays d'Afrique, et cela, même dans les situations d'émigration massive de professionnels de la santé.

Cette absence d'effets négatifs s'expliquerait, en grande partie, par l'élasticité positive de l'offre de travail du personnel de santé par rapport à l'augmentation du revenu escompté dans l'option de l'émigration vers des pays où les rémunérations sont beaucoup plus élevées. Face à la croissance de la demande de formation médicale formulée par les parents des jeunes universitaires issus des classes moyennes, les pouvoirs publics seraient politiquement contraints d'accroître l'offre de postes et d'écoles de médecine.

Les critiques du point de vue optimiste

Ces analyses contradictoires quant aux conséquences de l'émigration massive de médecins sur la situation sanitaire des PVD appellent plusieurs remarques.

1° Il n'est pas possible de calculer avec précision l'impact qu'aurait l'effet d'incitation pour stimuler une demande plus élevée de formation médicale. Cependant, si l'on se réfère aux calculs exposés au tableau 4.4, qui compare les pays en fonction de leur taux de densité médicale « réelle » et les taux qu'on observerait dans l'hypothèse « sans émigration de médecins », les différences pour les pays les plus pauvres sont considérables. Principalement en Afrique, les écarts se situent entre 50 % et 500 %. Il est irréaliste de retenir l'hypothèse que le taux d'élasticité de l'effet d'incitation de la demande d'études de médecine par rapport à l'émigration atteigne un niveau permettant de compenser ces écarts. Il en résulte que le nombre de médecins, présents dans les 15 PVD d'Afrique, d'Asie et d'Amérique latine et centrale, est effectivement nettement inférieur au nombre de médecins qui y furent formés. La question essentielle est, par conséquent, de savoir quelle est la proportion des nouveaux diplômés qui émigreront par rapport à ceux qui resteront dans le pays de formation.

2° À supposer que l'émigration ait effectivement pour effet d'augmenter le nombre annuel de diplômés sortant des écoles de médecine de ces PVD, il n'en reste pas moins que le coût moyen pour chaque diplômé qui pratiquera dans le pays qui l'a formé augmente considérablement. La situation s'apparente à celle résultant d'un « drop out » très élevé tout au long d'un cursus universitaire. Il devient par conséquent nécessaire d'introduire à l'entrée du « pipe-line » de la formation médicale un beaucoup plus grand nombre de candidats afin d'obtenir finalement le même « output » de médecins actifs dans ces pays. Cette formation est très largement financée par les budgets publics de l'éducation supérieure. Par conséquent, cette forme particulière de « drop out » produit un surinvestissement dans les cycles de l'éducation nationale supérieure et cela au détriment des autres cycles d'éducation qui jouent un rôle important pour l'augmentation du niveau de scolarisation générale.

3° Dans la mesure où le « brain drain » a pour effet de provoquer un surinvestissement dans les secteurs de l'éducation supérieure les plus recherchés sur le marché international des HQ, il favoriserait spécifiquement les enfants des familles urbaines aisées qui participent majoritairement à ces filières d'études. L'inégalité de l'accès au système scolaire, qui est une des caractéristiques principales d'un grand nombre de PVD, serait ainsi renforcée. De nombreux économistes du développement ont mis en évidence que les dépenses publiques d'éducation supérieure avaient un effet régressif sur la redistribution des revenus. Il n'est par conséquent pas excessif de retenir l'hypothèse que l'émigration de médecins accroît les inégalités.

4° Afin d'optimaliser leurs possibilités d'embauche dans les pays d'immigration, les futurs médecins seraient enclins à choisir des cursus qui correspondent le mieux à la demande de soins sur le marché des pays occidentaux. Il en résulterait une distorsion dans l'offre de formation médicale qui n'épouserait pas les priorités des soins de santé primaires propres aux PVD. Ainsi, les spécialisations dans le domaine de la gériatrie ou de la chirurgie esthétique seraient privilégiées dans leur choix de formation au détriment de la médecine tropicale et de l'épidémiologie. Néanmoins, il faut reconnaître que cette critique, selon laquelle la possibilité d'émigration provoquerait un biais en faveur de certaines filières de spécialisation dans les écoles de médecines des PVD, reste anecdotique et n'a, jusqu'à présent, pas fait l'objet de sérieuses vérifications empiriques.

5° Néanmoins, ce serait une erreur d'imputer toutes les carences en couverture des besoins médicaux des PVD aux seuls mouvements d'émigration des médecins. Cette situation déplorable est principalement le résultat des nombreuses insuffisances infrastructurelles et organisationnelles des services de santé publique. Elle est aggravée par une répartition géographique déséquilibrée de l'offre médicale qui privilégie la classe moyenne des centres urbains au détriment des populations pauvres des zones rurales. En outre, la situation sanitaire de ces PVD s'expliquerait en grande partie par les graves déficiences des programmes des soins préventifs qui devraient constituer un objectif prioritaire de la politique de santé. On souligne aussi que, malgré les pénuries, de nombreux médecins sont sous-employés et ne disposent pas de l'environnement nécessaire (équipements et ressources) pour exercer leur profession de manière efficace.

Une compensation aux pratiques internationales de recrutement

La dynamique du marché international du personnel médical n'est évidemment pas alimentée seulement par les déterminants de l'offre. Certes, le différentiel de revenus est un incitant important à l'émigration, mais les conditions d'exercice de la profession, les opportunités de promotion et de spécialisation, le statut social de la profession médicale et les facilités de recherche ou de reconnaissance académique jouent aussi un rôle important.

Du côté de la demande, il ne suffit pas de souligner les effets de l'ouverture du marché à l'exercice des professions médicales aux diplômés étrangers et l'ouverture à l'embauche à grande échelle de main-d'œuvre dans les institutions de santé privées et publiques. En effet, dans de nombreux cas, les étudiants sont engagés avant même d'avoir terminé leur cursus par des agents aux pratiques agressives qui mènent des stratégies très actives de recrutement dans les PVD. Selon certaines estimations, rien qu'aux États-Unis, plus de 270 sociétés seraient engagées dans des activités de recrutement de personnel médical et paramédical (Aluttis, Bishaw et al., 2014). Certaines pratiques de recrutement utilisées sont fréquemment décrites comme contraires à l'éthique ou même illégales (Mills, Shabas et al., 2008).

La question d'une compensation pour les pays d'émigration s'était posée dès les années 1970 et elle a été théorisée par les propositions de Bhagwati et Hamada. Ils avaient proposé une taxation en faveur des pays de départ prélevée sur les HQ qui bénéficieraient de revenus élevés grâce à leur émigration. Cette voie ne fut pas suivie à cause des multiples objections politiques et des difficultés techniques qu'elle soulevait. Principalement, il s'agissait d'une taxation prélevée uniquement sur les individus. Une autre voie consiste à organiser institutionnellement au niveau international des mécanismes de compensation pour les coûts supportés par les PVD et des procédures garantissant le contrôle ou la diminution des recrutements de médecins.

Dès lors un problème éthique se pose : d'une part, garantir la liberté individuelle des migrants potentiels et promouvoir leurs droits fondamentaux, et d'autre part, éviter de compromettre la réalisation de l'objectif n°3 « Bonne santé et mieux-être » des « objectifs pour un développement durable» adopté lors du nouveau programme de population et développement de l'ONU. Or, ces principes entrent manifestement en contradiction dans les PVD, car certaines pratiques de recrutement très ciblées contrarient les programmes de santé initiés par l'aide publique internationale au développement. Dans cette perspective, déjà plusieurs accords de « Pratiques de recrutement éthiques » ont été mis en place afin de prévenir ou de restreindre le recrutement à grande échelle de médecins et de personnel paramédical des PVD qui subissent des pénuries importantes de personnel de santé. Ces accords bilatéraux ont amorcé un début de régulation de certaines pratiques de recrutement (notamment la Grande-Bretagne avec la Chine et les Philippines, l'Afrique du Sud avec l'Espagne, certaines régions d'Italie avec des régions en Roumanie, etc.).

Cependant, il s'agit d'initiatives dont l'objet est très restreint. Elles n'ont pas de valeur contraignante et elles sont essentiellement fondées sur des principes très généraux. Elles ont soit une portée géographique très limitée, soit un champ d'application réduit à seulement quelques services de santé. L'émigration de médecins a rapidement atteint une telle ampleur qu'elle a incité l'OMS, lors de sa 63e Assemblée générale de l'ONU en 2010, à proposer un projet de « Code de pratique mondial pour le recrutement international des personnels de santé » (OMS, 2010). Cet instrument juridique a pour objectif de servir de cadre éthique pour les pratiques de recrutement. Il ne vise pas à limiter les migrations de personnel de santé, mais s'attache principalement à renforcer l'équilibre entre les principes fondamentaux tels que le droit des personnels de santé à quitter tout pays et le droit de tout être humain à un niveau de santé convenable. Le code proposé par l'OMS n'est pas juridiquement contraignant. Il fournit néanmoins un appui aux pays en situation de pénurie, une forme de dissuasion au recrutement trop agressif et peu éthique, et il favorise le développement des formations médicales aussi bien dans les pays développés que dans les PVD. Les divergences restent manifestes entre acteurs de terrain et théoriciens du libre-échange sans limite. Alors que l'OMS et la plupart des organisations des Nations-Unies, de la Banque mondiale et du PNUD s'alarment maintenant régulièrement de la déperdition de personnel médical qui met en péril la santé des populations des PVD, certains économistes persistent à soutenir que les mesures préconisées ne seraient que des initiatives fondées sur de vagues motivations humanitaires qui ne reposeraient sur aucune vérification empirique quant à leur efficacité (Clemens, 2015). Néanmoins, jusqu'à présent, l'impact probable de cette initiative apparaît faible. De nombreux pays ont émis des réserves, et les engagements sont encore très imprécis. Rien en particulier n'est envisagé pour « compenser » les pertes des pays d'émigration. L'OMS a engagé récemment une consultation ouverte à toutes les parties intéressées (académiques, spécialistes de terrain, organisations d'aide à la santé) pour participer à l'élaboration pratique des « guidelines ». Cette consultation a montré rapidement ses limites. Un grand nombre d'interventions mettent surtout l'accent sur la libre circulation et s'opposent à toute limitation du recrutement. Elles mettent davantage la charge sur les PVD qui devraient améliorer l'efficacité de leurs systèmes de santé. Actuellement, on ne voit émerger ni des propositions originales de collaborations institutionnalisées entre réseaux d'enseignement et de recherche, ni même des partenariats mieux organisés et pérennes entre hôpitaux des pays occidentaux et des PVD.

DEUXIÈME PARTIE

LES ENVOIS DE FONDS VERS LES PAYS EN DÉVELOPPEMENT

Parmi tous les arguments qui soutiennent que l'émigration est un facteur favorable au développement des pays de départ, ceux qui relèvent de la thématique des envois de fonds sont incontestablement les plus convaincants. Ces flux ont pris en peu de temps une ampleur considérable. Le montant total de ces transferts est passé, en 20 ans, de 1995 à 2015, de 101 milliards US$ à 582 milliards US$.

Le chapitre 5 présente les grandes tendances des envois de fonds au niveau mondial et régional. Il fournit les données les plus récentes sur les principaux pays d'origine de ces transferts et sur les principaux pays bénéficiaires. Le chapitre 6 expose les déterminants des motivations des migrants à envoyer une partie de leur épargne vers leur pays d'origine. Un grand nombre de théories et de travaux empiriques souvent contradictoires ont analysé les conséquences des envois de fonds vers les pays en développement. Le chapitre 7 examine l'impact des envois de fonds sur le degré de pauvreté de la population, la réduction des inégalités de revenu, l'évolution du niveau de santé et d'éducation ainsi que le statut des femmes. Au niveau macroéconomique, le chapitre 8 évalue les arguments positifs et négatifs des envois de fonds sur la croissance économique, sur le niveau de l'emploi, sur les comptes extérieurs et sur les mécanismes de stabilisation économique. Il présente aussi des opinions divergentes concernant l'offre de travail, la compétitivité, l'aléa moral et le « Dutch disease ». Enfin, le chapitre 9 situe la place des envois de fonds au sein des stratégies de développement. Il évalue les mesures visant à réduire les coûts des transferts et examine les politiques destinées à assurer une affectation optimale de ces ressources pour les pays bénéficiaires. Il met également l'accent sur l'importance du rôle des diasporas.

CHAPITRE 5

VOLUME ET TENDANCES DES MOUVEMENTS DES ENVOIS DE FONDS

LES TENDANCES À LONG TERME AU NIVEAU MONDIAL

Un grand nombre de recherches ont bien mis en évidence les rapports de causalité très étroits qui lient l'ampleur des mouvements migratoires et le volume des envois de fonds. Bien entendu, la motivation principale d'une grande partie des migrations internationales s'inspire du souci d'assurer des transferts de ressources vers les pays de départ. Cependant, d'importantes différences de profils, d'ampleur et de rythme entre ces deux flux sur une longue période invitent, d'abord, à présenter plusieurs observations.

D'une part, la croissance des envois de fonds est sans commune mesure avec tous les autres flux internationaux de biens, de services et de capitaux (que ce soit sous forme d'investissements, de participations, de prêts ou de dons). Et selon les prévisions de nombreuses organisations internationales, elle va très probablement continuer à s'accélérer au cours des prochaines années. Au niveau mondial, rappelons quelques chiffres impressionnants. Le montant annuel des envois de fonds est passé en 1995 de 101 milliards de US$ à plus de 582 milliards de US$ en 2015. L'accroissement total est de 525 % au niveau mondial. En ce qui concerne plus particulièrement le groupe des PVD, au cours de cette même période récente de 20 ans, l'accroissement atteint 790 % puisque le montant annuel des envois de fonds est passé de 55 milliards de US$ à 432 milliards de US$ en 2015 (World Bank, 2017a).

D'autre part, le volume des migrations internationales a certes aussi augmenté de manière substantielle depuis les années 1960, mais cette évolution est beaucoup plus modeste que ce que le laisse supposer une opinion largement répandue, comme on l'a montré au chapitre 1. Sur cette même période, le stock de migrants internationaux a connu une croissance quasi constante, mais relativement faible, passant de 165 millions de migrants en 1995 à 243 millions en 2015, soit un accroissement total de 47 %[41]. Au niveau mondial, la croissance des envois de fonds est donc environ

[41] UN (2015b).

15 fois supérieure à celle du nombre de migrants. Le profil de ces deux flux montre clairement que la croissance du nombre des migrants internationaux est insuffisante pour expliquer l'évolution du volume des envois de fonds. De nombreux autres facteurs doivent faire l'objet d'un examen approfondi.

Pour une évaluation précise de ces flux, une première condition implique que la définition du poste « envois de fonds » soit identique pour les pays qui les envoient et ceux qui les reçoivent. Cette définition dépasse très largement la simple prise en compte des économies transférées par les travailleurs qui ont émigré. Le FMI a standardisé les nomenclatures et les contenus des divers items et sous-catégories qui apparaissent dans les balances des paiements et qui peuvent figurer sous la rubrique « envois de fonds ». Cette définition se réfère à trois types de transferts :

a) Les transferts personnels qui incluent les transferts entre ménages résidents et non-résidents, qu'ils dépendent ou non d'une activité, ainsi que les rémunérations nettes d'employés non-résidents,

b) Les transferts de fonds totaux qui comprennent les transferts personnels ainsi que les prestations sociales versées à l'étranger,

c) Les transferts à des institutions sans but lucratif, dont l'objectif est d'en faire bénéficier les ménages (Alfieri, Havinga et al., 2005).

Dans cette définition, le concept de « migrant » est remplacé par celui de « résident » et les transferts sont enregistrés indépendamment de la source des revenus qui les ont générés, de la nature des relations entre les ménages qui envoient et ceux qui reçoivent ainsi que de l'objectif poursuivi[42].

La figure 5.1 illustre les tendances globales et les prévisions à court terme des envois de fonds au niveau mondial et permet la comparaison avec l'évolution des autres sources de flux financiers internationaux. En 1980, première année où des données fiables ont pu être recueillies, les envois de fonds ne représentaient que quelques dizaines de milliards de US$. La croissance depuis est régulière et la tendance se situe à un taux annuel autour de 4,5 % avec, exceptionnellement, une baisse substantielle, mais brève, lors des crises financières internationales en 2008 et en 2015[43].

---

[42] L'évolution de la définition des postes a produit des résultats surprenants. Ainsi, par exemple, la Belgique fut pendant quelques années considérée comme un des principaux pays bénéficiant largement des envois de fonds. Les sommes totalisées dans la balance des paiements incluaient les montants des travailleurs frontaliers et aussi toutes les rémunérations versées par les institutions internationales et européennes à leur personnel domicilié en Belgique.

[43] On revient au chapitre 8 sur l'argument de la stabilité que garantissent les flux d'envois de fonds.

GRAPHIQUE 5.1 : LES ENVOIS DE FONDS VERS LES PVD
ET LES AUTRES FLUX FINANCIERS EXTERNES*

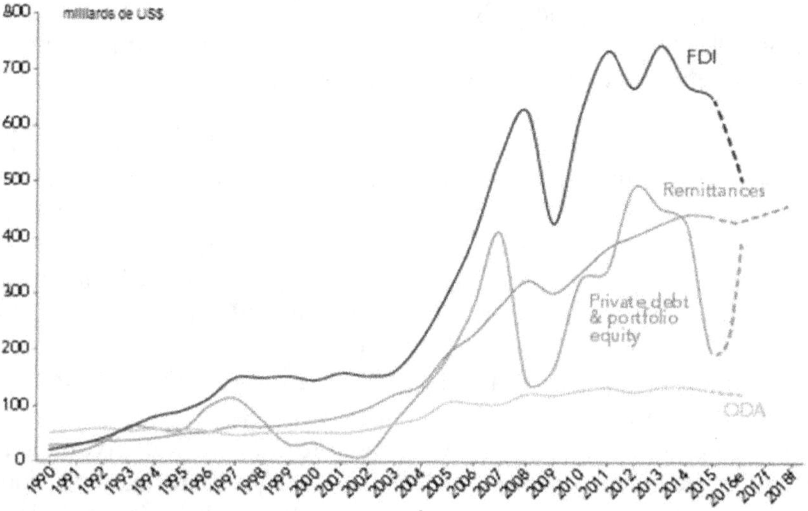

(*) : World Bank et KNOMAD (2017).

La dette privée inclut les investissements obligataires, les emprunts auprès des banques commerciales et les autres emprunts. Depuis 1995, les flux générés par les envois de fonds dépassent largement les montants consacrés à l'Aide Publique au Développement. Actuellement, ils sont 3 fois plus élevés que l'APD totale si l'on ne prend en compte que les fonds envoyés vers les PVD. Une controverse avait surgi à la suite de l'accroissement de plus en plus important de l'écart entre ces deux sources de flux internationaux. Plusieurs études ont soutenu que, puisque les envois de fonds étaient plus efficaces et plus stables, il serait par conséquent préférable de privilégier les flux d'origine privée et de beaucoup moins s'appuyer sur ceux provenant d'institutions publiques. Actuellement, il y a consensus pour admettre qu'il n'est pas question de substituer l'APD à des flux privés et que ces deux types de ressources extérieures sont complémentaires.

Les envois de fonds sont aussi plus élevés que les investissements en portefeuille d'actifs privés qui sont, par nature, beaucoup plus soumis aux fluctuations de la conjoncture économique internationale. La même constatation s'impose si on les compare aux investissements directs internationaux vers les PVD qui sont, eux aussi, caractérisés par de très fortes variations. Si l'on retranche les investissements destinés à la Chine, de loin le principal bénéficiaire de ces investissements, le montant total des investissements directs internationaux vers les PVD est, depuis plusieurs années, largement inférieur à celui des envois de fonds. Le volume des envois de fonds dirigés vers les PVD a augmenté de 5,5 % en moyenne jusqu'en 2015. Cette proportion représente environ 75 % du volume mondial des transferts (World Bank, 2015). On relève que 92 % de ces flux se dirigeront vers le groupe des PVD à niveau de revenu moyen par habitant et 8 % seulement vers celui des PVD à niveau de revenu bas.

S'agissant des envois dirigés vers le groupe des PVD, deux précisions sont nécessaires pour mesurer correctement ces tendances : la première pour rappeler que la composition même du groupe des PVD s'est réduite au cours de cette période en fonction de l'évolution économique des pays, plusieurs d'entre eux passant du groupe des PVD à celui des pays développés[44] ; la deuxième pour souligner que les dix principaux pays bénéficiaires d'envois de fonds, ont reçu en 2014 plus de 280 milliards de US$, soit 48 % du total des flux qui ont bénéficié à l'ensemble des PVD. On distingue deux situations très contrastées en ce qui concerne l'impact du volume des fonds. La première comprend les pays qui ont reçu les montants d'envois de fonds les plus élevés en valeur absolue. La deuxième présente les pays dont les envois de fonds, calculés en proportion du PNB par habitant, sont les plus élevés.

Le tableau 5.1 présente cette double classification. Dans la première partie, on classe les dix premiers pays bénéficiaires d'envois de fonds en chiffres absolus, en pourcentage du PNB et aussi en pourcentage des recettes d'exportations afin d'évaluer dans quelle mesure ces transferts compensent leur dépendance économique (OMC 2013 et World Bank 2014). Les deux premiers pays sont incontestablement l'Inde et la Chine qui ont aussi le poids démographique le plus élevé du monde et le plus important stock de migrants. Ces dix pays font tous partie du groupe des pays les plus peuplés et ils ont tous une longue histoire d'émigration massive. Dans ce groupe, plusieurs pays, comme la Chine et le Mexique, ont un niveau de PNB élevé, mais aussi un commerce international important. Par conséquent, en pourcentage, les envois de fonds ne représentent, pour eux, qu'une faible ressource par rapport à leurs exportations. Par contre, pour les Philippines, l'Égypte, le Pakistan et le Bangladesh, les envois de fonds représentent entre 1/2 et les 2/3 des recettes du commerce international.

[44] L'Argentine, le Chili, la Lettonie, la Lituanie, la Russie, le Venezuela et l'Uruguay sont actuellement répertoriés dans le groupe des pays développés. Cette classification connaît annuellement des modifications mineures.

Tableau 5.1 : Les 10 premiers pays bénéficiaires des envois de fonds en volume et en pourcentage et les envois de fonds en proportion des exportations

Pays	Envois de fonds Milliards us$ (2014)	Envois de fonds Pourcentage PNB (2012)	Envois de fonds Pourcentage export (2013)	Pays	Envois de fonds Millions us$ (2014)	Envois de fonds Pourcentage PNB (2012)	Envois de fonds Pourcentage export (2013)
Inde	71	1,57	24,3	Tadjikistan	3 362	48	407
Chine	64	0,55	2,9	Kirghizistan	2 031	31	105,6
Philippines	28	7,08	50,0	Népal	4 793	25	477,3
Mexique	24	1,42	5,9	Lesotho	602	24	61,9
Nigéria	21	5,01	13,0	Moldavie	1 775	24	79,6
Egypte	18	3,42	68,9	Arménie	2 123	21	133,6
Pakistan	17	5,24	60,0	Haïti	1 612	21	205,3
Bangladesh	15	3,43	45,0	Samoa	139	21	1219,2
Vietnam	11	3,61	9,5	Libéria	360	20	46,4
Ukraine	9	2,69	13,0	Liban	7 322	17	130,4

Sources : OMC Statistiques du commerce international, 2013, Tab. E.171.8.
CIA World Factbook 2012. Washington Government Publications.
World Bank. Annual Remittances. Data inflow (updated october 2014) staff calculations Prospect Data & Research.
IMF, Balance of Payments. Statistics Yearbook.

La deuxième partie de ce tableau classe les dix premiers pays selon le niveau des envois de fonds en pourcentage décroissant du PNB. Elle met clairement en évidence une situation complètement différente et particulièrement disparate par comparaison avec la première liste. La composition de ce groupe dépend, en effet, de facteurs de nature très différente. Ainsi, contrairement au classement des pays selon le volume des envois de fonds, qui se révèle être relativement stable sur une longue période, celui de ce groupe de pays est sujet à des modifications importantes sur les courtes périodes. Ces changements traduisent en grande partie l'instabilité générée par les mutations économiques, les changements politiques et les crises climatiques qui les ont frappés (par exemple à Haïti).

Il s'agit, pour la majorité d'entre eux, de pays très pauvres (à l'exception du Liban, pays au PNB élevé, mais qui depuis des décennies connaît une émigration importante). Ce sont des pays de petite taille, à très bas niveau de développement économique, avec une population peu nombreuse, sans structure de production diversifiée, bref des pays qui correspondent en grande partie à la catégorie des petites économies insulaires largement dépendantes des apports extérieurs. Au Tadjikistan, le cas extrême, les envois de fonds représentent 48 % du PNB et 407 % des exportations. Pour un grand nombre de ces pays, les envois de fonds représentent entre environ 25 % de leur PNB et dépassent largement leurs recettes d'exportation. Ils constituent indéniablement un apport vital pour l'économie. La situation particulière de la majorité des pays d'Europe de l'Est et d'Asie centrale résulte des effets économiques de l'éclatement de l'Union soviétique. La place qu'occupe actuellement le Népal résulte de l'émigration massive de main-d'œuvre en réponse à la demande des pays du Golfe.

UN RETOURNEMENT DE TENDANCE TEMPORAIRE ?

Sur la longue période, le taux de croissance des envois de fonds est considérable. Par contre, pour les dernières années, non seulement ce rythme s'est réduit, mais il est même devenu négatif, au niveau mondial, passant en 2015 de +2,4 % à -1 % en 2016. S'agit-il d'une légère inflexion due à une mauvaise conjoncture ou, plus fondamentalement, les caractéristiques de stabilité et de permanence de ces ressources extérieures peuvent-elles être remises en question ? Ces taux négatifs ne résultent pas d'une diminution soudaine dans un seul grand pays bénéficiaire d'envois de fonds, mais elles traduisent une chute qui a touché toutes les régions (à l'exception de l'Amérique latine). En trois ans, cette chute est particulièrement importante en Europe de l'Est et centrale (-33 %), au Moyen-Orient et en Afrique du Nord (-10,5 %)[45]. Plusieurs causes expliquent cette inflexion récente des transferts. Certaines causes de cette diminution sont, en partie, le résultat des variations cycliques de l'économie des pays d'accueil, d'autres s'expliquent par la chute drastique du cours du pétrole, mais d'autres causes sont plus structurelles comme les restrictions et les contrôles des embauches d'immigrants dans des pays d'immigration où l'instabilité politique et l'insécurité ont beaucoup augmenté dans plusieurs régions. Les prévisions de la Banque mondiale laissent néanmoins préjuger qu'il ne s'agit que d'une pause temporaire dans l'envolée des envois de fonds puisqu'elles prévoient un volume de 615,9 milliards de US$ d'envois de fonds au niveau mondial et de 451 milliards vers les PVD pour 2018 (World Bank, 2017a). Ces premières estimations ne retiennent que les flux officiels. Il convient aussi de prendre en considération les flux non officiels et les mouvements de fonds au niveau régional.

LES TRANSFERTS FORMELS ET INFORMELS

Les progrès considérables réalisés par le FMI dans la collecte des données sur les envois de fonds permettent de disposer d'une couverture quasi complète et très actualisée des flux transitant entre tous les pays, mais ils ne doivent pas occulter qu'ils couvrent uniquement les flux officiels et que, par nature, les flux informels échappent à toute évaluation précise[46]. Ces transferts informels, généralement élevés, et parfois très supérieurs aux flux officiels, doivent nécessairement être pris en compte pour éviter une trop forte sous-évaluation de l'apport fourni par les envois de fonds.

Trois types de questions se posent concernant les flux informels : d'abord l'évaluation des tentatives pour mesurer ces flux, ensuite l'identification des motivations du choix de ce mode de transfert et enfin les raisons avancées pour réorienter ces flux vers des canaux officiels. Selon quelques premières estimations très générales, le volume des flux informels se situerait dans une large fourchette, entre 35 % et 250 % des flux formels. À partir de travaux basés

[45] Il faut cependant préciser que cette diminution résulte aussi, en partie, de la baisse du cours de l'euro, du rouble et de la livre sterling qui influent la valeur totale des envois de fonds qui sont libellés en US$.

[46] Pour des raisons méthodologiques, il reste néanmoins des zones d'imprécisions dans de nombreux pays. On peut relever surtout les différences de définitions du poste « envois de fonds » et aussi la pratique consistant à ne pas répertorier des transferts inférieurs à un seuil bas dans la balance des paiements. On rappelle que les flux « illégaux » ne représentent qu'une partie, variable selon les pays, des flux « informels ». Les modalités du recours à des envois de fonds informels sont nombreuses et les définitions varient. On peut se limiter à préciser qu'il s'agit de mouvements de liquidités qui ne font pas l'objet d'un contrat formel et qui ne sont pas répertoriés dans la comptabilité nationale.

sur la méthodologie de l'évaluation de l'économie souterraine, une des études empiriques les plus fiables couvrant plus de 100 pays propose une estimation des flux informels se situant entre 35 % et 75 % du total des envois de fonds vers les PVD (Freund et Sporaforta, 2008). Bien entendu, ces proportions sont très variables selon les pays et les régions. Les transferts informels seraient les plus élevés en Europe de l'Est et surtout en Afrique subsaharienne. Au Ghana, les transferts informels représenteraient 49 % du total des transferts (Adams, 2007). Au Zimbabwe, une enquête les estime à 98 % (Chisasa, 2014). On considère que proportionnellement les flux informels seraient les moins élevés vers les pays de l'Asie de l'Est.

La proportion de transferts informels dépend aussi des caractéristiques individuelles des migrants : personnel très qualifié, main-d'œuvre faiblement qualifiée, migrants temporaires[47], ou illégaux[48]. De nombreuses raisons peuvent inciter des migrants à préférer les canaux informels. On peut relever, parmi d'autres, le niveau des coûts de transactions. Plusieurs recherches ont montré que les coûts supportés pour les transferts informels étaient significativement inférieurs à ceux des flux officiels, surtout dans les pays où les réseaux bancaires sont peu développés. Ces transferts se caractérisent aussi par une plus grande rapidité et aussi plus de sécurité, car ils reposent sur des liens familiaux ou des relations avec des proches. En outre, les bénéficiaires n'ont souvent qu'un accès malaisé au système bancaire ou à celui des autres intermédiaires financiers. On peut noter que c'est aussi une manière d'éviter d'acquitter des taxes dans le pays bénéficiaire, d'échapper aux contrôles des autorités publiques et aussi de profiter, dans certains cas, des taux de change sur le marché noir des devises plus favorables. Une partie des canaux d'envois de fonds informels sont, en outre, utilisés pour des opérations de blanchissement de capitaux. On constate par ailleurs un rapport étroit entre la proportion de transferts non officiels et la part occupée par le secteur informel dans l'économie des pays de départ.

Dans une optique de politique de développement, la majorité des analyses insistent sur l'importance de la distinction entre les flux formels et flux informels, car seuls les premiers interviendraient dans l'allègement de la dette extérieure et la diminution des taux d'intérêt. En outre, ces deux types de transferts influenceraient différemment la composition des importations réalisées par les ménages et par les entreprises. Les préférences exprimées par

[47] Dans le cas de migration de proximité, ce sont généralement les travailleurs qui retournent régulièrement dans leur pays qui se chargent personnellement du transport des liquidités.

[48] Les migrants clandestins ou en situation irrégulière ont certainement plus de difficultés à faire transiter leurs économies via les circuits financiers officiels. Cependant, dans de nombreux pays d'accueil, les banques accordent des « cartes-clients » qui permettent aux migrants « sans-papiers » d'utiliser leurs réseaux pour les envois de fonds (principalement entre les États-Unis et le Mexique).

les politiques de mobilisation des transferts consistent, par conséquent, à substituer, le plus possible, les circuits formels aux circuits informels. Ces mesures auraient pour avantage de renforcer la concurrence entre les opérateurs, elles empêcheraient les rentes de situation et elles fourniraient aux pouvoirs publics les moyens supplémentaires pour orienter ces ressources en fonction de leurs programmes. Bref, au niveau macroéconomique, les flux officiels augmenteraient la marge de manœuvre du secteur public. Par contre, au niveau du bien-être des ménages, aucune enquête ne démontrerait que les flux informels seraient moins efficaces que les flux formels.

LES TENDANCES AU NIVEAU RÉGIONAL ET LES PRINCIPAUX PAYS CONCERNÉS

Les pays à l'origine des envois de fonds

Pour disposer d'une vue globale, il est indispensable de fournir d'abord quelques indications sur les principaux pays qui sont à l'origine des envois de fonds. Le tableau 5.2 présente les 15 premiers pays classés selon le volume des envois de fonds. Les quatre premiers pays (les États-Unis avec 52 milliards de US$, la Russie avec 37 milliards, l'Arabie saoudite avec 34 milliards et la Suisse avec 30 milliards) représentent à eux seuls plus du tiers du total des envois de fonds versés aux pays de départ des migrants au cours de l'année 2014. À l'exception de la Malaisie, ce sont évidemment des pays riches qui ont importé des contingents massifs de main-d'œuvre étrangère[49]. Ils couvrent cependant un éventail relativement contrasté qui reflète la plus grande diversification des systèmes migratoires à la fois dans leurs directions et dans leurs compositions. Il s'agit essentiellement d'un groupe de pays membres de l'OCDE et d'un groupe de pays du golfe Persique qui jouissent d'un effet d'attraction migratoire très élevé pour les pays proches dans leur région.

Le volume des envois de fonds qui proviennent de ces pays dépend de plusieurs facteurs : le nombre des migrants, leur ancienneté dans les pays d'accueil et leur statut économique et social, la situation économique des pays d'accueil ainsi que leur marché du travail, la demande conjoncturelle pour une main-d'œuvre à l'occasion de la mise en chantier de grands travaux, le boom d'activité dans certains secteurs à forte intensité de travail comme l'industrie minière et l'énergie, et aussi les accords bilatéraux qui organisent les transferts financiers internationaux.

---

[49] Bien que la liste reste plus ou moins stable, l'ordre des pays et l'importance des flux sont sujets à de fortes variations depuis quelques années à cause des fortes variations du cours du dollar, de l'euro et du rouble.

TABLEAU 5.2 : LES 15 PRINCIPAUX PAYS À L'ORIGINE DES ENVOIS DE FONDS (EN MILLIONS DE US$) EN 2014*

Etats-Unis	58 754
Arabie Saoudite	36 924
Féd. Russie	32 640
Suisse	24 693
Allemagne	21 280
Emirats Arabes Unis	19 280
Koweit	18 129
France	13 835
Luxembourg	12 715
Qatar	11 230
Italie	11 133
Oman	10 301
Pays-Bas	9 934
Corée du Sud	9 571
Malaisie	8 052

(*) : World Bank. Data & Research Prospect. Migration and Research Data, Remittances outflows. Annual Remittances Data (24/10/2014).

Les pays d'Europe occidentale ont eu recours pendant ces dernières décennies à des migrations de travailleurs, au début à titre temporaire, qui se sont installés définitivement et qui ont généralement acquis la nationalité du pays d'accueil. Ils ont formé d'importantes communautés d'origine étrangère qui conservent, dans la durée, des liens avec les pays d'origine et qui continuent à alimenter régulièrement les flux des envois de fonds. Pour la France, l'Allemagne, les Pays-Bas et la Suisse, les sorties d'envois de fonds sont stables et évoluent à un rythme annuel modéré. L'Italie et l'Espagne, en raison de leur position géostratégique, ont été beaucoup plus soumises aux nombreux soubresauts de l'immigration illégale qui, après un certain délai, a généré une forte croissance des envois de fonds. Depuis l'augmentation du chômage, la tendance est nettement à la baisse, accompagnée de fluctuations très marquées.

Les États-Unis et le Canada sont historiquement des pays d'immigration permanente (avec en plus une proportion très importante de travailleurs « sans-papiers » aux Etats-Unis) et le rythme des envois de fonds y est principalement influencé par la conjoncture économique. La crise économique de 2007 a freiné la croissance des envois de fonds jusqu'à la fin de 2009 mais, depuis cette date, on constate une augmentation très nette vers le Mexique qui est étroitement corrélée avec la hausse des mises en vente de logements neufs, secteur d'activité qui emploie une proportion importante de migrants hispaniques dont le taux de chômage a diminué plus rapidement que celui des autres catégories de travailleurs. En Russie, la volatilité des envois de fonds est très élevée, car ils dépendent étroitement de multiples aléas politiques et économiques. La croissance a été globalement forte jusqu'en 2013, mais ensuite la décélération a été brutale. Les envois de fonds ont diminué vers tous les pays bénéficiaires : Ukraine, Ouzbékistan, et les autres pays CIS (Communauté des États indépendants) d'Asie centrale. La chute du prix du pétrole brut, secteur où sont employés en grande partie les migrants, a précipité la chute des transferts, de même que la détérioration globale de la situation économique qui est allée de pair avec la forte instabilité politique. Les envois de fonds à partir des pays du Golfe ont été en progression très forte pendant de nombreuses années et tous les indicateurs montrent que cette tendance va s'accentuer sur le long terme. Dans la plupart de ces pays, la main-d'œuvre immigrée représente environ 80 % de la force de travail totale. Deux secteurs sont particulièrement concernés : la main-d'œuvre domestique et les travaux publics et la construction. Les pays du Sud-Est asiatique et particulièrement les Philippines vont continuer à fournir la main-d'œuvre, majoritairement féminine pour les services à la personne. Les grands programmes d'investissement des pays du Golfe, que ce soit dans les nouvelles infrastructures urbaines luxueuses, dans les grands travaux mis en chantier pour les expositions ou dans les grands événements sportifs comme la Coupe du monde de football, vont continuer à nécessiter une main-d'œuvre principalement sous-qualifiée issue d'Asie du Sud et du Népal.

Malgré l'accélération du mouvement de mondialisation qui s'est aussi concrétisée dans la multiplication et la diversification des flux migratoires et par conséquent par l'élargissement de l'éventail des pays d'origine et de destination des envois de fonds, on constate néanmoins la permanence des grands pôles de transferts et la stabilité des principaux circuits au niveau des grandes régions. En Amérique latine, tous les pays de la région sont très dépendants, pour les ressources extérieures, de la conjoncture économique des États-Unis dans la mesure où 76 % des envois de fonds proviennent uniquement de ce pays. Pour les pays de l'Asie de l'Est et du Pacifique, la situation est plus diversifiée et donc moins soumise aux fluctuations des envois de fonds qui peuvent survenir dans un petit nombre de pays d'origine. Les États-Unis n'interviennent dans cette région que pour 30 % des envois de fonds et les « autres pays développés » pour 25 %. La situation est sensiblement différente pour la région d'Asie du Sud où environ la moitié des envois de fonds (48 %) proviennent des pays du golfe

Persique et près de 20 % des « autres pays en développement ». En ce qui concerne l'Europe et l'Asie centrale, la Russie joue un rôle prépondérant en fournissant 31 % des envois de fonds provenant des secteurs pétrolier et gazier dont les recettes sont soumises à des fluctuations importantes. La région du Moyen-Orient et de l'Afrique du Nord est dans une situation de plus grande dépendance envers ces sources de recettes extérieures. En effet, 48 % des envois de fonds proviennent du golfe Persique et 21 % du groupe des « autres pays développés ». Pour les pays d'Afrique subsaharienne, trois sources à peu près équivalentes fournissent l'essentiel des envois de fonds. D'abord, les « autres pays développés » avec 35 % et ensuite les États-Unis et les « autres pays en développement » avec chacun 28 %. Cette dernière source est un bon indicateur de l'importance prise par les flux migratoires de travail entre pays au sein de l'Afrique subsaharienne. La part de l'Europe occidentale est assez faible avec seulement 8 %, proportion qui peut surprendre étant donné l'intensité des liens économiques qui se maintiennent entre les anciennes métropoles coloniales et les pays africains (World Bank, 2013)[50].

Présentation régionale des principaux pays bénéficiaires des envois de fonds

Le graphique 5.2 classe, pour chacune des six grandes régions, les dix premiers pays bénéficiaires d'envois de fonds en fonction d'abord du volume absolu et ensuite du pourcentage par rapport à leur PNB. Les profils qui se dégagent donnent de précieuses indications sur le contexte régional géopolitique et économique, sur le poids économique de certains pays et sur leur degré de dépendance par rapport aux envois de fonds.

On observe, premièrement, pour 2016 comme pour les années antérieures, que dans chaque région un pays émerge très nettement en tant que principal bénéficiaire en volume : en Asie de l'Est, c'est la Chine ; en Asie du Sud, c'est l'Inde ; en Europe et en Asie centrale, l'Ukraine ; au Moyen-Orient, l'Égypte ; en Afrique subsaharienne, le Nigeria ; et en Amérique latine, le Mexique. L'Asie de l'Est est la région du monde qui a connu, jusqu'il y a peu de temps, le plus fort taux de croissance des envois de fonds. Les prévisions de la Banque mondiale indiquent que, pour les prochaines années, le rythme de croissance de ces flux restera supérieur à celui des autres régions même si, au niveau global, on enregistre un taux négatif en 2016. Ce résultat s'explique presque exclusivement par une chute des transferts vers l'Indonésie. Cette région se caractérise par une croissance économique soutenue et par une situation macroéconomique stable. La Chine, les Philippines et le Vietnam sont les

[50] L'évaluation des envois de fonds entre pays du « Sud » repose sur peu de données fiables. Les résultats sont largement sensibles aux hypothèses et à la méthodologie. Une étude, déjà ancienne, estime les envois de fonds « South-South » dans une fourchette entre 10 % et 29 % du total reçu par les PVD (Ratha et Shaw, 2007).

principaux pays bénéficiaires en termes absolus. En pourcentage du PNB, qui est un bon indicateur de la dépendance économique, à l'exception des Philippines et du Vietnam, ce sont de très petits pays insulaires très peu peuplés qui apparaissent comme les principaux bénéficiaires. Leurs envois de fonds proviennent principalement des États-Unis et de la Nouvelle-Zélande.

Les pays de L'Asie du Sud devraient, eux aussi, connaître dans les prochaines années une croissance du volume des envois de fonds, mais beaucoup plus modérée que dans le passé selon la Banque mondiale. Et elle sera marquée par un net ralentissement vers l'Inde et le Bangladesh. En 2016, la chute a été de 6,4 % pour toute la région. Elle est principalement imputable à une forte diminution vers l'Indonésie. Cette légère inflexion de la tendance à la hausse s'expliquerait par la diminution durable du cours du pétrole dans les pays d'accueil ainsi que par leurs récentes politiques de renforcement des restrictions à l'embauche de travailleurs étrangers. Dans cette région, les envois de fonds sont très largement la principale source de ressources extérieures, bien supérieure à l'APD et aux investissements étrangers directs. Ce sont les cinq mêmes pays qui sont à la fois les premiers bénéficiaires aussi bien en volume absolu qu'en pourcentage du PNB. Ce sont des pays avec une population nombreuse, un PNB élevé, et qui reçoivent en très grande partie des envois de fonds à partir du golfe Persique. Ces ressources représentent 25 % du PNB au Népal, 12 % du PNB au Bangladesh, 10 % au Sri Lanka, 7 % au Pakistan et 4 % en Inde. Pour ces pays, les envois de fonds jouent un rôle déterminant dans la balance des comptes extérieurs. Au Pakistan, ils représentaient 284 % des réserves en devises, et au Népal, 98 % selon les estimations du FMI et de la Banque mondiale[51].

Au Moyen-Orient et en Afrique du Nord, l'instabilité politique a influencé fortement le volume et la régularité des envois de fonds. Les conflits en Irak et en Syrie, les déplacements massifs de population et l'augmentation du nombre de réfugiés ont modifié la direction des flux. Les tendances dans les prochaines années dépendront de l'évolution des deux principales sources de transfert : les pays du Golfe et l'Europe. Les facteurs à l'œuvre répondent à des dynamiques très différentes. Dans les pays du Golfe et l'Arabie, la « nationalisation » de la main-d'œuvre et la chute du cours du pétrole auront un impact sur les pays du Moyen-Orient. L'Afrique du Nord, quant à elle, dépendra beaucoup plus de la conjoncture économique en Europe. L'Égypte est très nettement le principal bénéficiaire. Même si le montant des sommes envoyées par sa main-d'œuvre à l'étranger a diminué au cours des dernières années, cette ressource représente néanmoins le triple des recettes générées par le canal de Suez et le tourisme. En termes relatifs, les envois de fonds représentent 17 % du PNB du Liban, 11 % de la Jordanie et plus de 9 % du Yémen. La guerre en Libye a provoqué le départ forcé des travailleurs migrants originaires d'Égypte et de la Tunisie.

---

[51] Les chiffres sont, pour la même année, de 89 % au Sri Lanka, 78 % au Bangladesh et 25 % en Inde.

GRAPHIQUE 5.2 : LES 10 PREMIERS PAYS BÉNÉFICIAIRES DES ENVOIS DE FONDS, EN VALEUR ABSOLUE ET EN POURCENTAGE DU PNB EN 2016, PAR GRANDE RÉGION*

Asie de l'Est et Pacifique

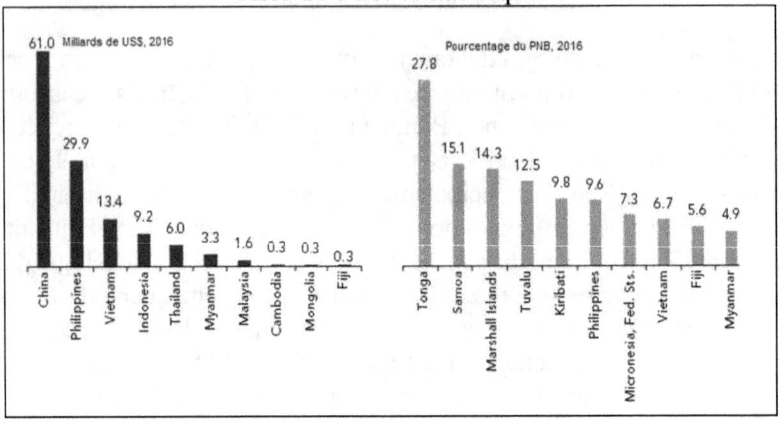

Asie du Sud

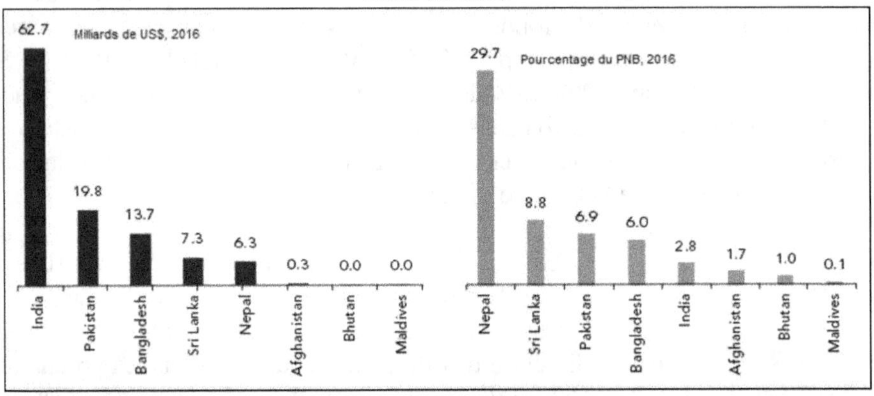

Europe de l'Est et Asie centrale

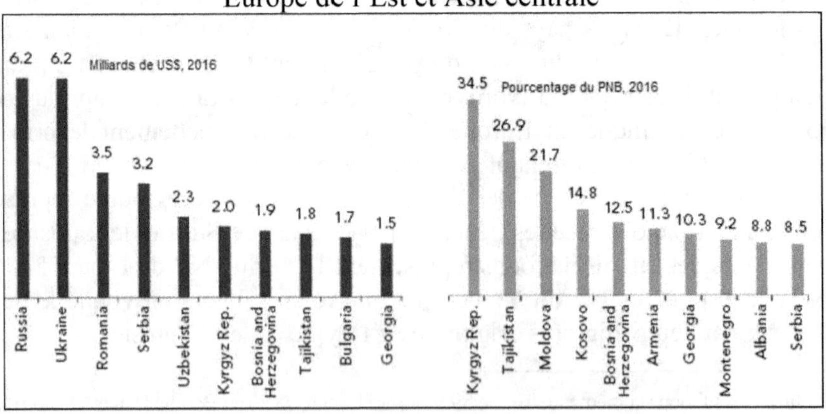

Moyen-Orient et Afrique du Nord

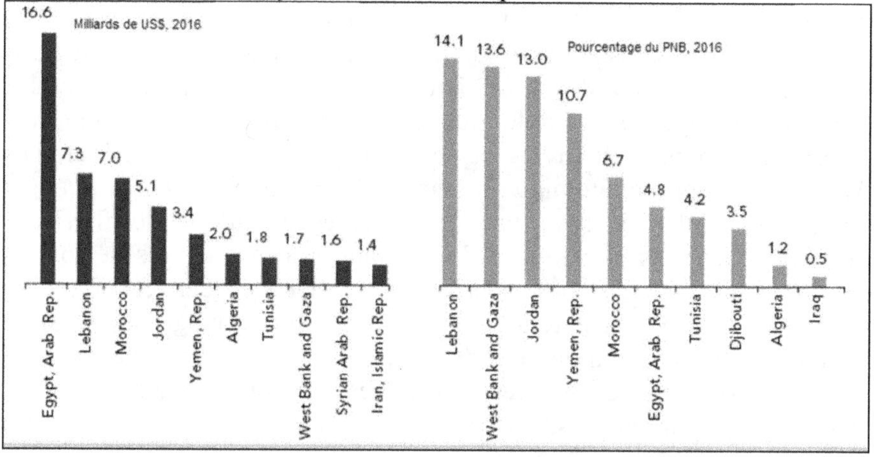

Afrique Subsaharienne

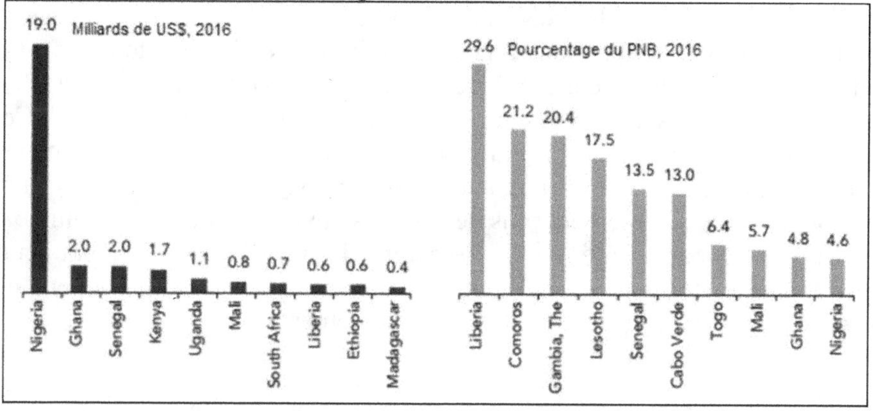

Amérique latine

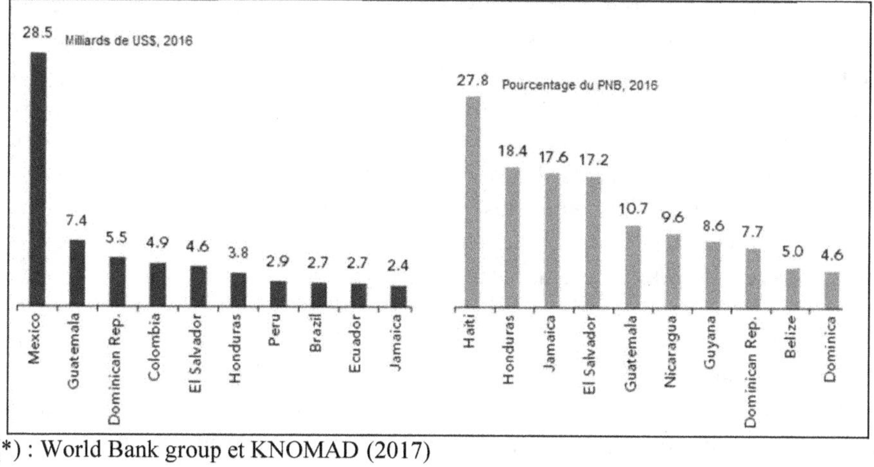

(*) : World Bank group et KNOMAD (2017)

La situation est très différente en Afrique subsaharienne. Longtemps, le taux de croissance des envois de fonds est resté relativement bas, mais, à partir de 2014, on constate une augmentation considérable : le volume des envois de fonds passera de 32 milliards de US$ en 2014 à 42 milliards en 2017. C'est la région, au sein du groupe des PVD qui, très nettement, reçoit le plus faible montant d'envois de fonds. Le profil des pays bénéficiaires présente un aspect dichotomique prononcé. En montants absolus, le Nigeria recueille à lui seul, avec 21 milliards de US$, les 2/3 du total des flux vers la région. Pour tous les autres pays, le montant total des envois de fonds en valeur absolue est très bas. Par contre, reflet de leur économie peu développée, ces apports extérieurs, mesurés en pourcentage du PNB, sont très élevés pour un grand nombre de ces pays. Pour une bonne appréciation de l'apport des diverses sources extérieures, on soulignera que la région d'Afrique subsaharienne est aussi la seule où le montant de l'APD reste largement supérieur à celui des envois de fonds.

En Amérique latine, la croissance des envois de fonds est restée positive, contrairement à la plupart des autres régions même si, pour tous les pays, cette tendance à la hausse été freinée par la crise économique. Il s'agit d'une des régions ou l'instabilité des ressources extérieures est la plus forte. Cela résulte en bonne partie du fait que, pour l'Amérique latine, contrairement à d'autres régions qui sont en lien avec plusieurs pays fournisseurs, les États-Unis à eux seuls représentent plus des 3/4 des envois de fonds. Le volume de ces flux est, par conséquent, fortement influencé par la conjoncture économique et le marché de l'emploi dans les secteurs qui occupent une proportion élevée de migrants, soit principalement aux États-Unis et aussi, mais dans une moindre mesure, en Espagne et en Italie.

En simplifiant, on distingue deux groupes de pays. D'une part, les grands pays du Sud, comme le Brésil, l'Argentine et le Chili pour lesquels les envois de fonds ne jouent en réalité qu'un rôle marginal et, d'autre part, l'Amérique centrale, les Caraïbes et le Mexique où leur importance est beaucoup plus forte. En valeur absolue, en 2016, le Mexique occupe une place prépondérante avec 28,5 milliards de US$, suivi du Guatemala avec 7,4 milliards US$, la République dominicaine avec 5,5 milliards US$ et la Colombie avec 4,6 milliards. En pourcentage du PNB, ce sont les petits pays d'Amérique centrale qui sont les principaux bénéficiaires : d'abord Haïti avec 27,8 %, ensuite le Honduras avec 18,4 %, la Jamaïque avec 17,6 %, le Salvador avec 17,2 % et le Guatemala avec 10,7 %.

La région « Europe et Asie centrale » s'inscrit dans un contexte très différent des autres régions. Le total des envois de fonds reçus s'élevait en 2014 à 50 milliards de US$ et les premières estimations de la Banque mondiale les situent à 54 milliards en 2017. C'est la région où le taux de croissance de ces flux sera le plus faible. Un seul pays, la Russie, est, de très loin, le principal fournisseur d'envois de fonds. C'est le seul cas où le premier pays qui envoie des fonds est, d'autre part, le premier bénéficiaire de ces transferts. Les flux à partir de ce pays seront très largement déterminés par trois types de facteurs : le prix du pétrole et du gaz naturel, la situation économique et le cours du rouble, et aussi l'évolution politique dans la région. En Russie, ce sont plus de 11 millions de migrants des ex-pays de l'Union soviétique qui transfèrent les envois de fonds dont le volume sera négativement affecté par le départ d'une partie d'entre eux à cause des troubles politiques. En volume, c'est l'Ukraine qui fut le principal bénéficiaire de ces flux en 2013 avec 10 milliards de US$. La guerre dans l'est de l'Ukraine a réduit fortement ce flux. En 2016, il ne s'élevait plus qu'à 6,2 milliards de US$. Tous les autres pays bénéficiaires, à l'exception de la Roumanie (3,5 milliards de US$) sont membres de la CIS (Communauté des Etats Indépendants). Le classement en pourcentage du PNB indique, en 2016, une forte dépendance économique de tous les pays bénéficiaires, d'abord le Kirghizistan avec 34,5 %, puis le Tadjikistan avec 26,9 %, la Moldavie avec 21,7 % et le Kosovo avec 14,8 %. Tous ces pays sont issus de l'ex-Union soviétique et de l'ex-Yougoslavie. Plus que dans les autres régions, l'économie de ces pays serait très fragilisée en cas de diminution importante et subite des envois de fonds.

CHAPITRE 6

LA DÉCISION D'ENVOYER UNE PARTIE DE L'ÉPARGNE : LES DÉTERMINANTS ET LES ACTEURS

Qui sont les migrants qui décident d'envoyer une partie de leur épargne vers leur pays d'origine ? Quels montants transfèrent-ils en moyenne ? Pour quels motifs et pendant combien de temps le font-ils ? Selon diverses enquêtes, la moitié seulement des migrants envoient une partie de leur épargne à leurs familles. Le volume des montants transférés et leur durée varient notamment en fonction des types de migrations. Ils diffèrent principalement selon qu'elles sont temporaires ou définitives, qu'elles sont composées de travailleurs qualifiés ou non qualifiés ou encore qu'elles sont individuelles ou familiales. Les montants envoyés dépendent aussi fondamentalement des motivations qui furent à l'origine du départ, de la durée du séjour et aussi du contexte général migratoire déterminé par d'autres caractéristiques économiques, sociales et politiques des pays d'accueil.

Plusieurs théories, dont certaines s'inscrivent dans une approche microéconomique et d'autres dans une démarche macroéconomique, ont proposé diverses analyses des déterminants de ces comportements. Les premières analysent principalement les variables individuelles reliant les migrants, leurs familles et leurs proches ; les deuxièmes mettent en évidence les facteurs qui influencent dans les pays d'origine la décision d'envoyer une partie de leur épargne. Actuellement, ces théories s'accordent pour écarter les explications reposant uniquement sur les calculs du profit individuel des migrants et qui ne retiennent que les différentiels de revenus observés entre pays de départ et pays d'arrivée au moment de la migration. Au contraire, toutes prennent maintenant en compte les stratégies familiales qui s'inscrivent dans un horizon lointain et incertain. Certes, il convient de ne pas dissocier l'analyse des motivations des migrations internationales de celles des envois de fonds, car elles sont très souvent les premiers incitants aux départs. Même si les décisions d'envois de fonds résultent de motivations très diverses, il est néanmoins possible d'identifier les comportements les plus significatifs[52].

---

[52] Rapoport et Docquier (2006) offrent la revue la plus complète de la littérature jusqu'en 2005 sur les aspects théoriques et empiriques de cette question.

LES DÉTERMINANTS MICROÉCONOMIQUES

La solidarité et l'intérêt personnel

Une des plus importantes motivations repose sur le maintien des liens de solidarité familiale. Le comportement des migrants s'expliquerait fondamentalement par des impératifs altruistes. Les transferts vers les parents et les proches résulteraient d'une sorte d'obligation morale à laquelle il leur serait presque impossible de se soustraire. Le migrant choisirait le niveau des envois de fonds qui maximiserait sa fonction d'utilité, laquelle inclut son niveau de consommation ainsi que celui des autres membres de sa famille restés au pays. Dans cette hypothèse, les envois de fonds augmentent avec le niveau des revenus des migrants et diminueront avec l'augmentation des revenus moyens des ménages dans le pays de départ. Le motif principal serait de contribuer aux besoins de leurs familles et non de les rembourser ou de compenser les dépenses ou la diminution de main-d'œuvre familiale occasionnées par leur départ. Néanmoins, dans la plupart des cas, les familles ont mobilisé des ressources importantes pour organiser et faciliter la migration des jeunes. C'est probablement, de manière implicite, dans l'espoir d'obtenir en retour des envois de fonds, qui vont relever leur niveau de vie quotidienne, qu'ils ont consenti ces efforts. Ceux-ci reposent en réalité sur la force de la contrainte de solidarité, d'assistance et de prise charge partielle envers ceux qui sont restés au pays, alors qu'une partie d'entre eux émigraient. Une analyse des envois de fonds sur la période 1980 - 2009 pour 36 pays d'Afrique subsaharienne a mis en évidence le rôle de la motivation de compensation (Fonchamnyo, 2012).

Dans une autre perspective, de nombreuses recherches initiées par celle de Lucas et Stark au Botswana ont montré qu'il ne fallait pas négliger des motivations basées sur l'« égoïsme » des migrants. Ces auteurs ont mis en évidence l'importance et la nature de transactions quasi contractuelles s'inscrivant dans la durée entre les migrants et leurs familles qui, en réalité, l'emporteraient sur les considérations uniquement altruistes (Lucas and Stark 1985). Dans cette optique, les envois de fonds sont le produit d'un calcul « égoïste » du migrant. Dans un premier temps, il s'efforce de conserver et de faire fructifier une partie du patrimoine familial et, par la suite, il est motivé par le souci de sauvegarder ses droits et ainsi de s'assurer ultérieurement une part d'héritage. Des enquêtes dans des communautés marquées par une forte émigration en Afrique (Aggarwal et Horowitz, 2002) et en Amérique latine (Pozo, 2005) corroborent aussi bien la thèse de la motivation altruiste que celle d'une approche plus opportuniste. Il apparait évident qu'il n'est pas possible d'identifier des situations qui reposeraient exclusivement sur un seul de ces déterminants parce que les envois de fonds sont à la fois le résultat d'un égoïsme éclairé et d'un altruisme tempéré.

L'aversion pour le risque

Stark, un des initiateurs de la théorie de la « nouvelle économie politique des migrations », a été à l'origine d'une théorie novatrice et très féconde qui repose sur l'hypothèse que les migrations doivent être analysées comme une modalité des stratégies de diversification des portefeuilles (Katz et Stark, 1986). Ce serait la forte aversion des familles au risque qui serait le principal facteur explicatif de la « migration pour transferts de fonds ». Les migrations résulteraient d'une stratégie explicite et délibérée destinée à disposer de mécanismes d'assurance afin de minimiser les aléas économiques et environnementaux qui peuvent provoquer une trop grande volatilité des revenus qui sont souvent proches du minimum de subsistance. Dans les situations de crise climatique qui menacent les récoltes ou de détérioration subite de la situation économique, les autres membres de la famille disposeraient d'une ressource extérieure permanente. L'importance de la relation entre envois de fonds et niveau de risque a été bien documentée pour les migrations Mexique-États-Unis[53] (Amuendo Dorantes et Pozo, 2006). Ces migrations rurales-urbaines, internes ou internationales, visent essentiellement à réduire la très forte instabilité des conditions de vie. S'efforcer de diversifier la localisation et la source des revenus ferait partie de la stratégie de gestion collective des risques au sein des ménages et des communautés. La migration serait aussi le moyen le plus approprié de protéger le « capital » des ménages en leur permettant de réaliser une diversification plus large de leur « portefeuille » d'actifs (terres, équipements, ateliers, petits commerces, liquidités) dans un contexte où les imperfections du marché restreignent fortement leur accès aux crédits. Cette démarche de minimisation des risques concerne aussi bien les familles dans le pays d'origine que les migrants eux-mêmes. Ceux-ci se garantissent, dans l'hypothèse d'un retour au pays, de meilleures possibilités de réinstallation sur le plan matériel, car ils maintiennent les liens avec des membres de la famille qui peuvent veiller à leurs intérêts, mais ils facilitent aussi les possibilités de réintégration dans le réseau social dont ils avaient été temporairement absents.

Une migration d'investissement

Une troisième approche consiste à considérer ces transferts comme le rendement escompté de projets d'investissements. *A priori*, il y aurait eu le projet d'envoyer un enfant de la famille à l'étranger afin d'en percevoir un bénéfice ultérieur. Dans ce but, surtout lorsqu'il s'agit de migrants très

---

[53] Cette assurance contre le risque de chute de revenus est un processus réciproque, le migrant se garantissant aussi, en cas de difficultés dans le pays d'accueil, du soutien de sa famille.

qualifiés, il y a eu, dans la période antérieure, et durant toute la scolarité, un effort de mobilisation des ressources familiales pour augmenter le capital humain des migrants afin d'accroître leur probabilité d'obtenir plus rapidement un emploi de bonne qualité à l'étranger. Les familles réalisent un double investissement : premièrement, un investissement en migration et, deuxièmement, un investissement en éducation. C'est le taux de rentabilité combiné de ces deux investissements qui serait le moteur de la migration pour envois de fonds. Les ménages comptent sur ces transferts pour pérenniser et développer l'entreprise familiale qu'elle soit agricole, artisanale ou commerciale et parce que les imperfections du marché et les contraintes de liquidité ne leur permettent pas d'accéder aux canaux habituels de financement qui leur sont nécessaires. Du point de vue du migrant, on distingue deux démarches d'investissement distinctes. Dans la première, il s'agit d'un investissement « pur » avec pour unique objectif d'améliorer sa situation économique et celle de sa famille. Dans la deuxième, le migrant veille à optimiser l'éventail de ses possibilités de choix entre retourner dans le pays d'origine ou rester dans le pays d'accueil. Il se garantit les meilleures conditions pour un éventuel retour et, par conséquent, il s'efforcera d'augmenter le volume de ses envois de fonds. Dans le même sens, on peut faire l'hypothèse que les probabilités d'un retour seront d'autant plus élevées que son investissement aura été très productif.

En bref, les envois de fonds représentent soit une compensation, partielle ou totale, pour la prise charge et les dépenses de formation consenties par les familles, soit le rendement escompté de leur investissement. Dans toutes les hypothèses, il s'agit d'une forme implicite de contrat, sur une base volontaire, que les migrants et leurs familles ont intérêt à respecter. Une question se pose aussi au niveau macroéconomique concernant l'imputation des dépenses publiques et des coûts de l'éducation. Une voie d'analyse intéressante consiste à faire le lien entre, d'une part, la décision de migrer et d'envoyer des envois de fonds et, d'autre part, l'affectation que leur donnent les ménages bénéficiaires par la suite. On peut en effet présumer que, selon que la démarche relève plutôt du remboursement des coûts supportés par les parents, ou d'une stratégie d'assurance, ou encore de comportement « altruistes » ou même « égoïstes », les bénéficiaires sont enclins à dépenser ces transferts selon des priorités différentes.

DÉTERMINANTS MACROÉCONOMIQUES

La mesure de la sensibilité des envois de fonds par rapport aux variations de grands agrégats macroéconomiques - tels que les taux d'intérêt, les taux d'inflation, les variations des taux de change et le coût des transferts - a fait l'objet de plusieurs travaux économétriques dont les résultats ne sont pas toujours convergents. Il convient de prendre aussi en considération les paramètres individuels des migrants.

Le montant des envois de fonds

La conjoncture économique d'un pays d'accueil détermine le niveau des revenus disponibles des migrants ainsi que la probabilité pour eux d'obtenir plus ou moins rapidement un emploi. Elle détermine par conséquent leur capacité d'épargne. La situation des migrants sur le marché du travail, le coût de la vie, les conditions de logement, les comportements de consommation et aussi l'accès aux services bancaires influencent beaucoup la part de cette épargne qu'ils prévoient d'envoyer à leurs familles. La composition des flux migratoires explique en grande partie la propension à envoyer une partie de leur épargne. On relève que cette propension est bien plus forte parmi les migrants temporaires que parmi les migrants définitifs. Les premiers ont, *a priori*, des projets de séjour avec un horizon temporel bien délimité au terme duquel ils prévoient de réussir à maximiser les transferts avant leur retour, alors que les seconds ont principalement le souci de prendre en compte les impératifs de l'installation et de l'intégration de leur conjoint et de leurs enfants.

Le niveau de qualification des migrants joue aussi un rôle non négligeable. Une question très controversée consiste à savoir si les migrants HQ envoient plus ou moins de fonds vers leur pays d'origine que les migrants non qualifiés. Cette question implique l'examen de trois types d'indicateurs. D'abord quelle est la propension à envoyer des envois de fonds ? C'est-à-dire : est-il possible de savoir si, parmi la catégorie de migrants HQ, le pourcentage de ceux qui transfèrent une partie de leur épargne est plus ou moins élevé que pour les autres catégories de migrants ? Ensuite, il s'agit de déterminer si les migrants HQ envoient une plus grande proportion de leurs revenus que les autres migrants. Enfin, il faut déterminer si le montant absolu des envois de fonds annuels des HQ est plus élevé que celui des autres migrants. *A priori*, le niveau plus élevé des revenus des migrants HQ est un facteur qui influence favorablement le volume des envois de fonds. Cependant, plusieurs recherches faites au niveau macroéconomique dans un grand nombre de pays ont montré que les migrants non qualifiés ont tendance à envoyer une plus grande proportion de leurs revenus que les migrants très qualifiés. La plus faible propension des migrants avec un niveau d'éducation élevé à envoyer des fonds s'expliquerait par trois raisons. Premièrement, comme ils sont généralement issus des familles les plus riches on peut envisager l'hypothèse que leurs parents n'ont pas engagé les coûts de l'éducation et de la migration avec pour objectif principal d'en percevoir ultérieurement un rendement pour eux-mêmes et leurs familles, car ils ne seraient pas dépendants de cette aide. Deuxièmement, les HQ sont plus facilement en mesure de faire venir leurs familles, leurs conjoints et leurs descendants dans le pays d'accueil. Ils doivent, par conséquent, consacrer une partie importante de leurs revenus aux charges d'installation et de scolarité, ce qui a pour effet de tarir les flux d'envois de fonds vers les ascendants (Faini, R. 2007, Adams, 2008, Niimi Ozden et al., 2010, Mahut, 2017). Troisièmement, les HQ n'émigrent généralement pas avec le projet de retourner dans le pays de départ ; ils seraient donc moins incités à y transférer une partie de leur épargne pour se garantir à leur retour des actifs financiers ou une meilleure position sociale.

Les travaux d'Adams, basés sur des régressions portant sur environ 70 pays de départ, ainsi que les analyses de Faini (2007) et de Niimi et al. (2010), sont cependant actuellement contredits par d'autres analyses réalisées à partir d'une démarche microéconomique. Ainsi, en se basant sur des micro-enquêtes portant sur 33 000 ménages de migrants dans 11 pays d'accueil de l'OCDE, Bolard et al. concluent que les migrants avec un niveau d'éducation élevé transfèrent plus en volume. Deux facteurs expliquent ces résultats : le premier serait le niveau plus élevé de la propension de ces migrants à envoyer des fonds ; le deuxième serait le niveau beaucoup plus élevé de leurs revenus moyens. La combinaison de ces deux facteurs aurait un effet positif sur le volume des transferts (Bollard, McKenzie et al., 2011)[54]. En moyenne, le niveau annuel des envois de fonds des migrants HQ serait supérieur de 300 $ à celui de migrants avec une éducation primaire ou secondaire. D'autres facteurs jouent aussi un rôle important, principalement l'ancienneté de l'immigration et la durée du séjour. Deux tendances opposées sont ici à l'œuvre. D'une part, les revenus des migrants augmentent avec la durée de présence sur le marché du travail et accroissent, en principe, leurs capacités de transférer des fonds. D'autre part, les liens familiaux avec les ascendants s'affaiblissent par contre avec le

[54] On évoque dans ce paragraphe les motivations des migrants HQ par comparaison à celles plus diverses des non qualifiés. La question de savoir si les montants envoyés par les HQ compensent les pertes que subiraient les pays PVD du fait de leur départ est analysée dans la partie qui traite du « brain drain ». La question de savoir si les migrants HQ envoient des montants plus élevés que les migrants non qualifies est aussi abordée, sous un autre angle, au chapitre 4.

temps et le projet migratoire a de fortes probabilités de se modifier, car de nombreux migrants temporaires décident, après une certaine période, de s'établir définitivement dans le pays d'accueil.

Les incitations dans le pays d'origine

Les pays d'origine sont aussi en mesure de jouer un rôle important en favorisant diverses initiatives et en favorisant certaines incitations de nature à encourager les envois de fonds. Premièrement, en réponse à des situations de crise économique, politique ou climatique, si des structures d'aide et si des programmes adaptés d'accompagnement ont été mis en place, et qu'ils s'avèrent opérants, les migrants accroissent le montant de leurs transferts, comme on l'a signalé (les flux d'émigration tendent en outre à augmenter dans ce type de situations).

Grâce à l'enquête quinquennale sur les politiques migratoires internationales réalisée par l'ONU, on dispose d'un aperçu général des évaluations et des politiques des gouvernements concernant l'émigration dans 150 pays (ONU, 2013). Entre 1976 et 2011, le nombre des PVD qui considéraient satisfaisant le volume de leur émigration est tombé de 136 à 113, alors que l'opinion selon laquelle l'émigration était trop faible passait de 5 à 19 pays. Les réponses qui considèrent que l'émigration est trop élevée augmentaient de 19 à 57 pays. Les raisons invoquées concernaient surtout la crainte de la perte de compétences et de personnel qualifié[55]. En ce qui concerne plus spécifiquement les politiques concrètes mises en œuvre pour infléchir les flux d'émigration, sur la même période de 35 ans, le nombre des PVD qui se contentent de vouloir maintenir le niveau des départs est passé de 136 à 124 ; le nombre de ceux qui tentent de réduire ces flux a augmenté de 17 à 45 ; et celui des pays qui prennent des mesures pour augmenter l'émigration est passé de 5 à 25. C'est principalement en Asie que des politiques volontaristes favorisant l'émigration sont prises, le pourcentage de pays concernés passant durant cette période de 11 % à 26 %. Dans ces pays qui ont un mis en place une sorte de politique d'« exportation » de main-d'œuvre, des formations professionnelles, surtout dans les domaines paramédicaux et de services à la personne, sont dispensées aux futurs migrants en rapport aux besoins du marché des pays d'accueil. Ces migrants vont, durant la quasi-totalité de leur vie active, assurer une aide matérielle à leurs familles.

[55] Calculs réalisés à partir des annexes : Tableau 4.1 et 4.2 de « International Migration Policies » (UN, 2013).

Sur un autre plan, plusieurs facteurs interviennent à la suite d'initiatives des pouvoirs publics telles que les taux de change préférentiels, les réglementations sur les entrées de devises, les services proposés par les banques pour faciliter les transactions et les rendre plus accessibles aux familles bénéficiaires, comme par exemple les taux d'intérêt bonifiés ou encore des exonérations de taxes. Les pouvoirs publics jouent aussi un rôle déterminant grâce à des programmes spécifiques destinés à encourager les investissements des migrants (voir Chapitre 9). Dans ce domaine, ce sont indéniablement le Mexique et les Philippines qui ont mis en œuvre depuis longtemps les politiques d'incitation les plus efficaces.

Cependant, il faut souligner l'absence de consensus dans la littérature sur cette question. Les études empiriques consacrées à identifier les motivations les plus déterminantes ne permettent pas de conclure de manière univoque. Plusieurs recherches conviennent qu'il est plus judicieux d'associer une multiplicité de motivations qui ne seraient pas exclusivement économiques, mais qui comprendraient aussi, pour une bonne part, des incitations et des contraintes sociales et culturelles (Amuedo Dorantes et al., 2006).

QUI ENVOIE UNE PARTIE DE SES ÉCONOMIES ?

On dispose d'un grand nombre d'enquêtes concernant les caractéristiques socioéconomiques des migrants. Par contre, les travaux portant plus spécifiquement sur les profils de ceux qui parmi eux envoient des fonds sont beaucoup plus rares. Selon de nombreuses enquêtes, seulement la moitié des ménages de migrants envoient des envois de fonds vers les pays d'origine. On observe des différences significatives de comportement selon les pays d'origine, les types de migrants, mais aussi selon les pays de destination. Les comparaisons faites avec les envois de fonds liés aux migrations rurales-urbaines, plus anciennes, présentent quelques similitudes intéressantes, par exemple en ce qui concerne les intentions des acteurs. Mais elles montrent aussi de grandes différences, ne serait-ce que sur le volume et la durée des transferts. La composition socioéconomique des flux migratoires par rapport à la population du pays d'origine et du pays de destination est une caractéristique à prendre en compte, entre autres parce que les proportions de non qualifiés et de HQ sont différentes, mais également parce que ces deux groupes ne disposent pas des mêmes capacités d'épargne et ne manifestent pas les mêmes comportements de transferts vers leur famille.

Plusieurs enquêtes permettent de dégager des tendances concernant les envois de fonds. Quelques exemples illustrent le large éventail des situations. Ainsi, les migrations d'Amérique latine vers les États-Unis sont en majorité composées de sans-papiers (environ 45 % chez les Mexicains) à faible revenu et à bas niveau d'éducation. Ce sont les migrants les plus jeunes qui ont la plus forte propension à envoyer une partie de leurs économies vers leurs parents ou leur conjoint restés au pays. Ce sont aussi les migrants arrivés récemment qui, proportionnellement, transfèrent le plus, mais le volume des envois est généralement décroissant avec le temps. De plus, ce sont majoritairement des migrants peu familiarisés aux pratiques bancaires. Plus de 40 % d'entre eux ne disposent pas de comptes et les familles bénéficiaires n'ont souvent pas accès aux réseaux bancaires. Par contre, les migrants latino-américains (principalement brésiliens) installés au Japon ont un niveau d'éducation plus élevé que les migrants aux États-Unis (85 % avec une éducation supérieure contre seulement 17 %). Plus de 90 % d'entre eux disposent d'un compte bancaire et leur revenu moyen est équivalent à celui des Japonais (Page et Plaza, 2005). Tant en ce qui concerne le niveau d'éducation, que le niveau de revenu et celui de leur sécurité personnelle, leur situation est bien meilleure que celle des migrants aux États-Unis, ce qui influence le volume des flux d'envois de fonds. Il convient aussi, pour une bonne appréciation du potentiel des transferts, de distinguer ceux qui s'inscrivent dans les circuits Sud-Nord de ceux qui concernent les flux Sud-Sud. Premièrement, les rémunérations perçues par les migrants sont évidemment plus basses dans les PVD que dans les pays développés et, par conséquent, leur potentiel de transfert est plus faible. Deuxièmement, les migrants Sud-Sud sont majoritairement issus de familles nettement plus pauvres que ceux qui émigrent vers les pays du Nord. Ces deux différences interviennent sur le niveau des envois.

Cette présentation des paramètres qui influent la décision d'envoyer des fonds reflète le large consensus qui prévaut dans la littérature de l'économie des migrations pour reconnaître les effets globalement positifs des envois de fonds sur le bien-être des familles des migrants et, dans de nombreux cas, sur le développement économique des pays de départ[56]. Ces impacts bénéfiques se concrétisent cependant dans des domaines très divers et certains sont souvent difficiles à évaluer avec précision. Par ailleurs, il ne faut pas négliger les nombreuses recherches qui ont mis en évidence la réalité de certains effets négatifs des envois de fonds. Il convient donc de passer en revue ces effets positifs et négatifs en distinguant ceux qui agissent au niveau microéconomique de ceux qui interviennent au niveau macroéconomique.

---

[56] Pour les pays d'immigration, on admet qu'il n'y a pas d'effets négatifs. Les sorties de devises ne représentent qu'une part infime dans la balance des paiements. En outre, le plus faible niveau des dépenses de consommation des migrants qui envoient leur épargne à l'étranger pourrait induire un très léger effet anti-inflationniste.

CHAPITRE 7

LES ENVOIS DE FONDS ET LE BIEN-ÊTRE DES MÉNAGES

Il est généralement admis que les envois de fonds participent à l'amélioration du niveau de vie des familles des migrants d'un PVD dans la mesure où ils contribuent à la réalisation de certains des effets positifs suivants : la diminution de la pauvreté de la population et la réduction des inégalités de revenu, l'amélioration générale de la situation sanitaire, l'augmentation du niveau global de l'éducation et aussi une plus grande autonomisation du statut des femmes.

La grande majorité des études admettent sans réserve que, dans la plupart des pays d'émigration, les envois de fonds ont contribué à réduire l'ampleur et l'intensité de la pauvreté. Trois méthodologies ont été utilisées dans les études empiriques pour mesurer ces résultats : les modèles de simulation de pauvreté, les enquêtes auprès des ménages et les régressions transnationales. La plupart de ces recherches confirment que les transferts directement reçus par les ménages pauvres augmentent de manière substantielle leurs revenus et, par conséquent, ils diminuent le nombre total de personnes vivant sous le seuil de pauvreté. Une de ces recherches les plus connues, qui a le mérite d'être la première à avoir mis en évidence cette tendance générale, a été réalisée par Adams et Page (2005). Elle montre, après contrôle des risques de causalité inverse pour un échantillon de 71 PVD, qu'une augmentation de 10 % des envois de fonds circulant par les canaux officiels induisait une diminution de 3,5 % de la proportion de personnes vivant sous le seuil de pauvreté. Une étude du FMI (2006), réalisée avec un échantillon de 101 pays, aboutit à des résultats presque similaires.

Une première remarque générale s'impose pour évaluer la portée du phénomène au niveau mondial. Au chapitre 1, on a montré que les trois premiers pays bénéficiaires, la Chine, l'Inde et le Mexique, recueillaient plus d'un tiers du total des envois de fonds. Bien qu'une grande proportion de leur population se situe sous le seuil de pauvreté, ce ne sont cependant pas des pays qui se trouvent au plus bas niveau selon les indicateurs du développement humain du PNUD. Parmi les pays d'Afrique subsaharienne, un seul, le Nigéria, se trouve parmi les 25 principaux bénéficiaires d'envois de fonds en chiffres absolus (Gupta et al. 2007).

LA DIMINUTION DE LA PAUVRETÉ

Mesurer l'impact sur le niveau de pauvreté

Pour assurer une interprétation correcte des résultats de ces nombreuses enquêtes, il convient de bien préciser le choix des différents indicateurs de mesure de la pauvreté. Un premier indicateur, « le taux de pauvreté », informe sur le pourcentage de la population totale vivant sous le seuil de pauvreté (1,25 dollar $ ou de 2 dollars $ par jour par personne, ou encore par 60 % du revenu médian). L'intensité de la pauvreté est établie par un indice d'« écart de pauvreté » qui mesure, en pourcentage, la distance entre le revenu moyen des pauvres et la ligne délimitant le seuil de pauvreté[57]. Enfin, la « sévérité » de la pauvreté est mesurée par le « Squared Poverty Gap » qui est défini par la moyenne du carré des écarts de pauvreté des individus pauvres. Il s'agit d'une pondération proportionnelle à l'écart de pauvreté des individus. Elle prend en compte les degrés d'inégalité des individus au sein du groupe des pauvres. Des recherches économétriques ont mis en évidence la nécessité de prendre en compte un grand nombre de variables telles que le niveau du PNB, la proportion des flux reçus par rapport au PNB et par rapport à l'ensemble des ressources extérieures des pays de départ, l'origine des migrants et leur nombre en proportion de la population totale, le degré d'inégalité des revenus mesuré par l'indice de GINI, et surtout l'ampleur et la « sévérité » de la pauvreté.

De nombreuses recherches ont analysé l'impact des envois de fonds sur le niveau de la pauvreté dans plusieurs pays. Parmi les principales d'entre elles, il convient de citer d'abord celle d'Adams sur le Guatemala qui confirme un effet positif des envois de fonds sur le niveau du seuil de pauvreté, sur son intensité et sur sa « sévérité ». Dans ce pays, les envois de fonds représentent jusqu'à la moitié du revenu des ménages les plus pauvres. Cependant, l'impact est très différent selon la définition retenue de la pauvreté. Ainsi, le seuil de pauvreté ne diminue que de 1,6 %, mais l'intensité et la sévérité de la pauvreté diminuent de 23,5 % et 21,9 % (Adams, 2006a). Dans le cas du Ghana, toujours selon Adams, l'impact des envois de fonds est très faible sur le taux de pauvreté, mais très élevé sur l'intensité et la sévérité de la pauvreté. Cette étude montre aussi que les effets sont très différents selon que l'on distingue les envois de fonds provenant des migrations internes de celles des migrations internationales. Ainsi, la sévérité de la pauvreté ne diminue que de 4,1 % pour les envois de fonds internes, mais de 34,8 % pour

[57] Ainsi, par exemple, un écart de pauvreté de 10 % signifie que les individus pauvres sont, en moyenne, à 90 % sous le seuil de pauvreté.

les envois de fonds internationaux (Adams, 2006b). Pour les Philippines, plusieurs recherches ont démontré qu'une augmentation des envois de fonds de 10 points de pourcentage réduisait de 2,8 % la probabilité que des ménages se retrouvent sous le seuil de pauvreté. Les autres ménages faisant partie des communautés caractérisées par une forte émigration en profiteraient également grâce à l'augmentation des dépenses des familles de migrants (Yang et Martinez, 2007).

La CNUCED, dans un rapport publié en 2010, a recensé et synthétisé plusieurs études qui confirment l'effet positif des envois de fonds sur la diminution de la pauvreté, principalement dans le cas du Mexique (Lopez-Cordoba, 2005), du Mexique rural (Taylor et al., 2005) et du Lesotho (Gustafsson et Makonnen, 1993). Ce rapport présente, en outre, une analyse transversale basée sur un panel de 77 PVD couvrant la période de 1980 à 2008. Cette étude économétrique montre que la réduction de la pauvreté est surtout plus significative dans les 29 pays pour lesquels les flux de fonds s'élèvent à plus des 5 % du PNB. Pour la majorité des pays analysés, une augmentation de 10 % des envois de fonds induit une diminution de 3,9 % du taux de pauvreté et d'environ de 3,5 % du « poverty gap » (UNCTAD, 2011).

La grande majorité des recherches mettent en évidence la réduction de la pauvreté dans toutes les régions, mais elles soulignent aussi que ces résultats présentent des variations considérables selon les pays bénéficiaires. En Asie, une étude couvrant une douzaine de pays mesure le degré d'élasticité de l'augmentation en pourcentage des envois de fonds par rapport au PNB sur la diminution du pourcentage de la population sous le seuil de pauvreté. Deux seuils de pauvreté sont retenus : 1,25 US$ et 2,00 US$ par jour, et trois hypothèses d'augmentation du ratio envois de fonds/PNB, à savoir 10 points de pourcentage, 20 points et 50 points[58]. Les simulations indiquent une diminution significative pour l'Indonésie, le Bangladesh, l'Inde, le Népal et les Philippines, mais cette diminution serait beaucoup plus faible pour les autres pays (Imaî, Gaiha et al., 2012). En Amérique latine, une recherche initiée par la Banque mondiale sur l'impact des envois de fonds conclut que, dans de nombreux pays, l'effet sur la pauvreté serait relativement modeste. En moyenne, une augmentation de 1 % du ratio envois de fonds/PNB ne provoquerait qu'un déclin de 0,4 % de la pauvreté, alors que certains aspects négatifs de l'émigration - tels que l'absence du chef de ménage et la dislocation éventuelle des familles - seraient négligés ou sous-estimés dans

[58] Si l'on ne retient que le taux de pauvreté le plus bas, c'est à dire 1,25 US$ par jour, et l'hypothèse d'augmentation des envois de fonds la plus élevée soit 50 points de pourcentage par rapport au PNB, le niveau de pauvreté diminue de 49,6 % à 38,7 % au Bangladesh, de 41,6 à 32,4 % en Inde, de 55,01 à 43 % au Népal, et de 22,6 à 17,6 % aux Philippines.

la plupart des évaluations (Fajnzylber et Humberto Lopez, 2007). En Afrique, l'impact serait plus important que dans les autres régions selon une étude portant sur 33 pays sur la période 1990-2005. Une augmentation de la part des envois de fonds dans le PNB de 10 % réduirait de 2,9 % le taux de pauvreté. L'intensité et la sévérité de la pauvreté diminueraient dans les mêmes proportions (Anyanwu et Erhijakpor, 2010).

Plus récemment, un rapport de la CNUCED, consacré aux politiques préconisées dans le but de maximiser les effets des envois de fonds sur le développement économique et social des pays bénéficiaires, confirme l'impact positif sur la situation des ménages les plus pauvres dans tous les pays examinés, mais il relève en même temps les écarts très importants qui subsistent entre eux. Dans certains des pays les plus pauvres, ces transferts représentent environ 50 % du revenu des ménages bénéficiaires. Ce rapport analyse plus en détail le Bangladesh, les Philippines, le Sénégal, le Maroc et le Ghana. En conclusion, il met en évidence que l'ampleur des effets positifs dépend largement des politiques élaborées par les pouvoirs publics pour encadrer, faciliter et orienter ces flux de fonds d'origine privée afin qu'ils participent efficacement à la réalisation des « objectifs pour un développement durable du Millénaire » et essentiellement l'objectif 1er : mettre fin à l'extrême pauvreté (UNCTAD, 2013).

Des situations très diversifiées

Dans une revue, couvrant plus de 50 recherches consacrées à l'impact des envois de fonds sur le niveau de revenu et basées sur des enquêtes auprès des ménages, Adams (2011) conclut que les envois de fonds contribuent à réduire la pauvreté dans la plupart des pays, mais qu'une estimation précise de cet effet pose des difficultés à cause de problèmes méthodologiques complexes, dont principalement les biais de causalité inverse et les biais de sélection[59]. Trois remarques doivent compléter l'examen de cette question.

Premièrement, les effets positifs ne sont pas circonscrits uniquement aux familles des bénéficiaires, mais ils se propagent de manière indirecte sur le niveau de vie et le degré de pauvreté des ménages sans migrants, par l'effet du multiplicateur via l'augmentation de la demande de biens de première nécessité produits localement et donc sur l'emploi de proximité. De manière

[59] Adams illustre le biais de causalité inverse en rappelant que si les envois de fonds peuvent aider à réduire la pauvreté, le niveau de pauvreté peut à son tour influencer le montant des envois de fonds versés aux ménages. Il l'explique par le biais de sélection qui résulte de la « sélectivité » des flux de migrants. C'est-à-dire que, en cas de « sélection positive », les ménages avec le plus d'éducation et de revenus recevront le plus d'envois de fonds et que, en cas de « sélection négative », on constatera le résultat inverse (Adams, 2011 : 811).

plus générale, on considère que, dans les cas où les envois de fonds jouent un rôle positif sur la croissance économique, le sort de tous a évidemment de bonnes chances de s'améliorer. Deuxièmement, on constate que les taux d'émigration sont relativement bas dans les PVD caractérisés par les plus hauts niveaux de pauvreté. Bien souvent, ces flux se dirigent vers des pays limitrophes à bas niveau de revenu. Par conséquent, leurs capacités d'épargne et de transferts sont faibles. Par contre, les flux qui circulent par des canaux non officiels sont plutôt destinés aux ménages les plus pauvres. Il en résulterait, dans cette hypothèse, un risque de sous-estimation des effets bénéfiques. On ajoutera que, dans la mesure où les envois de fonds ont des effets contra-cycliques, ils profitent davantage aux ménages les plus vulnérables qui sont proches du minimum de subsistance. Troisièmement, si les envois de fonds ont sans nul doute fait émerger hors de la pauvreté un grand nombre de ménages des migrants, une appréciation plus globale pour l'ensemble de la population des PVD est cependant très délicate à formuler. L'objectif n° 1 du Millénaire pour le développement consistait à réduire de moitié la pauvreté absolue entre 1990 et 2015. C'est un des rares OMD qui a été réalisé dans la mesure où le taux de pauvreté absolue dans le monde (moins de 1,25 US$ par habitant) est tombé de 47 % en 1990 à 21 % en 2014 (Nations-Unies, 2014). La question est celle du rôle spécifique des envois de fonds au sein de l'ensemble des facteurs qui ont été mis en œuvre au cours de cette période pour réduire la pauvreté. Les envois de fonds ont-ils un rôle déterminant ou marginal ? La plupart des enquêtes auprès des ménages et des travaux économétriques ne se limitent pas à mesurer l'impact des envois de fonds sur la pauvreté, mais ils examinent aussi leurs effets sur la réduction des inégalités de revenu et sur l'affectation de ces ressources par les ménages bénéficiaires.

LA RÉDUCTION DES INÉGALITÉS

Si la contribution positive des envois de fonds à la diminution de la pauvreté fait consensus, il n'en est pas de même concernant la réduction des inégalités. Les analyses font apparaitre des divergences et des interprétations très contrastées.

Des résultats peu probants

D'emblée, on relève un premier argument positif de nature sociopolitique. Il met en évidence que ce sont des transferts fournis à partir d'initiatives individuelles. Il s'agit d'une aide internationale, de nature entièrement privée, fournie directement aux individus et aux ménages liés aux migrants, et non pas des flux transitant par les canaux bureaucratiques. Ces fonds ne sont donc pas inclus dans des programmes publics d'aide qui seraient ensuite disséminés dans une multitude d'affectations spécifiques. Les interventions financées par l'aide publique au développement font l'objet de nombreuses critiques. Elles sont souvent considérées comme inefficaces, car elles sont vulnérables aux pratiques de corruption alors que ce risque n'est pas possible avec les dons individuels intrafamiliaux. Les donateurs privés, très nombreux, sont assurés que ces transferts interpersonnels, dont les montants sont généralement très peu élevés, parviennent intégralement aux destinataires souhaités. Dans cette perspective, l'effet redistributif des envois de fonds (De Haas, 2005) serait bien plus important que les nombreux programmes pour réduire les inégalités prises par les pouvoirs publics.

Par contre, dans un sens opposé, plusieurs études ont mis en évidence trois types de facteurs qui tendent à conclure que les envois de fonds sont susceptibles d'aggraver les inégalités de revenu. Premièrement, ils bénéficieraient majoritairement aux familles les plus aisées parce que celles-ci disposent de plus de ressources pour mobiliser le capital humain et financier afin d'envoyer dans de bonnes conditions de succès un membre de leur famille à l'étranger. Ces migrants issus des catégories plus aisées de la population ont la possibilité de disposer de plus de temps pour rechercher les meilleures opportunités sur le marché du travail du pays d'accueil. En plus, pour les ménages à revenus élevés, il y a une plus forte probabilité que les migrants soient accompagnés par leurs familles. Deuxièmement, ce sont les régions les plus prospères au sein des pays de départ qui participeraient de manière beaucoup plus dynamique aux migrations internationales[60]. Ainsi, dans le cas spécifique des pays de l'Europe de l'Est et de l'ex-Union soviétique, la Banque mondiale avait relevé que ce sont les ménages les plus aisés qui, proportionnellement, avaient le plus bénéficié des transferts des migrants (World Bank, 2007). Troisièmement, le coût d'une émigration vers un pays riche et éloigné est beaucoup plus élevé que vers un pays de la même aire géographique. Les ménages à bas revenus auraient, par conséquent, plus de difficultés pour bénéficier du différentiel élevé de revenus escomptés entre pays de départ et d'accueil, ce qui se traduirait par un impact régressif sur le niveau d'inégalité entre familles de migrants.

Pour une appréciation correcte du phénomène, on rappelle que les variations des niveaux d'inégalités de revenu sont généralement mesurées par l'un des trois indicateurs suivants : les variations de l'indicateur de Gini,

---

[60] En ce qui concerne l'inégalité au niveau international, on notera que les taux d'émigration des pays à très faible indice IDH (Indice de développement humain) sont les plus bas de tous les PVD.

l'évolution du ratio du premier et dernier quintile de la population par rapport à leur part dans le revenu national, et l'évolution de la part des revenus des 40 % (ou 60 %) les plus pauvres de la population dans le revenu national. Les études empiriques fournissent par ailleurs des réponses très contrastées selon qu'elles privilégient l'examen de la composition socioprofessionnelle des flux de migrants, le volume des transferts envoyés, le degré d'inégalité sociale et économique de la population des pays de départ, ou encore le marché du travail des pays d'accueil. Leurs résultats sont aussi dépendants, dans une très large mesure, de la méthodologie choisie. Par exemple, au Ghana, l'indice de Gini aurait augmenté de 4 % du fait des envois de fonds internes et de 17 % du fait des envois de fonds internationaux (Adams, Cuecuecha et al., 2008). L'inégalité se serait renforcée en Égypte rurale en partie parce que les quintiles supérieurs sont surreprésentés dans les flux migratoires (Adams, 1991). Il en serait de même au Pakistan où l'on constate que si les envois de fonds internes réduisent en effet les inégalités, les flux internationaux favoriseraient par contre l'accroissement des inégalités de revenu (Adams, 1995). Dans le même sens, Rodriguez (1996) montre que les envois de fonds ont aggravé la répartition inégalitaire du revenu aux Philippines. Au terme d'une large revue des données disponibles, le rapport annuel de la Banque mondiale, « Global Economic Prospects », concluait finalement que les envois de fonds n'avaient, en réalité, qu'une influence très minime sur les variations des niveaux d'inégalités (World Bank, 2006).

Sur le plan régional, les analyses apportent des éclairages nuancés et parfois très contrastés. Un rapport de la Banque mondiale sur 11 pays d'Amérique latine met en évidence une forte diversité pour ce qui est du nombre, des catégories de bénéficiaires et du montant des ressources transférées. L'éventail est très large entre les situations extrêmes. Ainsi, à Haïti et à Saint-Domingue, plus de 25 % du total des ménages reçoivent des envois de fonds alors que, par contre, ce n'est le cas que pour 3 % seulement des ménages au Pérou et en Bolivie. En ce qui concerne les catégories de ménages bénéficiaires, pour la moyenne des pays, si on ne retient que le revenu hors envois de fonds, le quintile le plus bas recevait 30 % du total des envois de fonds et 70 % revenaient aux 4 autres quintiles. Par contre, si l'on inclut les envois de fonds dans le revenu des ménages, le quintile le plus bas ne percevait que 10 % des transferts alors que le quintile le plus élevé recevait 30 % (Acosta, Fajnzylber et al., 2007).

La même étude met en évidence la très grande hétérogénéité des situations qui prévaut entre les pays d'Amérique latine. Ainsi, au Mexique, les bénéficiaires des transferts sont principalement les ménages des catégories les plus pauvres, environ 61 % des sommes sont destinées au quintile le plus bas et 4 % au quintile supérieur. En revanche, la situation est complètement différente dans la plupart des autres pays et particulièrement au Pérou et au Nicaragua où 6 % des envois de fonds bénéficient aux ménages du quintile inférieur et 40 % aux ménages plus riches du quintile supérieur. Dans les calculs qui incorporent les envois de fonds dans le revenu moyen des bénéficiaires, ces écarts sont beaucoup plus élevés.

De nouvelles pistes pour mesurer les effets des migrations sur l'inégalité des revenus

Afin de mieux appréhender l'impact des transferts sur le degré d'inégalité, il est bien plus pertinent de se référer spécifiquement à deux paramètres fondamentaux : premièrement, l'horizon temporel du processus migrations-transferts de l'épargne et, deuxièmement, le niveau de développement économique des pays bénéficiaires.

Selon une hypothèse convaincante corroborée par plusieurs enquêtes économétriques, l'effet des envois de fonds sur le degré d'inégalité des revenus varierait en fonction des phases du cycle migratoire. Dans la première phase de la migration, les coûts supportés par les familles sont élevés et induiraient, par conséquent, un processus de forte sélectivité des flux. Ces coûts et cette sélectivité se réduiraient au cours des périodes ultérieures. Une thèse présente l'argument que les migrations aggraveraient les inégalités dans le court terme, mais les réduiraient ensuite dans le long terme. Stark et Yitsraki (1988) furent les premiers à développer la théorie, enrichie ensuite par de nombreux chercheurs, que les premiers migrants d'une communauté seraient toujours des précurseurs provenant des ménages les plus favorisés et que leurs transferts augmenteraient par conséquent les inégalités. Ce n'est qu'ultérieurement, lorsque les migrations se développent vers d'autres catégories de la population, grâce à une meilleure information et à la baisse des coûts d'installation facilitée par la présence des réseaux communautaires, que les envois de fonds seraient en mesure de contribuer à la réduction des inégalités.

Dans la même optique que Stark, les recherches de McKenzie et Rapoport (2007), analysant l'impact des envois de fonds des États-Unis vers les villages mexicains, mettent en évidence l'importance du facteur temporel. Ils distinguent les flux selon qu'ils proviennent de régions de forte ou de faible émigration. Dans les communautés caractérisées par un bas niveau d'émigration, les envois de fonds auraient pour effet d'accroitre les inégalités. Mais cette tendance s'inverserait pour les communautés qui connaissent une émigration de haut niveau et de longue durée, car ce mouvement s'étendrait alors vers d'autres catégories plus pauvres de la population. Avec le temps, la sélectivité des flux migratoires se réduirait considérablement. En outre, après une certaine période, les premiers ménages bénéficiaires, par leur comportement de consommation et d'investissement, redistribueraient une partie de leur revenu supplémentaire vers les ménages de non migrants de leur communauté et contribueraient de la sorte à réduire les inégalités de revenu. La situation économique des pays d'émigration jouerait aussi un rôle concernant l'impact redistributif des envois de fonds, comme le démontre une étude portant sur un panel de 46 pays et couvrant la période 1970 à 2000 (Portes, 2009). Cette recherche vise à quantifier l'effet relatif des envois de fonds sur les variations de revenus de tous les déciles de la population des pays bénéficiaires et, par conséquent, d'évaluer s'ils diminuent ou augmentent l'inégalité des revenus. La tendance générale qui se dégage indique que, dans les pays les plus pauvres, les envois de fonds ont un effet positif mais décroissant sur la part dans le revenu national des 70 % les plus pauvres de la population, et un effet négatif pour les 20 % situés au haut de l'échelle, ce qui implique une diminution de l'inégalité. Pour les pays plus riches, les envois de fonds augmenteraient le revenu des 2 déciles les plus bas de l'échelle et, par conséquent, auraient aussi un effet positif, mais bien plus modéré sur la diminution des inégalités de revenu.

Cependant, pour certains chercheurs, l'impact des envois de fonds sur l'inégalité ne devrait pas être considéré comme une question prioritaire pour deux raisons. Premièrement, contrairement à l'effet sur la pauvreté, les nombreuses évaluations aboutissent, selon les situations et les pays, à des résultats très contrastés. Deuxièmement, cet impact serait relativement marginal. Ainsi, selon l'étude de Portes (2009), une augmentation de 1 % des envois de fonds n'augmenterait, dans un pays moyen du panel, le revenu du premier décile que de 0,04 %. Et pour la catégorie des pays à bas niveau de revenu, l'effet sur le premier décile serait de 0,4 %. Par ailleurs, dans la plupart des PVD, de nombreux facteurs politiques, économiques et sociaux sont responsables de la persistance et même de l'aggravation des fortes inégalités de revenu. Dans la panoplie des mesures de politique économique destinées à corriger dans un sens plus égalitaire la redistribution des revenus, les envois de fonds ne seraient destinés qu'à jouer un rôle très secondaire.

LES CONSÉQUENCES DES ENVOIS DE FONDS SUR LA SITUATION DES FEMMES

Dans tous les cas où l'émigration est principalement fondée par la motivation d'envoyer une aide matérielle à la famille, elle affecte nécessairement la position économique et sociale des femmes dans deux contextes très différents. Dans une première perspective, on peut s'interroger sur les retombées économiques et sociales positives ou négatives pour les femmes restées dans le pays d'origine et qui sont chargées du ménage ou de la famille. Dans une seconde perspective, on se penche sur les conditions de vie à l'étranger des femmes qui ont émigré pour envoyer des fonds à leurs familles. Plus généralement, est-ce que la place grandissante des femmes dans la problématique « migration-envois de fonds-développement » leur assure une plus grande autonomie financière et sociale au sein de leur communauté et de leur famille ? Cette problématique peut aussi être abordée selon un autre angle d'analyse. D'une part, le montant des envois de fonds qu'envoient les femmes migrantes est-il plus ou moins élevé que celui des hommes ? D'autre part, les dépenses de celles qui sont restées dans le pays d'origine, et qui bénéficient de ces envois de fonds d'un membre de leur famille, sont-elles affectées de manière très différente de celles des ménages composés de non migrants ? Pour chacune de ces questions, un certain nombre de recherches apportent des réponses souvent très divergentes.

Les femmes non migrantes

Une première constatation, largement partagée, confirme les effets positifs des envois de fonds. Les femmes restées bénéficieraient de revenus supplémentaires envoyés par leurs maris ou leurs enfants et seraient en mesure de mieux contrôler la nature des dépenses des ménages. Leur implication dans l'organisation communautaire serait plus forte et augmenterait leur « empowerment » ou autonomisation, facteur déterminant du développement économique et social, comme le confirment toutes les initiatives prises par l'ONU en faveur de la poursuite de l'application des programmes d'action de l'« après-Conférence du Caire » et de l'« après-Conférence de Beijing ». De nombreux acteurs de terrain en Afrique ont largement confirmé que les dépenses générées par les envois de fonds seraient davantage affectées au bien-être de la famille, mais également que les femmes bénéficieraient de plus d'opportunités pour participer à des activités associatives et s'impliquer dans des coopératives de production et d'achat. Plusieurs rapports de l'OIM (2010) montrent que les comportements d'utilisation des envois de fonds seraient différents selon le sexe : les femmes consacreraient une plus importante part de ces ressources supplémentaires à l'alimentation, l'éducation et la santé des enfants. Cependant, le contrôle sur l'utilisation de ces sommes dépendrait aussi en grande partie des relations de pouvoirs et du statut des femmes dans ces communautés de départ. Ainsi, dans certaines régions, les hommes verseraient les envois de fonds aux frères ou aux cousins, et non à l'épouse. D'autres soulignent, comme Charbit (2007), spécialement dans la situation particulière du Kerala, les nombreux avantages économiques obtenus par les épouses des émigrés.

Il n'y a cependant pas unanimité sur cette question et plusieurs recherches ont mis en évidence quelques aspects négatifs. Quelques-unes d'entre elles mettent notamment en avant les conséquences néfastes de l'absence prolongée du mari sur la cohésion familiale. D'autres analyses soulignent que les envois de fonds risquent, dans certaines sociétés, de provoquer une diminution de l'offre de travail féminin. Les femmes subiraient des pressions pour renoncer à participer au marché du travail comme le montre, par exemple, une étude au Maroc où la diminution de l'offre féminine de travail serait d'environ 10 % (De Haas, 2005). Dans une recherche plus récente, De Haas et Rooij réfutent l'argument que les envois de fonds changeraient de manière substantielle les relations de genre dans les sociétés fortement patriarcales. Dans certains cas, l'effet de revenu obtenu grâce aux envois de fonds accroitrait les pressions des maris pour que leurs épouses abandonnent des emplois en dehors du cadre familial. Bien entendu, contrairement à l'impact économique, les envois de fonds de nature « socioculturelle » ne peuvent pas faire l'objet d'estimations chiffrées et les changements de normes s'inscrivent dans la durée (De Haas et Van Rooij, 2010).

Les femmes migrantes

Depuis plus d'une dizaine d'années, on observe une tendance très forte à la féminisation des flux migratoires, principalement du Mexique vers les États-Unis, et des Philippines vers les pays du Golfe et vers l'Europe. Actuellement, au niveau mondial, les femmes représentent 50 % des flux migratoires. De plus en plus de femmes émigrent seules et non pas comme accompagnantes ou à l'occasion de procédures de regroupement familial. Les emplois qu'elles occupent se concentrent principalement dans les secteurs des services domestiques, de santé, d'aide à la personne, de l'agriculture et aussi des services sexuels. Ces femmes qui émigrent seules sont souvent le principal soutien financier de leur famille. Ce mouvement est particulièrement marqué dans quelques pays de départ. Ainsi, les données obtenues à partir des permis d'émigration à des fins d'emploi en Asie du Sud et du Sud-Est indiquent qu'en Indonésie, aux Philippines et au Sri Lanka, 70 % de ces permis sont délivrés à des femmes (Report UN Secretary

General, 2013). Plusieurs monographies indiquent que le montant des envois de fonds des femmes migrantes serait en moyenne équivalent à celui des hommes alors que, en général, leur niveau de rémunération leur est inférieur. Proportionnellement, elles envoient plus de fonds que les hommes et de manière plus régulière (OIM-UN-INSTRAW, 2009, et Abrego, 2009). Ces ressources supplémentaires sont principalement consacrées à la santé et à l'éducation des membres de la famille.

Quelques remarques complémentaires s'imposent pour compléter ce tableau très général. D'abord, l'émigration de jeunes filles est souvent considérée comme une échappatoire souhaitée afin de pouvoir se soustraire aux contraintes patriarcales. Cependant, on a pu observer à de nombreuses occasions qu'elles continuent de subir des contrôles familiaux concernant l'utilisation et la gestion de leurs revenus, comme les femmes non migrantes. Petit et Charbit ont exploré les relations entre mesures démographiques et normes culturelles (2012). C'est dans le prolongement de cette perspective de recherche que Petit a étudié en détail les principaux déterminants de caractéristiques démographiques et économiques des femmes chefs de ménages au Sénégal (à paraître). Les conclusions de cette étude rejoignent celles de plusieurs autres monographies axées sur des sociétés traditionnelles et qui relèvent que, dans de nombreux cas, les femmes non migrantes ne souhaitaient pas être contraintes d'assumer une augmentation des charges d'entretien et des prestations supplémentaires liées à l'absence des maris. Cela se traduirait par un surcroit de travail domestique qui est loin de garantir l'augmentation du pouvoir de négociation des femmes dans la gestion des ménages. Les effets seraient négligeables quant à l'amélioration des relations de genre et, dans certains cas, les migrations et les envois de fonds seraient de nature à les aggraver. Enfin, les fonds reçus par les familles sont souvent considérés comme une ressource quasi constante dont elles ont tendance à ne plus pouvoir se passer. Par conséquent, cette émigration, au départ temporaire, devient permanente et contribue à entretenir des situations de dépendance. Une évaluation plus large des effets de l'émigration féminine ne doit donc pas sous-estimer les abus, violences et atteintes aux droits de l'homme dont elles sont victimes dans plusieurs pays d'immigration.

LES DÉPENSES DE CONSOMMATION OU D'INVESTISSEMENT : FAUX DILEMME

Si l'identification des ménages qui reçoivent les envois de fonds constitue une première étape importante, il importe aussi de disposer d'informations détaillées sur les décisions qu'ils prennent quant à l'affectation de ces ressources supplémentaires.

Les premières recherches sur l'impact de l'utilisation des envois de fonds sur l'économie des pays d'origine reposaient sur des hypothèses que l'on considère maintenant comme beaucoup trop simplistes. Les envois de fonds étaient jugés positifs ou négatifs selon qu'ils étaient affectés à l'investissement ou à la consommation. Dans une perspective pessimiste, les ménages bénéficiaires augmentaient leurs dépenses en biens de consommation, en logement et surtout en biens de luxe ostentatoires à forte composante d'importation. Mais ils ne consacraient pas ces ressources pour des investissements productifs (Chami et al. 2005). Cette approche est largement dépassée. Premièrement, parce que ce sont des ressources reçues par des agents privés et qui leur sont transférées par des membres de leurs familles qui ont émigré. L'argument repose sur l'hypothèse centrale qu'aussi bien les donateurs que les bénéficiaires sont en capacité de prendre librement les décisions qui optimalisent le bien-être de leur famille. Il ne s'agit donc pas des fonds destinés à alimenter les recettes des budgets nationaux qui seraient ensuite affectés vers des dépenses de consommation et d'investissement public. Deuxièmement, le contexte du débat a évolué lorsque certaines analyses ont montré que, même pour les ménages à bas niveau de revenu, disposer de liquidités plus abondantes permettait d'augmenter les achats de biens d'équipement, de terres et de matériel dans le secteur agricole. De même, pouvoir disposer de plus de facilités pour accéder au marché du crédit permettait de maintenir à flot des petites entreprises agricoles ou artisanales qui, autrement, acculées par des taux usuraires, auraient été condamnées à disparaitre.

Dans l'hypothèse où la consommation supplémentaire induite par les envois de fonds se porte de préférence vers les biens de luxe ostentatoires et généralement importés (voiture, hifi, gadget), elle tend à générer une dépendance contreproductive. Par contre, si elle permet de satisfaire les « besoins essentiels », elle améliore certainement le bien-être de toute la population. De nombreuses enquêtes qui se sont penchées sur les dépenses des ménages établissent clairement que ceux bénéficiant d'envois de fonds consacrent une plus grande proportion de leurs revenus à l'éducation et au logement que les autres ménages de non migrants (Adams et Cuecuecha,

2010). L'opposition ancienne entre dépenses de consommation et dépenses d'investissement est largement dépassée dans la littérature. Certes, fournir à une population davantage d'éducation et une meilleure santé se justifie « en-soi » puisque cela fait partie des « objectifs pour le développement ». Ce sont des dépenses de consommation qui augmentent le bien-être et non des investissements en biens matériels. C'est essentiellement l'impact de l'augmentation du capital humain sur la productivité du facteur travail qui est prise en compte dans cette perspective. Dans des populations soumises à un régime malthusien de très bas niveau de vie, la main-d'œuvre potentielle est en grande partie improductive et déficiente. Les dépenses de nourriture et de santé améliorent la qualité et les aptitudes de la main-d'œuvre, et les dépenses d'éducation augmentent le niveau de qualification. Elles contribuent aussi à stimuler la demande de produits locaux à forte intensité de travail et induisent des retombées positives sur le niveau de l'emploi[61].

Selon un rapport du PNUD consacré à l'utilisation des envois de fonds dans cinq pays d'Amérique centrale[62], les investissements au « sens strict », c'est-à-dire ceux consacrés à la création ou à l'agrandissement d'une activité entrepreneuriale, ne représentaient que 1 % à 8 % seulement du total des dépenses résultant des envois de fonds (Orozco, 2006). Ces chiffres, très bas, ne sont probablement plus représentatifs de la situation actuelle. Ils datent du début des années 2000 et d'autres régions d'émigration manifestent un plus grand dynamisme économique que l'Amérique centrale.

D'autres recherches aboutissent à des conclusions moins pessimistes[63]. Il s'agit d'une des thématiques centrales du développement, ce qui explique que beaucoup d'organisations internationales ont encouragé un grand nombre d'initiatives afin de stimuler les dépenses d'investissement. Ainsi, parmi les principales recommandations d'un récent rapport de la CNUCED, on trouve en bonne place toutes celles destinées à encourager les familles des migrants à utiliser ces ressources externes à titre de garantie pour leur faciliter l'octroi de prêts aux petites entreprises (Masayuki, 2013). Les enquêtes sur les dépenses des ménages présentées dans l'« African Migration Project » de la Banque mondiale fournissent des informations intéressantes sur l'affectation des dépenses effectuées par les ménages des migrants. Dans chacun des cinq pays d'Afrique subsaharienne de ces enquêtes, environ 2000 ménages ont fait l'objet d'une analyse sociodémographique et économique

---

[61] Les effets multiplicateurs au niveau macroéconomique sont présentés plus en détail au chapitre 8 et les effets de levier au chapitre 9.

[62] L'Équateur, le Salvador, le Guatemala, le Honduras et le Mexique.

[63] Ainsi, en tenant compte du facteur de sélectivité des ménages urbains au Mexique bénéficiaires des envois de fonds, Woodruff et Zentano (2007) constatent des effets positifs auprès des entreprises de petite et moyenne taille.

approfondie donnant une vue générale de l'utilisation des envois de fonds qui transcende les spécificités nationales[64] (Plaza, Navarette et al., World Bank, 2001).

Le tableau 7.1 présente l'essentiel des données synthétisées en quelques rubriques. Une première observation confirme que, selon l'origine des transferts, c'est-à-dire selon qu'ils soient extérieurs au continent, intérieurs à l'Afrique ou domestiques, leur affectation est très différente. Les dépenses de nourriture et de logement proviennent en grande partie des migrations domestiques (49 % au Burkina Faso, 82 % au Sénégal). Les dépenses d'investissement sont principalement alimentées par les envois de fonds provenant des pays de l'OCDE (30 % au Kenya, 46 % au Nigéria)[65]. Les dépenses de santé et d'éducation se répartissent dans un très large éventail en fonction des pays bénéficiaires (entre un minimum de 3 % au Sénégal et un maximum 25 % en Ouganda).

[64] Le Burkina Faso, le Kenya, le Nigéria, le Sénégal, et l'Ouganda.

[65] On inclut, dans les dépenses d'investissement, l'achat de terres, l'amélioration des techniques d'exploitation, et l'achat de matériel agricole.

TABLEAU 7.1 : L'AFFECTATION DES DÉPENSES FINANCÉES PAR LES ENVOIS DE FONDS*

	Burkina Faso			Kenya			Nigéria			Sénégal			Ouganda		
	Ext.	Int.	Dom.	Ext.	Int.	Dom.	Ext.	Int.	Dom.	Ext.	Int.	Dom.	Ext.	Int.	Dom.
Nourriture-Habit	28,5	35,6	49,4	12,8	14,5	29,7	10,1	20,1	1,0	52,6	72,6	81,9	7,6	9,7	12,4
Logement-Construction	26,0	11,1	3,8	16,5	30,6	2,6	10,5	4,9	7,1	11,2	1,4	0,1	8,8	4,8	2,5
Éducation	12,4	5,9	9,4	9,6	22,9	20,5	22,1	19,6	4,5	3,6	2,3	4,6	12,7	14,5	20,2
Santé	11,3	10,1	12,5	7,3	5,8	7,0	5,1	12,0	10,6	10,7	7,3	2,9	6,3	14,5	24,8
Business-Investissement	10,4	6,5	3,5	30,4	9,4	22,1	46,5	36,7	29,3	4,3	5,7	0,2	11,4	14,6	4,2
Autre	11,4	30,8	21,4	23,4	16,8	18,1	5,7	6,7	47,5	17,6	10,7	10,3	53,2	41,9	35,9
Total	100%	100%	100%	100%	100%	100%	100%	100%	100%	100%	100%	100%	100%	100%	100%

Ext. pour extérieur à l'Afrique : transferts provenant de migrants hors Afrique
Int. pour intérieur à l'Afrique : transferts provenant de migrants d'Afrique
Dom. Pour intérieur au pays : transferts provenant de migrants dans le pays
(*) : Calculs à partir de Plaza et Navarrete (2011).

Ces données concernent des pays qui ne font pas partie du groupe de ceux qui ont connu une longue pratique de l'émigration internationale et qui, dans ce contexte, ont mis en place des mécanismes gouvernementaux performants d'affectation des ressources externes comme, par exemple, l'ont fait les Philippines et le Mexique.

L'objectif même des projets migratoires doit aussi être pris en considération, car il éclaire en grande partie le choix de l'affectation des envois de fonds. Ainsi, des migrations temporaires sont souvent organisées avec un objectif spécifique d'investissement familial à petite échelle. C'est le cas pour certaines communautés urbaines au Mexique et pour des migrations saisonnières de l'Europe de l'Est vers l'Ouest. Il en résulte que les migrants temporaires ont généralement une plus grande propension à épargner et à transférer des fonds pour leurs proches, mais aussi pour eux-mêmes, que les migrants définitifs. Dans ce contexte, la question se pose de savoir si les envois de fonds sont de nature à générer des vagues migratoires ultérieures de plus en plus importantes. À ce sujet, on relève des éléments de réponses à première vue contradictoires, comme la théorie des migrations rurales-urbaines l'avait déjà mis en évidence (Todaro, 1968). En effet, d'une part, les envois de fonds offrent la possibilité d'augmenter les dépenses d'éducation et donc d'élever le niveau du capital humain des plus jeunes membres de ces familles, ce qui a pour conséquence d'accroître leur potentiel de mobilité internationale. D'autre part, l'effet de stabilisation des envois de fonds est largement reconnu par de nombreuses monographies. Dans nombre d'exploitations à la marge, des activités artisanales ou agricoles restent viables grâce à ces ressources extérieures. Ces effets de stabilisation et d'assurance peuvent réduire l'ampleur des flux migratoires ruraux-urbains internes et internationaux.

Reste la question de savoir pourquoi les effets positifs se manifestent avec plus de force dans certains pays et beaucoup moins dans d'autres. Quels sont les politiques et les comportements économiques et sociaux qui sont de nature à favoriser les retombées bénéfiques ? Pour y répondre, il faut examiner les politiques macroéconomiques des pays d'émigration, l'existence ou non d'une politique migratoire explicite, l'accueil qu'ils réservent aux investissements réalisés par leur diaspora ainsi que les initiatives locales et la vigueur de l'esprit d'entreprise.

LES EFFETS DES ENVOIS DE FONDS SUR L'ÉDUCATION ET LA SANTÉ

Les envois de fonds jouent un rôle positif direct sur l'augmentation et l'amélioration du capital humain des ménages des migrants qui se répercute ensuite indirectement sur le reste de la population. Les enquêtes de consommation des ménages dans les PVD ont montré que les dépenses de santé étaient, sans exception, très sensibles à l'apport de ressources extérieures fournies par les migrants. Cela se vérifie aussi, en général, pour les dépenses d'éducation, mais avec néanmoins de nombreuses différences.

Les dépenses d'éducation

La tendance générale

Les premières études ont mis met en évidence l'influence déterminante des envois de fonds sur le niveau de scolarisation des enfants des migrants restés au pays ainsi que sur leurs performances scolaires. De nombreuses enquêtes faites en Amérique latine montrent que, en comparaison des ménages sans migrants, les enfants de ceux qui bénéficient des envois de fonds se caractérisent par une scolarisation plus élevée, plus longue et par un pourcentage d'abandon plus bas. Dans ce sens, les résultats d'une enquête au Salvador, confirmée en grande partie dans d'autres pays de la région, indiquent une augmentation des années de scolarité et une diminution de plus de 50 % de la proportion d'abandons au cours du cycle de scolarité (Cox-Edwards et Ureta, 2003). Selon cette enquête, en milieu urbain, l'impact des envois de fonds est 10 fois supérieur aux autres sources de revenus pour évaluer l'augmentation de la probabilité de ne pas quitter l'école. En zone rurale, par contre, cet impact des envois de fonds ne serait que 2,6 fois plus élevé que les autres sources de revenus. Au Guatemala, les ménages bénéficiaires dépensent 2 fois plus pour l'éducation qu'ils ne l'auraient fait sans les envois de fonds (Adams et Cuecuecha, 2010). Au Mexique, l'analphabétisme diminuerait de 3 % pour une augmentation de 1 % des envois de fonds dans le groupe d'âge des enfants de moins de 14 ans (Lopez-Cordova, 2006). Plusieurs enquêtes montrent, en outre, que le niveau moyen des diplômes obtenus est plus élevé au sein des ménages avec des migrants internationaux parce que ceux-ci dépensent proportionnellement plus que les autres ménages pour l'éducation.

Tous ces effets positifs sont confirmés, a contrario, par des analyses sur l'impact de la crise économique de 2008 qui a provoqué une diminution de 20 % des envois de fonds des migrants mexicains. Ces enquêtes indiquent qu'en 2009, dans les ménages bénéficiant des envois de fonds internationaux, pour le groupe d'âge de 12 à 16 ans, la probabilité de travail des enfants a augmenté de 9,8 % et, inversement, la probabilité de fréquentation scolaire a diminué de 15,6 % (Alcaraz et Chiquiar, 2012)[66]. D'autres enquêtes sur les dépenses des ménages confirment des tendances similaires en Afrique et en Asie. En Afrique du Sud, parmi la population noire, les envois de fonds sont un des principaux facteurs de l'augmentation de la probabilité de scolarisation dans les ménages de migrants, de la réduction du travail des enfants et aussi de la réduction des inégalités de genre au sein des familles (Lu et Treiman, 2007). De même, au Ghana, les envois de fonds réduisent la probabilité du travail des enfants de 6 % (Joseph et Plaza, 2010). À partir des données sur l'affectation des envois de fonds présentées au tableau 7.1, d'autres enquêtes ont permis de calculer qu'au Nigéria, au Sénégal et en Ouganda, il y avait en moyenne deux fois plus d'enfants qui ont terminé l'éducation secondaire parmi les ménages qui avaient reçus des transferts internationaux que parmi ceux qui n'en avaient pas reçu. Pour l'éducation supérieure, cette proportion était encore plus élevée (Muhapatra-World Bank, 2010). On rappelle cependant que, comme dans de nombreuses autres enquêtes, ces données ne permettent pas d'isoler suffisamment les phénomènes d'endogénéité entre éducation, migration et envois de fonds.

On constate un phénomène de même nature en Asie qui se concrétise sur les effets probables des niveaux d'éducation. Pour les Philippines, pays le plus souvent cité, des enquêtes ont montré qu'une augmentation de 10 % des envois de fonds aurait pour effet de susciter, chez les jeunes de 17 à 21 ans, une augmentation de 10,5 % de la scolarité ainsi qu'une baisse substantielle des heures de travail pour les plus jeunes (Martinez et Yang, 2007). Les mêmes tendances sont constatées au Népal, au Pakistan et au Sri Lanka. De nombreuses monographies permettent aussi de constater que, lorsque ces ressources sont envoyées par les femmes migrantes, ces effets positifs sont beaucoup plus prononcés, ce qui conforte l'hypothèse que les femmes émigrent très souvent avec principalement l'intention de financer l'éducation des leurs enfants.

Des résultats divergents

Par contre, on relève aussi plusieurs études qui aboutissent à des conclusions opposées à cette tendance générale. Ces recherches ont mis en évidence des situations ou les envois de fonds auraient, au contraire, induit

[66] Cependant, certains travaux aboutissent à des résultats beaucoup moins favorables. Les envois de fonds ne seraient associés positivement à de meilleures performances scolaires que dans 6 pays d'Amérique latine sur 11 (Acosta a et al. 2008).

des effets négatifs sur le niveau d'éducation au sein des ménages bénéficiaires. Deux phénomènes de nature différente sont ici en cause : le premier, les effets perturbateurs de la migration elle-même ; le second, l'impact négatif des envois de fonds sur la fréquentation scolaire.

Premièrement, on distingue des situations où l'émigration augmente les risques de dislocation des familles. L'absence d'un ou des deux parents affecterait la cohésion familiale et entrainerait des conséquences négatives sur les performances scolaires des enfants. Une vaste enquête longitudinale menée en Thaïlande met en évidence les effets de l'absence parentale sur la fréquentation scolaire et le niveau de performance des enfants restés dans le pays. Dans les cas d'absence du père, les effets négatifs sont réels, mais minimes ; en cas d'absence de la mère, l'impact négatif est beaucoup plus important (Jampaklay, 2006). Deuxièmement, les envois de fonds eux-mêmes pourraient devenir, dans certains contextes, un facteur de diminution de la propension à la scolarisation. Ainsi, au Mexique, Lopez-Cardoza (2006) a calculé les effets positifs des envois de fonds sur la fréquentation scolaire des jeunes de 6 à 14 ans, et a relevé que cette tendance s'inverse pour les catégories d'âge de 15 à 17 ans. Ce phénomène est analysé en détail par McKenzie et Rapoport qui montrent que, à l'opposé des effets favorables tels que la diminution de la contrainte de liquidité des ménages pauvres qui facilite les investissements en éducation, deux autres facteurs, l'absence des parents et la plus forte propension des jeunes à émigrer plus tôt, peuvent avoir des effets négatifs sur la fréquentation scolaire. Ce phénomène s'explique par deux raisons. D'abord, l'absence d'un ou des deux parents peut contraindre les jeunes enfants ou adolescents à devoir consacrer plus de temps à la gestion de la propriété familiale. Ensuite, dans ces ménages fortement influencés par une culture de migrations, les adolescents sont eux aussi incités très tôt à s'organiser pour émigrer. Ainsi, dans certaines régions du Mexique, pour les jeunes garçons de 16 à 18 ans, la participation aux réseaux de scolarisation serait de 22 % inférieure à celles des ménages sans migrant. La diminution serait moins prononcée pour les filles pour lesquelles la différence serait de moins de 15 %. L'explication de ces auteurs serait que les migrants mexicains (dont une grande partie sont des illégaux) aux États-Unis sont principalement embauchés pour des postes de travail non qualifiés, ce qui aurait un effet désincitatif sur l'investissement en éducation. Dans ce contexte particulier, le rendement marginal d'une année supplémentaire d'éducation serait quasiment nul pour ceux qui souhaitent trouver un emploi aux États-Unis par rapport à ceux qui restent au pays (McKenzie et Rapoport 2011).

Cependant, la plupart de ces travaux ne répondent pas de manière satisfaisante au problème d'endogénéité, comme l'ont fait opportunément remarquer Ozden et Schiff (2006). Comment déterminer le sens de la relation causale entre dépenses d'éducation et transferts de ressources (Ozden et Schiff, 2006) ? Les envois de fonds sont-ils à l'origine de l'augmentation des dépenses d'éducation parmi les ménages bénéficiaires ou ceux-ci ont-ils investi en éducation pour faciliter ultérieurement l'accès au marché du travail des migrants dans les pays d'arrivée ? Ces questions illustrent la complexité de la relation « migration internationale-éducation ». On n'envisage ici que l'effet direct des envois de fonds sur le niveau d'éducation dans les pays de départ. Il faut aussi prendre en compte les « pertes » de capital humain provoquées par les départs de migrants hautement qualifiés. Il ne faut pas non plus négliger de prendre en considération les incitations à investir davantage en éducation, lesquelles sont stimulées par les perspectives de migrations internationales vers les pays à revenus élevés

Les dépenses de santé

Alors que l'impact des envois de fonds sur le niveau de l'éducation dans les pays de départ a fait, dans de nombreux cas, l'objet d'évaluations mitigées, il n'en est pas du tout de même concernant les effets positifs sur la santé qui, eux, font très largement consensus. Ces effets se concrétisent d'abord via les comportements de dépenses des ménages, de manière directe et aussi indirecte, et ensuite via les changements de l'environnement sanitaire des pays d'émigration.

Indirectement, l'augmentation des dépenses de nourriture, de logement et d'éducation favorise l'amélioration du niveau de santé au sein des ménages des migrants. Les effets de l'augmentation des dépenses d'éducation sur le niveau sanitaire de la population sont bien documentés. Une meilleure éducation accroit la prise de conscience des comportements à risque, elle favorise la participation aux programmes de prévention sanitaire et elle assure une meilleure prise en charge du traitement des maladies. De plus, la relation inverse entre niveau d'éducation et chute de la fécondité, vérifiée dans tous les pays, est un aspect très important de la diminution de la morbidité puisque l'espacement des naissances réduit la prévalence de la mortalité maternelle et infantile. La relation entre réduction de l'analphabétisme et chute de la morbidité et de la mortalité, de même que la relation entre envois de fonds et diminution de la mortalité infantile ont été vérifiées par un grand nombre d'enquêtes dans la majorité des pays d'émigration.

De manière directe, avec un revenu plus élevé grâce à l'apport des envois de fonds, les ménages ont la possibilité d'augmenter le budget des dépenses de bien-être et particulièrement de santé préventive et curative[67]. Ainsi, au Mexique, une augmentation de 1 % des envois de fonds entrainerait une diminution de 1,2 % de la proportion de décès d'enfants de moins d'un an (Lopez-Cardova, 2006). Grâce aux envois de fonds, les mères ont la possibilité de rester plus longtemps dans leur foyer pour s'occuper des nouveau-nés. L'enquête de Hildebrandt et McKenzie (2005) donne des résultats similaires pour le Mexique rural. Les enfants nés dans les ménages bénéficiant d'envois de fonds auraient une probabilité de 3 % inférieure que les autres de mourir avant la première année, et ils auraient aussi un poids moyen à la naissance plus élevé. D'autres enquêtes auprès des ménages en Afrique, en Asie et en Amérique latine fournissent des résultats similaires.

Dans une perspective plus globale, on dispose d'une étude de Chauvet et Mesplé-Somps (2009) basée sur un vaste panel de 109 pays et portant sur l'impact de l'aide étrangère et des envois de fonds sur la santé des enfants. Cette analyse mesure les progrès de la santé par les variations des taux de mortalité infantile et de mortalité infanto-juvénile entre les pays et au sein de ceux-ci. En ce qui concerne l'impact des envois de fonds, les effets positifs sur la santé sont bien établis, mais l'analyse invite à situer ces résultats dans le contexte de l'ensemble des conséquences des migrations internationales. Ainsi, si l'on prend en compte l'émigration de médecins des PVD, l'impact positif s'en trouve très atténué. Cette constatation rejoint les résultats de nombreux autres travaux sur les conséquences du « brain drain ». En se limitant à un échantillon de 47 pays, cette étude montre également que les effets positifs sur la santé profitent davantage aux enfants des ménages des quintiles supérieurs. Ainsi, si les envois de fonds réduisent effectivement la mortalité infantile dans la majorité des pays, ils contribueraient aussi, selon cette recherche, à augmenter les inégalités de santé à l'intérieur de ces pays.

Il convient aussi de distinguer les rôles des agents privés de ceux du secteur public dans la prise charge des besoins de santé. Sur un plan institutionnel, dans les pays où le système de santé n'a pas la capacité d'assurer une couverture d'assurance universelle et une offre de soins adéquate, la mobilisation des envois de fonds peut jouer un rôle important pour la mise en place et l'amélioration des services locaux et communautaires de santé publique. La santé est une des priorités des programmes internationaux d'aide qui concerne de nombreux partenaires du développement en plus de l'OMS. De plus en plus de ressources sont nécessaires pour financer des projets de santé primaire et de lutte contre les maladies transmissibles et non transmissibles. Les réseaux d'émigrés et les

[67] On notera cependant qu'au tableau 7.1, synthétisant l'affectation des fonds envoyés aux ménages pour les 5 pays africains analysés, le poste « santé » n'est jamais cité en première position.

institutions de la diaspora participent largement, par altruisme, à la réalisation de ces projets dans leur pays d'origine.

L'amélioration de l'éducation et de la santé accroît le niveau de bien-être des ménages qui perçoivent les fonds et aussi la qualité du capital humain. D'une manière générale, on s'accorde à considérer que les envois de fonds participent, sans néanmoins occuper un rôle primordial, à l'ensemble des pratiques encouragées pour réaliser les objectifs du Millénaire du développement (OMD) et les objectifs pour un développement durable qui les prolongent depuis 2015 : éliminer l'extrême pauvreté, réduire la mortalité infantile, assurer l'éducation primaire pour tous, promouvoir l'autonomisation des femmes et, par conséquent, diminuer le nombre total de personnes vivant sous le seuil de pauvreté. Les premières recherches d'Adams ont montré, après contrôle des risques de causalité inverse pour un échantillon de 71 PVD, qu'une augmentation de 10 % des envois de fonds circulant par les canaux officiels induisait une diminution de 3,5 % de la proportion de personnes vivant sous le seuil de pauvreté. Une étude du FMI (2006) réalisée avec un échantillon de 101 pays aboutit à des résultats presque similaires.

CHAPITRE 8

L'IMPACT DES ENVOIS DE FONDS SUR L'ÉCONOMIE DES PAYS D'ORIGINE

Au niveau macroéconomique, l'impact favorable des envois de fonds sur le taux de croissance économique est loin d'être confirmé par la majorité des études théoriques et empiriques. Dans un premier temps, on a surtout mis en évidence des effets positifs qui se manifestaient principalement dans certains secteurs d'activité spécifiques tels que la construction, le commerce de détail et les infrastructures. En ce qui concerne les grands agrégats macroéconomiques, les recherches ont souligné les changements qui améliorent de manière plus efficace la dotation en facteurs, l'accroissement des réserves en devises et l'amélioration de la balance des paiements, les effets positifs de la stabilisation des variations de la conjoncture économique et aussi, dans une moindre mesure, une très légère tendance à la baisse des taux d'intérêt[68]. Cependant, il est très difficile de préciser dans quelle mesure et dans quel sens la répartition des revenus est affectée par les envois de fonds. Dans une autre approche plus récente, par contre, de nombreuses analyses ont mis en évidence plusieurs aspects négatifs générés par les envois de fonds, particulièrement en ce qui concerne l'offre de travail et la compétitivité des pays bénéficiaires.

PREMIÈRE APPROCHE TRADITIONNELLE DES CONSÉQUENCES DE L'IMMIGRATION ET DES ENVOIS DE FONDS SUR LES PAYS D'ORIGINE

Selon l'analyse traditionnelle, l'émigration provoque pour le pays de départ une perte de « bien-être » qu'il est éventuellement possible de compenser ultérieurement par l'afflux d'envois de fonds. Avant d'examiner l'ensemble de ces arguments et des analyses plus récentes qui concluent que l'émigration engendre à la fois des effets positifs, mais aussi des conséquences négatives pour le pays d'origine, on présente d'abord le modèle classique dans ses grandes lignes.

---

[68] L'apport de liquidités de l'étranger permet aux ménages de s'adresser plus facilement au marché du crédit qui leur était inaccessible, mais il est peu probable qu'il en résulte un effet substantiel sur le niveau général des taux d'intérêt.

Le modèle simple

L'émigration d'une partie de la main-d'œuvre induit, à l'évidence, une augmentation de l'offre de travail dans le pays d'accueil et une diminution dans le pays de départ. Il en résulte une augmentation des salaires moyens des travailleurs restant dans le pays de départ et une diminution de la production et du revenu nationaux. Il en résulte aussi une augmentation du revenu total dans le pays d'accueil[69] et, évidemment, du revenu des migrants.

On distingue deux phases au cours de ce processus d'ajustement. Dans la première phase, ainsi que l'illustre le graphique 8.1., le déplacement de l'offre de travail de OQ à O1Q1 entraine une hausse du niveau général des salaires de LE à LD pour les travailleurs qui n'ont pas émigré (j+h) et une diminution de la production totale de LXAQ0 à LXCQ1. Les autres facteurs de production perdent les surfaces h et g. L'augmentation des salaires dans le pays de départ (du niveau A qui égalise la productivité marginale valeur du travail et l'offre de travail OQ, au niveau C avec la nouvelle offre O1Q1) dépend essentiellement de l'élasticité de la demande de travail. Si ce sont les travailleurs les moins productifs ou ceux qui sont sous-employés qui émigrent les premiers, l'effet sur les salaires sera faible et la perte de production sera minime. Si, par contre, ce sont des travailleurs plus compétents et qualifiés, l'effet sera plus substantiel et dépendra aussi en grande partie de l'impact de leur départ sur les autres facteurs de production. Qu'en est-il de la perte de bien-être illustrée par la surface g (le triangle CBA) ? Il s'agit d'un surplus ou rente ou encore du « deadweight loss ».

Avant leur émigration, tous les travailleurs migrants Q0Q1, comme le reste de la main-d'œuvre, étaient payés en fonction de leur productivité marginale valeur, soit OE. Par conséquent, leur départ provoque une perte de « bien-être » pour la population restante du pays d'accueil. Les divergences quant à la réalité de cette perte sont à l'origine des premières controverses théoriques dans les recherches d'économie des migrations et dans les analyses sur les conséquences de l'émigration d'une partie de la main-d'œuvre. Elles ont mis aux prises les auteurs de l'école « individualiste » qui mettaient en avant le choix personnel des migrants à la recherche de la maximisation du profit, et ceux de l'école « développementaliste » qui mettaient en garde contre les risques de pénurie en ressources humaines des PVD. Johnson (1968) fut l'économiste le plus représentatif des « cosmopolites » qui ne prenaient en considération que l'accroissement du

[69] On ne traitera pas ici des conséquences économiques dans les pays d'immigration. On précise si nécessaire qu'il n'y a évidemment pas de symétrie entre les deux mouvements et qu'il n'y a donc pas d'égalisation entre les niveaux des pertes et gains éventuels entre pays de départ et pays d'arrivée.

« bien-être mondial ». Patinkin (1968), lui, fut le porte-parole le plus emblématique des « nationalistes » qui mettaient principalement en garde contre la perte de ressources rares en capital humain dans les PVD.

GRAPHIQUE 8.1 : LES PERTES POUR LES PVD DÉCOULANT DE L'ÉMIGRATION D'UNE PARTIE DE LEUR MAIN-D'ŒUVRE

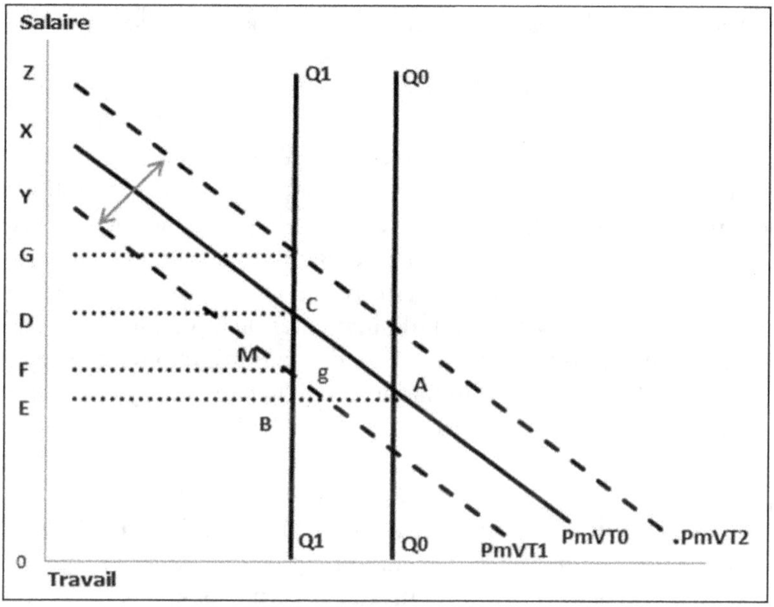

La question qui se posait d'emblée était de savoir comment définir les entités ou groupes d'individus qui seraient lésés ou favorisés[70]. L'argument « individualiste » a été synthétisé par Grubel et Scott (1966 : 270) qui affirmaient que, « dans une économie de marché où les personnes sont payées selon leur productivité marginale, l'émigrant, en partant, enlève en même temps sa propre contribution à la production nationale et le revenu qu'il percevait lui permettait d'en prélever une partie équivalente de sorte que le total des autres revenus restent inchangés ». Ce raisonnement individualiste et marginaliste repose sur l'hypothèse que les flux migratoires sont très peu élevés. Il s'agit d'une analyse statique qui suppose que ces diminutions infinitésimales le long d'une courbe de demande de travail parfaitement homogène n'affectent pas la productivité des autres facteurs de production, car la substitution entre eux serait parfaite et immédiate. Cette analyse fait, par conséquent, l'impasse sur les coûts d'ajustement à court terme de l'appareil de production, sur les coûts de formation et d'éducation des migrants supportés

[70] Pour une présentation détaillée des argumentaires développés dans les différentes thèses à l'origine de ces controverses, voir Feld (1982).

par les pays de départ, sur les retombées positives des externalités pécuniaires et technologiques, sur la sélectivité des flux migratoires, sur l'équilibre des finances publiques et sur les conséquences économiques des pertes de compétences et de personnel très qualifié qui sont fondamentaux pour initier et garantir le développement durable des PVD (Feld, 1982). Selon Grubel, Scott, si des effets négatifs se manifestaient, ils seraient largement compensés par les retombées technologiques, l'augmentation des connaissances scientifiques disponibles pour tous les pays et aussi par les envois de fonds.

Un deuxième effet qui découle de la persistance d'un flux migratoire important est aussi illustré au graphique 8.1. Outre la réduction de la production nationale et les modifications de la répartition des revenus entre les facteurs de production, l'émigration provoque, via la diminution de la demande globale, une deuxième contraction de la production totale. Avec une main-d'œuvre réduite, la consommation totale diminue dans le pays de départ. Les migrants ainsi que la main-d'œuvre restée au pays ont certes obtenu une hausse de leur revenu permettant d'augmenter leur demande de biens de consommation, mais, par rapport à la situation pré-migratoire, elle se répartira différemment en biens de consommation produits dans le pays de départ, dans le pays d'arrivée et dans le reste du monde. Il est probable que cette consommation supplémentaire s'orientera proportionnellement moins vers des biens produits dans les pays de départ. Il en résulte que, dans le pays de départ, la demande de travail diminuera passant de PMVT0 à PMVT1, la production totale enregistrera une nouvelle diminution équivalente à l'aire DFCM. Cette aire est représentée par LYMQ1. Le niveau général des salaires, sans retomber au niveau LE, diminue néanmoins de LD à OF[71].

Les migrants envoient une partie de leur épargne

Après ces développements, on aborde une seconde phase où l'on retient l'hypothèse que les migrants envoient une partie de leur revenu vers le pays d'origine plutôt que de le consommer ou de l'épargner dans le pays d'accueil. Cette ressource supplémentaire pour les ménages des migrants entraine une augmentation de la consommation de biens locaux et, dans une certaine mesure, une demande de travail plus élevée. Ainsi, bien qu'à la suite de la migration il y ait eu une diminution du volume de la main-d'œuvre, ensuite, grâce aux envois de fonds, celle-ci pourrait augmenter pour se situer au même niveau ou éventuellement à un niveau plus élevé qu'initialement. Le graphique 8.2 illustre cette situation. La droite représentant la PMVT (productivité marginale en valeur du travail) se déplace normalement vers la droite, et on peut raisonnablement faire l'hypothèse que la PMVT2 se situera

[71] Ce résultat repose sur l'hypothèse réaliste que la diminution de la demande globale XY est inférieure à l'augmentation initiale des salaires (ligne ED).

au-dessus de PMVT0. Cependant, la question est de savoir quelle sera l'ampleur de ce déplacement de la demande de travail : compense-t-elle partiellement ou totalement la perte de la production des migrants ou, plus encore, induit-elle une croissance économique dans le pays de départ ? On constate d'abord une hausse du niveau des salaires qui passe de LF à LG. Cette augmentation dépend à la fois de l'ampleur des flux migratoires par rapport au total de la main-d'œuvre ainsi que du niveau des envois de fonds. Comme le différentiel de productivité marginale du travail - et donc de revenu moyen entre pays d'origine et pays de destination - est très élevé, la part consacrée aux envois de fonds dépasse très probablement les salaires perçus par les migrants avant leur départ.

Toutefois, une évaluation plus adéquate nécessiterait de comparer les envois de fonds avec le niveau de l'épargne des migrants avant leur départ et non avec leurs salaires, afin de mieux mesurer l'effet sur le « bien-être » de la population restante. Dans l'hypothèse où le total des envois de fonds est supérieur à l'aire g du graphique 8.2, le revenu des travailleurs non migrants augmentera. Le résultat de l'émigration d'une partie de la main-d'œuvre est effectivement un gain de « welfare au niveau mondial » avec bien entendu des situations nationales diverses et avec des catégories de travailleurs gagnants et perdants. Se pose dès lors la question de l'identification et de la compensation des perdants. Le volume des envois de fonds est-il suffisant pour compenser la perte de production dans les pays de départ et, dans l'affirmative, s'agit-il du moyen le plus pertinent pour garantir cette compensation ?

Cette analyse souffre, on l'a indiqué, de trop nombreuses hypothèses simplificatrices. Ainsi, elle implique l'homogénéité des flux de migrants alors que ceux-ci sont formés de diverses catégories de travailleurs allant des moins qualifiés jusqu'aux très qualifiés. Or, ces derniers émigrent généralement après avoir accumulé un capital physique ou un capital humain supérieur à la moyenne nationale. Le ratio K/L risque dans cette hypothèse de se dégrader. Les envois de fonds compensent-ils la diminution de capital par tête ? Cette approche, qui se cantonne à un niveau strictement comptable, ne prend en considération qu'une partie de la problématique des retombées économiques des migrations entre les diverses entités concernées.

Les premières analyses du phénomène en statique comparative, bien qu'actuellement dépassées, ont néanmoins eu le mérite de présenter clairement le cadre général d'un phénomène qui, dans un premier temps, s'exprimait uniquement sur le mode polémique. Mais pour aller au-delà de cette analyse, il faut inscrire l'examen des mouvements migratoires dans un cadre de référence qui intègre les apports récents de la démographie, de l'économie du travail et de l'économie du développement.

GRAPHIQUE 8.2 : LES ÉMIGRANTS ENVOIENT
UNE PARTIE DE LEUR ÉPARGNE VERS LE PAYS D'ORIGINE

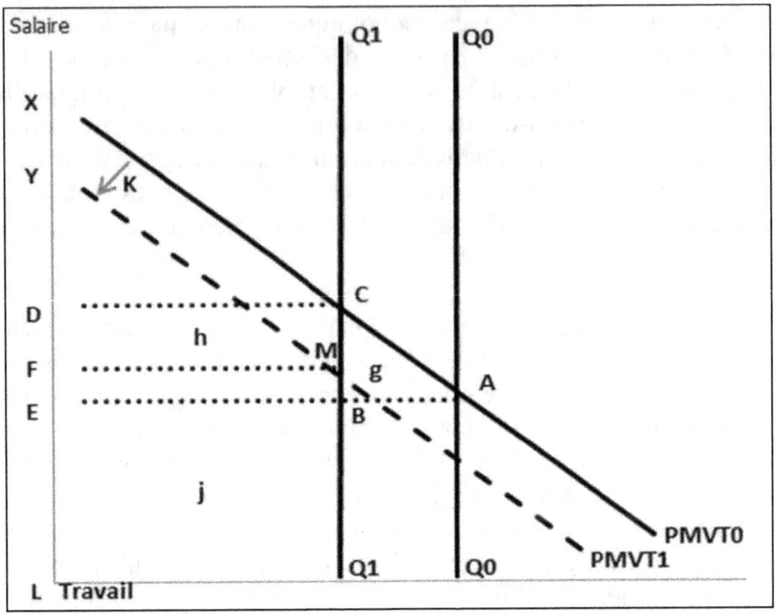

LES EFFETS DE L'ÉMIGRATION SUR LA CROISSANCE ÉCONOMIQUE

Les envois de fonds peuvent-ils générer des effets économiques négatifs ?

Contrairement à l'opinion qui avait longtemps prévalu dans la littérature au sujet des liens entre migration et développement, plusieurs études initiées par le FMI ont conclu que les envois de fonds influençaient négativement la croissance économique. Parmi les premières, celle réalisée par Chami et al. (2005), couvrant 113 pays sur une période de 29 années (de 1970 à 1998), concluait, de manière surprenante, à une forte corrélation négative entre envois de fonds et taux de croissance du PNB. D'après cette recherche, la nature même des envois de fonds ne les destinerait pas à s'orienter vers des activités productives, car la motivation principale à l'origine de ces flux ne repose pas sur la maximisation des profits. La comparaison avec les investissements étrangers montrerait qu'ils ont essentiellement une fonction de compensation à de piètres performances économiques et qu'elles ne représentent guère une source de capital mobilisable pour les projets de développement économique. Les mêmes auteurs confirmaient aussi dans une étude ultérieure la relation négative entre envois de fonds et croissance dans le long terme en incorporant d'autres variables explicatives analysées sur une période plus longue (Barajas et al., 2009). Ils soulignaient que les bénéficiaires ne font pas partie de la catégorie des entrepreneurs et que ces ressources extérieures ne contribuent ni à l'accumulation du capital, ni à l'augmentation quantitative et qualitative de l'offre de travail, ni même à l'amélioration de la productivité de l'ensemble des facteurs. Ils notaient, curieusement, que l'on ne pouvait citer aucune « success story » d'un seul pays d'émigration où les envois de fonds, même lorsqu'ils atteignent 10 % du PNB, auraient apporté une contribution significative à la croissance économique.

Dans la même démarche, Spatafora (2005), à l'issue d'autres études dans le cadre d'une évaluation du FMI, aboutit à des conclusions très semblables. Les régressions portant sur 101 pays pour la période 1970-2003 montrent l'absence de relations statistiquement significatives entre la croissance par tête et le ratio envois de fonds/PNB. Les modèles utilisés montrent qu'il n'y a pas de relation positive entre, d'une part, les ratios envois de fonds/PNB et, d'autre part, les ratios éducation/PNB et investissement/PNB. Un grand nombre de travaux ultérieurs n'apportent pas de réponse définitive : certains confirment la relation négative entre envois de fonds et taux de croissance, d'autres concluent à l'absence d'une relation significative.

Une surestimation du rôle des envois de fonds

Toutes ces remarques négatives ont, dans un premier temps, freiné l'engouement manifesté par de nombreux acteurs des politiques de développement qui avaient surestimé l'impact des envois de fonds dans leurs stratégies. Cependant, ces résultats critiques doivent, eux aussi, être nuancés. D'autres analyses économétriques ont conclu dans un sens beaucoup plus positif. C'était le propos de Faini (2007) qui, au terme d'une analyse couvrant 89 pays sur la période 1980-2004, constatait qu'une augmentation de 1 % du ratio des envois de fonds/PNB augmentait le taux de croissance du PNB de 0,08 %. Cet impact positif sur la croissance était cependant, précisait-il, largement dépendant de la présence de plusieurs incitants favorables aux investissements ainsi qu'à l'absence d'incertitudes politiques.

Des recherches plus récentes prenant en compte un plus grand nombre de variables aboutissent à des conclusions plus positives. Ainsi, au terme d'une analyse portant sur un panel de pays dont le PNB par tête est inférieur 1200 US$, Ziesemer (2012) relève plusieurs effets indirects positifs de l'émigration et des envois de fonds sur le niveau de l'épargne, sur les dépenses publiques consacrées à l'éducation, sur l'investissement et sur les taux d'alphabétisation.

Ces analyses économétriques, couvrant une très grande variété de pays sur des périodes relativement longues, ne peuvent pas éviter les difficultés d'interprétations dues à l'endogénéité des variables et aux relations de causalité inverse entre les envois de fonds et la croissance économique, ou bien entre les envois de fonds et le niveau d'éducation ou encore celui du niveau de pauvreté. Les recherches plus récentes ont clairement établi que l'efficacité des envois de fonds dépendait essentiellement de la qualité des infrastructures et des institutions afin de bien les canaliser vers des affectations stimulant la croissance. L'hypothèse que les périodes prises en compte dans l'analyse seraient trop anciennes mérite, elle aussi, d'être retenue. Dans le souci de disposer de séries chronologiques très longues, certaines recherches prendraient en compte, pour les premières années, des situations trop différentes de celles qui prévalent actuellement. Ainsi, le panel des pays bénéficiaires couvre une grande hétérogénéité de situations. La fiabilité et la couverture des données se sont, entre-temps, améliorées, les montants transférés sont beaucoup plus élevés, et les gouvernements ainsi que les organismes internationaux sont plus sensibilisés à l'impact potentiel de ces transferts et ils s'efforcent actuellement de mettre en place de procédures plus efficaces.

Suppléer les imperfections du marché du crédit

Face à cette dichotomie entre les analyses microéconomiques, qui mettent en évidence les aspects positifs, et les analyses macroéconomiques beaucoup plus réservées, l'approche proposée par la théorie de la Nouvelle Économie des Migrations (NEM) fournit quelques pistes intéressantes. En effet, il est incontestable que l'amélioration du niveau de vie des ménages bénéficiaires influence positivement la qualité et donc la productivité de l'ensemble de la main-d'œuvre. Toujours selon la théorie de la NEM, les effets positifs des envois de fonds sur la croissance se manifesteraient d'abord en corrigeant les imperfections des marchés et ensuite en stimulant les dépenses de consommation.

En principe, pour ce qui est des imperfections du marché, les envois de fonds offrent réellement aux ménages de plus nombreuses opportunités pour augmenter leur capacité d'entreprendre, d'investir ou plus simplement de pérenniser leurs activités économiques, car ils réduisent leur contrainte budgétaire. Les meilleures possibilités d'accéder au crédit bancaire des ménages bénéficiaires, petits indépendants ou agriculteurs, leur permettent d'éviter de recourir à des intermédiaires et des prêteurs plus coûteux. Dans nombre de PVD, les défaillances du système financier et la faiblesse de la couverture géographique des réseaux bancaires excluent la partie la plus pauvre de la population. La possibilité de réduire la contrainte de liquidité permet aussi d'accéder aux services proposés par le système financier. Il en résulte une augmentation significative de la proportion de la population titulaire de comptes bancaires, phénomène observable surtout en Amérique latine et en Afrique (Mohapatra et Ratha, 2011). Une étude couvrant une longue période pour environ une centaine de pays (1975-2002) arrive à la conclusion que les envois de fonds soutiendraient la croissance économique surtout dans les pays où le système financier est le moins développé parce qu'ils leur fournissent des canaux alternatifs d'investissement pour suppléer l'inefficacité ou même l'absence d'un marché du crédit (Giuliano et Ruiz-Arranz, 2009). En outre, les envois de fonds ont une fonction d'assurance à long terme qui est de nature à faciliter la prise d'initiatives nouvelles dans la mesure où ils diminuent l'exposition au risque des ménages, surtout parmi ceux qui sont les plus proches du minimum de subsistance (Stark et Katz, 1986). Cependant, d'autres recherches pointent certaines conséquences défavorables. Elles résulteraient d'une certaine propension des ménages bénéficiaires à s'engager inconsidérément dans des investissements beaucoup trop risqués ou improductifs à cause de leur manque d'expérience et de leurs compétences insuffisantes (Gapen et al, 2008).

Impact de l'emploi, de la consommation et des autres facteurs

En ce qui concerne les dépenses de consommation, de nombreuses monographies ont souligné que les dépenses des ménages des migrants constituaient aussi un facteur important de croissance dans les pays de départ. Plutôt que se limiter aux ménages qui reçoivent les envois de fonds, elles soulignent que leurs dépenses ont des répercussions sur le niveau de consommation de l'ensemble de la population et, par conséquent, qu'elles augmentent le revenu moyen de tous les membres des communautés urbaines ou rurales (Taylor, 2005). La théorie de la NEM, qui a par ailleurs fourni des analyses très pertinentes, s'appuie ici sur un mécanisme bien connu qui n'est autre que, simplement, l'application à une situation spécifique du multiplicateur keynésien du revenu et de l'emploi. Ces analyses montrent que les externalités positives de ces ressources supplémentaires, grâce à la propension marginale à consommer élevée des bénéficiaires, s'étendront au reste de l'économie. C'est le rôle central du multiplicateur qui fonde actuellement en grande partie les programmes initiés par la Banque mondiale et qui est encouragé par la plupart des institutions internationales misant sur l'« effet de levier » à partir des dépenses générées par les premiers bénéficiaires[72] (Ratha, 2007).

[72] Le « High Level Dialogue on Migration and Development » et le « Global Forum on Migration and Development », organisations liées à l'ONU, en sont les acteurs idéologiques et politiques les plus influents.

On l'a rappelé, l'émigration de main-d'œuvre implique généralement pour le pays d'origine une perte de production, mais aussi des pertes d'externalités technologiques résultant du départ d'une partie de la main-d'œuvre dotée des compétences techniques et scientifiques indispensables au développement économique. L'apport de ressources extérieures fourni par les envois de fonds peut-il compenser ces pertes ? On relève aussi d'autres « retombées » positives pour les pays d'origine qui, tout en n'étant pas strictement de même nature que les envois de fonds, s'y rattachent néanmoins, car elles s'inscrivent dans la même démarche. D'abord, les retours des migrants ayant acquis de nouvelles compétences vont-ils concrètement profiter à la société d'origine ? Ensuite, la mise en place de canaux de transfert des connaissances technologiques se déroulera-t-elle de manière efficace[73] ? L'évaluation quantitative de ces effets est évidemment beaucoup plus difficile à établir. Par ailleurs, dans la mesure où les envois de fonds rempliraient effectivement une fonction de compensation, certains chercheurs soutiennent l'hypothèse qu'ils risquent d'affaiblir la volonté politique d'entreprendre des réformes nécessaires. En effet, s'il est possible d'anticiper des envois de fonds compensatoires qui garantiraient, de manière exogène et permanente, des ressources pour atténuer les difficultés économiques des ménages, les pouvoirs publics pourraient être tentés de rester plus durablement inertes. C'est une des manifestations particulières des liens souvent relevés entre envois de fonds et dépendance (ou accoutumance) à l'émigration. On peut aussi considérer qu'il s'agit d'une des modalités de l'aléa moral examiné plus loin, bien que cet argument soit pertinent aussi s'agissant de l'aide publique étrangère. Plusieurs études ont souligné que le caractère permanent de l'afflux de ressources de l'étranger constituait une forte incitation pour les ménages à accroitre de façon durable leur propension aux dépenses de consommation au détriment d'autres affectations plus productives.

En conclusion, alors que le volume des envois de fonds a explosé ces dernières années, des évaluations contradictoires de leur impact sur le taux de croissance du PNB incitent à s'interroger sur la faisabilité de les mesurer avec suffisamment de précision. C'est la question posée par deux chercheurs qui pointent dans « Why Don't Remittances Appear to Affect Growth » les limites méthodologiques de la plupart de ces analyses (Clemens et McKenzie, 2014). Ils formulent 3 types de critiques. D'abord, il y aurait une surestimation de la croissance du volume des envois de fonds (79 % du chiffre de cette augmentation entre 1990 et 2010 serait le résultat d'erreurs de mesure). Ensuite, les régressions transversales à partir de panels nationaux ne permettraient pas de saisir, sur la longue durée, l'impact des

[73] On a préféré présenter ces effets dans la partie consacrée au brain drain.

variations du volume et de la nature des envois de fonds sur le taux de croissance du PNB/habitant de pays caractérisés par des structures économiques et sociales fortement dissemblables. Enfin, les variations des stocks d'envois de fonds dans chaque pays devraient être comparées aux variations des stocks de migrants. Le volume des envois de fonds résulte en grande partie de l'augmentation de flux migratoires, ce qui entraine une diminution de l'offre de travail dans les pays d'émigration. Se pose de nouveau la question de la possibilité d'évaluer dans quelle mesure les ressources externes compensent les pertes de production provoquées par la diminution du volume de la main-d'œuvre nationale. Ces critiques rendent, selon eux, illusoires les tentatives qui ont pour objet d'attribuer, même partiellement, l'évolution du taux de croissance du PNB par habitant à l'augmentation des envois de fonds.

LES ENVOIS DE FONDS, LES EXPORTATIONS ET LA BALANCE EXTÉRIEURE

Les envois de fonds permettent d'améliorer la balance des paiements des pays d'origine. Cependant, si les bénéficiaires de ces envois de fonds manifestent une très forte propension à consommer des biens d'importation, il pourrait en résulter une aggravation du déséquilibre des comptes extérieurs. Les changements du volume et de la composition des flux d'importations dépendent en grande partie du comportement des ménages. Dans la mesure où une majorité d'entre eux appartiennent aux catégories aux revenus bas, on peut faire l'hypothèse qu'ils consacreront l'essentiel de l'augmentation de leurs ressources à l'achat de biens de première nécessité produits localement. Bien entendu, il subsiste des incertitudes concernant les montants précis de ces transferts puisqu'une grande partie échappe à tout contrôle en passant par les circuits informels. Il convient aussi de prendre en compte les importantes différences entre pays concernant la couverture et la qualité de la collecte des données.

Les envois de fonds et les exportations

Pour comparer correctement les ressources fournies par les envois de fonds à celles résultant des exportations, il est nécessaire de prendre en considération de nombreux facteurs aussi divers que le poids économique et démographique des pays d'origine, la durée et l'importance des flux migratoires par rapport à la population totale, l'intégration de l'économie au commerce international, le niveau de développement, la structure du système de production, mais aussi les caractéristiques de la politique migratoire. On distingue trois situations bien spécifiques. D'abord, dans la première, on rassemble les 10 pays qui reçoivent les montants les plus élevés d'envois de fonds en valeur absolue. Dans la deuxième, on classe les 10 pays en fonction du pourcentage des envois par rapport au PNB par habitant. Ensuite, dans la troisième, on examine les situations particulières du groupe des pays en développement les plus pauvres.

Le tableau 8.1 présente les 10 premiers pays bénéficiaires des envois de fonds en valeurs absolues pour l'année 2016 et en pourcentage du volume de leurs exportations. Cette liste ne s'est guère modifiée depuis plus de 5 ans, à l'exception de la sortie de l'Ukraine et de l'arrivée de l'Indonésie. Les chiffres absolus et les proportions ont néanmoins connu des évolutions substantielles qui résultent d'une part de la stagnation du commerce international, mais aussi des variations du cours des devises utilisées pour les transferts et des mouvements de main-d'œuvre émigrée.

TABLEAU 8.1 : LES 10 PRINCIPAUX PAYS BÉNÉFICIAIRES D'ENVOIS DE FONDS - CHIFFRES ABSOLUS - NIVEAU DES EXPORTATIONS - ENVOIS DE FONDS EN POURCENTAGE DES EXPORTATIONS (MILLIARDS DE US$) - 2015-2016*

	Envois de fonds (milliards US$ 2016)	Exportations totales (milliards US$ 2015)	Envois de fonds en pourcentage des exportations
Inde	62,7	288	21,7
Chine	61,0	2275	2,6
Philippines	29,9	59	50,6
Mexique	28,5	430	6,6
Pakistan	19,8	24	82,5
Nigéria	19,0	51	38,8
Egypte	16,6	21	79,0
Bangladesh	13,7	30	45,6
Vietnam	13,4	159	8,4
Indonésie	9,2	153	6,0

(*) : OMC, (2015), tableau et annexe A6 et calculs de la Banque mondiale à partir de IMF, *Balance of payments, Statistics Yearbooks*.

Les deux premiers pays bénéficiaires sont évidemment la Chine et l'Inde qui ont le poids démographique le plus élevé au monde. Cependant, la différence est très importante entre ces deux pays en ce qui concerne le poids des envois de fonds par rapport à leurs exportations. Pour la Chine, les envois de fonds ne représentent qu'une source négligeable de revenus en comparaison des recettes d'exportation, contrairement à l'Inde où l'émigration est une composante importante de l'économie nationale. Ces contrastes traduisent les différences des modèles de croissance et aussi la place que ces deux pays occupent dans le processus de mondialisation des échanges commerciaux. Pour de grands pays moyennement industrialisés et très peuplés, à forte croissance démographique et qui se sont engagés depuis de nombreuses années dans des politiques d'émigration massive de main-d'œuvre, comme les Philippines, l'Égypte, le Nigéria, le Bangladesh et le Pakistan, les envois de fonds représentent entre 50 % à 79 % des recettes d'exportations. C'est beaucoup plus que le Mexique fréquemment cité parmi les principaux bénéficiaires. Pour un certain nombre de pays, les recettes provenant des envois de fonds sont plus élevées que celles obtenues du principal poste de la balance commerciale. Ainsi, elles sont plus élevées que les recettes obtenues par le tourisme au Maroc et par les exportations du thé au Sri Lanka.

Par contre, à l'examen des caractéristiques des pays classés selon le pourcentage des envois de fonds en fonction du PNB (tableau 8.2), la configuration d'ensemble qui se dégage met en évidence des situations tout à fait différentes qui, dans une large mesure, s'écartent considérablement du profil habituel auquel on s'attendrait si l'on prend en compte le poids respectif des diverses sources des recettes internationales.

Le tableau 8.2 présente d'abord le classement pour l'année 2016 des 10 pays qui reçoivent le pourcentage le plus élevé des envois de fonds par rapport à leur PNB. Dans une deuxième partie, il présente le pourcentage de ces envois de fonds par rapport aux recettes d'exportations. Contrairement au tableau 8.1, l'ordre de classement des pays est sujet à des fluctuations importantes sur de très courtes périodes. Contrairement aux autres PVD bénéficiaires de ressources internationales, la fragilité de ces pays se répercute par des variations de recettes d'exportations ou d'envois de fonds de plusieurs centaines de pourcents, parfois seulement en deux ou trois ans. La composition de cette liste est principalement influencée par les crises économiques, politiques et climatiques (par exemple à Haïti). Elle comprend essentiellement des pays très pauvres (auxquels il faudrait ajouter le Liban, pays avec un PNB élevé, mais qui depuis des décennies connaît une émigration importante).

La grande partie d'entre eux sont des pays d'Europe de l'Est et d'Asie centrale qui ont émergé sur le marché international du travail après l'éclatement de l'Union soviétique. C'est le cas du Kirghizistan où les envois de fonds représentent 34,5 % du PNB et 103 % des exportations, et du Tadjikistan où ils représentent 26,9 % du PNB et 320 % des exportations. La place qu'occupe actuellement le Népal résulte de l'émigration massive de main-d'œuvre en réponse à la demande des pays du golfe Persique engagés dans de très vastes programmes de grands travaux immobiliers d'infrastructure. Si l'on poursuit cette analyse au-delà des 10 premiers pays retenus dans ce tableau, on ne relève plus que des pays à très bas niveau de développement économique, à faible population, de petite taille, sans appareil de production diversifiée, bref des pays qui correspondent fondamentalement à la catégorie des petites économies insulaires largement dépendantes des apports extérieurs.

TABLEAU 8.2 : LES ENVOIS DE FONDS EN POURCENTAGE DU PNB. LES 10 PRINCIPAUX PAYS - VOLUME TOTAL DES ENVOIS DE FONDS ET DES EXPORTATIONS - POURCENTAGE DES ENVOIS DE FONDS PAR RAPPORT AUX EXPORTATIONS - 2016*

	Envois de fonds (pourcentage du PNB)	Exportations (millions US$) **	Envois de fonds (millions US$)	Envois de fonds (pourcentage des exportations)
Kirghizistan	34,5	1933	1997	103,3
Népal	29,7	924	628	67,9
Libéria	29,6	440	642	69,5
Haïti	27,8	1029	2268	220,4
Tadjikistan	26,9	555	1778	320,3
Moldavie	21,7	1967	1444	73,4
Gambie	20,4	102	181	177,4
Honduras	18,4	7759	3845	49,5
Jamaïque	17,6	1192	2439	204,6
Lesotho	17,5	941	316	33,6

(*) : World Bank (2017b) database et CIA (2017).
(**) : Pays de plus de 1 million d'habitants
(***) : Chiffres de 2015, 2014 et de 2013 selon les pays.

On rappellera qu'il faut cependant prendre ces chiffres avec les précautions d'usage. Ainsi, pour certains pays repris à la fois dans le tableau 8.1 et dans le tableau 8.2, on constate de grandes différences entre les chiffres fournis par la CNUCED et ceux calculés à partir des données pour chaque pays provenant de « Immigration and Remittances Unit » de la Banque mondiale.

L'impact des envois de fonds sur les pays les moins développés

Pour évaluer l'impact des envois de fonds sur le développement des pays bénéficiaires et principalement pour mesurer leur importance par rapport aux autres ressources extérieures, il ne convient pas de se focaliser sur quelques situations particulières, mais il faut, de préférence, élargir l'analyse à un groupe plus vaste qui inclut le plus grand nombre des pays classés parmi les moins développés.

La CNUCED a analysé spécifiquement la situation des 48 pays « les plus pauvres » définis selon les critères établis par ECOSOC pour la longue période 1980-2017. On rappelle que, pour ce groupe de pays, la collecte des données des envois de fonds y est souvent déficiente et tous n'utilisent pas une même méthode standardisée. On peut aussi rappeler l'hypothèse que c'est dans les pays les plus pauvres que les transferts par les canaux informels sont les plus importants par rapport aux autres pays à revenus moyens intermédiaires. Globalement, pour ce groupe de pays, le volume total des transferts a connu une augmentation substantielle de plus de 400 %, passant de 6,3 milliards US$ en 2000 à 27 milliards US$ en 2011. La distribution des envois de fonds au sein de ce groupe de pays bénéficiaires est très concentrée, comme on l'avait déjà souligné pour la totalité des envois de fonds au niveau mondial. Ainsi, trois pays seulement, le Bangladesh, le Népal et le Soudan, reçoivent 66 % du total mondial de ces flux (UNCTAD, 2012). Malgré cette forte augmentation en chiffres absolus au cours de ces 30 dernières années, les envois de fonds, calculés en pourcentage du total des exportations, ont connu une diminution de moitié de 28 % à 14 %. Deux facteurs expliquent cette tendance. Premièrement, les pays les moins développés ne perçoivent qu'une partie relativement faible du volume total des envois de fonds. Deuxièmement, plusieurs d'entre eux participent actuellement de manière beaucoup plus dynamique au processus d'accélération de la mondialisation. Leur plus forte implication dans le commerce mondial a stimulé leurs exportations alors que leur situation était beaucoup plus périphérique auparavant. Néanmoins, exprimée en volume, l'augmentation des envois de fonds pour la moyenne de ces pays est substantielle, passant de 7 US$ par tête en 1990 à 30 US$ par tête en 2011. Dans le groupe des pays moyennement développés, par contre, la part des envois de fonds par rapport aux recettes des exportations était beaucoup plus basse, et elle a encore diminué au cours de cette dernière période de 8,5 % à 4,5 %.

Les comparaisons des ratios envois de fonds/exportations entre 1998 et 2012 ne permettent pas de dégager une tendance claire au sein du groupe des pays les moins développés. Ces ratios évoluent sur une vingtaine d'années dans les deux sens en fonction des types de développement, de l'ampleur des mouvements migratoires et de la participation dans le commerce international. Ainsi, la proportion des envois de fonds par rapport aux recettes d'exportation a connu une très forte croissance au Bangladesh, à Haïti (159 %), au Népal (214 %), au Sénégal, au Soudan, en Gambie, en Guinée-Bissau et au Togo. Par contre, ce ratio a fortement diminué au Lesotho, en Ouganda, au Soudan, au Yémen et en Sierra Leone (UNCTAD, 2012). Pour la majorité des pays de ce groupe, l'examen de ces tendances amène à constater que les envois de fonds ne jouent finalement pas un rôle capital. Les flux migratoires sont proportionnellement beaucoup plus faibles que ceux des autres pays dont l'histoire migratoire est plus ancienne. En outre, surtout s'agissant des pays d'Afrique subsaharienne, les migrants se dirigent majoritairement vers les autres pays africains limitrophes où le niveau des revenus n'est pas beaucoup plus élevé et, par conséquent, le montant des envois de fonds est plus modeste que celui des migrants installés dans les pays développés. Ainsi, seulement 30 % des migrants de cette région se sont installés en Europe et aux États-Unis.

Distinguer selon les catégories de pays en développement ne suffit cependant pas pour bien cerner la portée réelle des divers apports financiers extérieurs. Ainsi, même dans la catégorie des pays les plus pauvres, un groupe composé de 9 pays se démarque nettement, car, pour ceux-ci, les envois de fonds officiels au cours des dernières années ont dépassé le total cumulé de l'aide publique extérieure et des investissements directs étrangers[74].

LES ENVOIS DE FONDS, FACTEUR DE STABILISATION

Le rôle des envois de fonds ne se limite pas seulement à fournir des ressources externes supplémentaires aux pays d'origine des migrants. Ils jouent aussi un rôle important sur deux autres plans : ils sont à la fois un facteur stabilisateur et aussi un instrument contra-cyclique réduisant les déséquilibres macroéconomiques dans les pays d'émigration. Par conséquent, ils permettent de freiner la chute du niveau de vie des ménages dans les situations de crise.

La fonction stabilisatrice des envois de fonds

La tendance générale des flux

Les flux de capitaux générés par les migrations ont connu une progression constante durant de nombreuses années, mais surtout ils ont évolué de manière bien plus régulière que les flux de l'aide publique extérieure, que les participations financières externes ou même que les investissements directs étrangers. Le graphique 5.1 a permis de comparer le profil des envois de fonds à celui des autres flux. Ceux-ci sont naturellement beaucoup plus volatils, car ils sont soumis à la conjoncture économique des

[74] Le Bangladesh, Haïti, le Lesotho, le Népal, les Samoa, le Sénégal, le Soudan, le Togo et le Yémen (UNCTAD, 2012 : 63).

pays d'accueil et aux aléas politiques des pays d'origine. Au cours de ces dernières années, le taux de croissance annuel mondial des envois de fonds a, quant à lui, connu un rythme élevé : il était de 8,5 % en 2010, de 11,5 % en 2011, de 5,5 % en 2013. Après une diminution de -1,7 % en 2015, la Banque mondiale prévoit des taux de croissance de 4 % au cours des prochaines années (Word Bank, 2016).

Pour un grand nombre de pays de départ et d'accueil, plusieurs analyses ont mis en évidence l'importance de ce processus de lissage qui ne se retrouve pas avec les flux d'investissements. Les données sur les mouvements des envois de fonds dans la plupart des couloirs bilatéraux montrent très clairement un effet contra-cyclique par rapport aux revenus de la main-d'œuvre dans les pays d'origine et aussi un effet pro-cyclique par rapport aux revenus dans les pays d'accueil (Frankel, 2011). Sur la période 1980-2010, selon la CNUCED, la volatilité des flux extérieurs était deux fois plus élevée pour l'aide publique, quatre fois plus élevée pour les investissements extérieurs, et huit fois plus élevée pour les recettes d'exportation[75] (UNCTAD, 2012).

La régularité de ces flux dépend largement des comportements des migrants, mais aussi, en grande partie, de la situation économique et politique qui prévaut dans les pays d'accueil. La crise économique a eu pour effet de réduire la demande de travail étranger dans un grand nombre de pays d'accueil. Au niveau mondial, les flux migratoires ont connu un fléchissement dans les années qui ont suivi la crise en 2008 et aussi en 2015. L'augmentation du sous-emploi des migrants et la baisse de leurs revenus ont eu pour effet de réduire leur capacité à transférer une partie constante de leur épargne. Les variations des taux de change ont aussi eu un impact significatif : la dépréciation du dollar a réduit la valeur des flux provenant des États-Unis et des autres pays dont la monnaie nationale est liée à cette devise. La croissance de ces flux a connu un brusque retournement puisque, pour l'année 2015, les prévisions de la Banque mondiale avaient annoncé un taux de croissance à 10 %, alors qu'il fut de -1,7 % (+ 0,4 % pour les PVD). Cette chute, la première depuis la crise de 2008, remet-elle en question pour l'avenir la fonction stabilisatrice des envois de fonds qui faisait l'unanimité jusqu'à présent ?

Plusieurs évènements expliquent ce phénomène conjoncturel. D'abord, les troubles politiques et les soubresauts économiques perturbent la libre circulation des individus et des capitaux. Par conséquent, ils infléchissent les

[75] Calculée par la CNUCED en fonction de la déviation standard des flux des entrées par rapport au PNB.

flux migratoires et les flux des envois de fonds. Cette instabilité risque-t-elle de se prolonger ? Une analyse au niveau régional permet de mettre en relief l'impact des principaux facteurs géoéconomiques. Ainsi, le montant des envois de fonds a, au cours de 2015, diminué de 20,3 % en Europe de l'Est et en Asie centrale ; il a baissé de 0,9 % au Moyen-Orient ; il s'est maintenu à un niveau bas en Afrique subsaharienne avec 1,0 %, mais il a augmenté de 4,8 % en Amérique latine. La chute en Europe de l'Est et en Asie centrale est le résultat de la diminution de l'activité économique de la région, de la chute importante du rouble russe et de l'effondrement du prix du pétrole. Au Moyen-Orient, la diminution s'explique par les conflits armés et par la diminution du cours du brut des États du Golfe qui ont abouti à des licenciements et des départs massifs de travailleurs migrants. En Amérique latine, par contre, les envois de fonds ont continué à augmenter grâce à la reprise économique et à la vigueur du marché du travail aux États-Unis. Dans une autre perspective, plusieurs auteurs soutiennent que les envois de fonds représentent une sorte de modalité d'un « free lunch » dans la mesure où, contrairement à tous les autres revenus financiers d'origine externe, ils sont disponibles sans aucune conditionnalité ni engagement financier ultérieur à charge des pays bénéficiaires. D'une part, ils sont moins volatils que les autres flux, mais plus encore, ils contribuent à réduire les déséquilibres macroéconomiques externes et internes.

La stabilisation des déséquilibres macroéconomiques

Premièrement, pour ce qui concerne les déséquilibres des comptes externes, les envois de fonds offrent la possibilité d'abaisser les seuils limites de référence de la dette publique. Ils ont pour effet de contribuer à l'amélioration de la notation de la dette souveraine de ces pays, et donc de consolider une évaluation plus favorable de la soutenabilité de leurs déficits (World Bank, 2013a). Ainsi, en 2009, un Programme-cadre commun mis en place par la Banque mondiale et le FMI a pris en compte, pour la première fois, le volume des envois de fonds reçus par les pays d'émigration, ce qui a eu pour conséquence de relever les taux d'endettement autorisés. Dans ce programme, l'incorporation de ce paramètre a eu pour effet de relever la notation de la dette. Cette disposition a déjà profité à une catégorie de pays caractérisés à la fois par un ratio de 10 % des envois de fonds par rapport au PNB et un ratio de 20 % des envois de fonds par rapport aux exportations. Jusqu'à présent, la Bolivie, le Vietnam, le Zimbabwe, l'Arménie, le Lesotho, le Népal et le Sénégal en ont bénéficié[76]. Deuxièmement, pour ce qui est de la dette intérieure, une étude récente du FMI a pour objectif de déterminer la

[76] IMF, (2013), Interim Guidance on the Use of Remittances in the Debt Sustainability Framework for Low-Income Countries.

place que pourraient tenir les envois de fonds dans la problématique de la soutenabilité de la dette publique. Jusqu'à très récemment, on ne considérait pas que les envois de fonds pouvaient être pris en considération dans la mise en œuvre des mesures à activer pour réduire le ratio dette publique/PNB. Les autres ressources internationales alimentent directement les recettes des budgets nationaux, alors que les envois de fonds, qui ne jouent qu'un rôle indirect via l'augmentation des dépenses de consommation des ménages, étaient, jusqu'il y a peu, largement négligés. Grâce à ces flux, l'assiette de l'impôt devient plus large, car le revenu disponible est plus élevé. Ceci donnerait plus de latitude aux gouvernements pour engager un niveau plus élevé de dépenses publiques. Les envois de fonds permettent d'augmenter les dépenses de consommation ainsi que l'épargne des ménages. La taxation supplémentaire sur la consommation et sur les biens importés des ménages bénéficiaires (les deux sources principales de recettes publiques dans les PVD) augmenterait les recettes fiscales des pays de départ. En plus, l'augmentation de l'épargne des particuliers favoriserait une demande plus élevée de titres obligataires du secteur public. Les efforts de réduction des déficits et les ajustements budgétaires seraient, par conséquent, plus faciles à maitriser. Cependant, pour fonctionner le plus efficacement, ce processus implique nécessairement que le taux de croissance des envois de fonds reste constamment supérieur au taux de croissance du PNB (Abdih, Chami et al., 2009).

Les envois de fonds en réponse à une situation de crise ou de désastre naturel

Les désastres naturels et sanitaires provoquent des bouleversements dans les flux migratoires, dans le comportement des diasporas concernées et aussi dans le volume des fonds apportés en aide aux victimes. L'action des diasporas qui interviennent massivement et très rapidement est bien documentée. Elles jouent aussi un rôle important pour la sensibilisation de l'opinion publique des pays d'accueil et pour la mobilisation de l'aide des migrants. Elles interviennent via divers canaux tels que les programmes de reconstruction, les aides d'urgence en nature et la coordination avec les institutions locales et les ONG.

De nombreuses études permettent d'observer clairement des augmentations importantes et rapides des envois de fonds des migrants dans plusieurs pays pendant les années marquées par l'émergence de crises économiques (Mexique : 1995, Corée et Philippines : 1997), de guerres, de conflits politiques et de désastres écologiques dans leurs pays d'origine (Haïti, Népal : 2011 et 2015). Cette contribution des migrants destinée à garantir le niveau de consommation de leurs familles confirme l'importance, parmi les facteurs de l'émigration, des stratégies d'assurance et des motivations altruistes. Par contre, les envois de fonds pour des motifs d'investissement sont vraisemblablement affectés négativement par la détérioration des infrastructures économiques et la désorganisation des marchés. Plusieurs analyses macroéconomiques et microéconomiques récentes fournissent des informations complémentaires sur le déroulement de ce processus en mettant en lumière les effets *ex ante* mais aussi les effets *ex post* de ces flux. Ainsi, *ex ante*, dans plusieurs pays, les envois de fonds ont permis de financer des projets et de mettre en œuvre des mesures afin d'intervenir préventivement pour tenter de réduire les défaillances et les risques qui sont souvent à l'origine des catastrophes naturelles. Dans d'autres cas, plus nombreux, ces flux, en augmentation, permettent de financer les programmes pris après coup. Plusieurs pays (Bangladesh, Éthiopie, Haïti, Ghana, Burkina Faso, Indonésie, Pakistan) caractérisés par une émigration importante ont été victimes de disettes, de sécheresses, d'inondations, de cyclones, de tremblements de terre ou de tsunamis, et ils ont bénéficié, à la suite de ces catastrophes, d'une croissance substantielle des flux de transferts (Mohapatra, Joseph et al., 2012). Ces transferts ont donc largement contribué à réduire la précarité des populations les plus vulnérables aux catastrophes naturelles.

La plus grande diversification géographique actuelle des sources d'envois de fonds a pour effet d'atténuer l'impact d'une situation défavorable dans un pays d'immigration. Une étude de la Banque mondiale a relevé plusieurs des facteurs qui expliquent cette forme de « résilience » des envois de fonds malgré les circonstances défavorables. Parmi celles-ci, on relève d'abord que c'est le stock de migrants présents de longue date dans le pays d'accueil qui est principalement à l'origine des envois de fonds, et non les vagues plus récentes de migrants qui doivent faire face aux difficultés de leur insertion sur le marché du travail. Ensuite, cette même étude constate que peu de mouvements de retour furent provoqués par la crise, mais par contre que les migrants qui sont revenus ont ramené avec eux toute leur épargne. Enfin, elle montre aussi que les migrants ont globalement bien absorbé le choc de la diminution de revenus et qu'ils ont maintenu inchangé le montant de leurs transferts (Mohapatra et Ratha, 2012).

La Banque mondiale a récemment rassemblé des données sur un grand nombre de PVD qui ont subi de très graves calamités naturelles affectant au moins 10 % de la population. Les envois de fonds augmenteraient de manière modérée dans les années qui suivent ces catastrophes. L'augmentation serait pour tous ces PVD de 2 % du PNB la première année et elle atteindrait 5 % la troisième année (World Bank, 2016). Les troubles politiques ont des effets plus profonds et plus durables que les variations de la conjoncture économique, car, dans de nombreux cas, ils ont entrainé des mesures d'expulsions de travailleurs étrangers ou des départs brusques et massifs, principalement en Afrique subsaharienne, en Libye et dans plusieurs pays du Moyen-Orient. Par exemple, l'expulsion de travailleurs migrants égyptiens a tari drastiquement et durablement les revenus d'une proportion considérable des ménages de ces migrants.

OPINIONS DIVERGENTES.
LES CONSÉQUENCES NÉGATIVES DES ENVOIS DE FONDS

L'aléa moral et l'offre de travail

À l'encontre du consensus qui avait prévalu très longtemps, certains travaux ont recensé plusieurs conséquences négatives des envois de fonds sur l'économie des pays bénéficiaires. Parmi ceux-ci, le phénomène de l'aléa moral est l'un des principaux arguments développés.

La diminution de l'offre de travail

Une des premières critiques formulées par Chami et ses collègues du FMI à l'encontre de la quasi-unanimité des appréciations positives des envois de fonds se fonde sur le principe de l'aléa moral (Chami et al., 2003). Dans l'hypothèse où les envois de fonds sont fondamentalement réalisés sur la base de motivations altruistes, les familles bénéficiaires auraient la possibilité de maintenir ou même d'augmenter leur niveau de consommation tout en pouvant se permettre de réduire leurs efforts productifs. Par conséquent, d'une part, les envois de fonds fournissent des opportunités de crédits et de liquidités nécessaires à des projets d'investissement et ils favorisent donc des créations d'emplois, mais d'autre part, ils auraient pour autre conséquence de diminuer le taux de participation au marché du travail des membres des familles bénéficiaires. Il s'agit d'un argument à l'opposé de celui défendu par la théorie NEM qui insiste surtout sur les avantages du « multiplicateur de l'emploi » des envois de fonds qui seraient élevés au sein des communautés d'origine des migrants.

Si l'hypothèse de l'aléa moral est confirmée, elle se concrétisera par une augmentation du salaire de réservation auquel les membres de certains ménages de migrants acceptent de participer au marché du travail du pays d'accueil. Il en résulte une diminution de l'offre globale de travail. Selon cette hypothèse, les bénéficiaires adopteraient un comportement différent selon que leur revenu provient uniquement de leur travail ou qu'il est obtenu, partiellement, par une autre source. Dans ce deuxième cas, on constaterait un effet de substitution très élevé entre revenu supplémentaire et participation au marché du travail. Ce phénomène sera encore plus marqué si le différentiel de revenu entre pays de départ et pays d'arrivée est très élevé, et par conséquent, si le niveau des envois de fonds est proche de celui des salaires dans le pays de départ.

Il n'est certes pas possible de mesurer avec précision l'impact de ces deux mouvements opposés sur le volume global de l'offre de travail dans le pays de départ. Il importe donc de bien distinguer, car leurs conséquences sont très différentes, la diminution du taux de participation au marché du travail et la réduction du nombre d'heures prestées par semaine. Le phénomène de substitution est largement confirmé par de nombreuses enquêtes menées dans la majorité des pays d'Amérique latine, caractérisés à la fois par un fort taux d'émigration et par un ratio envois de fonds/PNB élevé[77]. L'enquête longitudinale de Funkhouser (2006), comparant le taux de participation au marché du travail des ménages recevant les envois de fonds à celui des ménages sans migrants, fournit des données intéressantes. Elle conclut que les membres des ménages bénéficiant des envois de fonds sont nettement moins nombreux à offrir leurs services sur le marché. Cette recherche est corroborée par de nombreuses études qui soulignent, en outre, les différences très significatives selon le genre. Ainsi, des enquêtes sur les ménages au Salvador montrent que les envois de fonds entraineraient pour les ménages bénéficiaires en milieu urbain une diminution de 5,7 % du taux de participation à l'offre de travail des hommes et de 10,7 % des femmes. De plus, ils provoqueraient une diminution substantielle du nombre d'heures prestées par semaine. Cette réduction serait de 4,5 heures par semaine pour les hommes et de 8 à 12 heures pour les femmes, soit une différence d'environ 20 % (Acosta, 2007). Cependant, cette diminution pourrait être surestimée, car il est probable qu'une partie de cette main-d'œuvre se soit déplacée du secteur formel vers le secteur informel par nature moins quantifiable.

Au Mexique, une enquête en zone rurale et en zone urbaine, sur les changements de la participation à l'offre de travail des hommes et des femmes des ménages bénéficiant d'envois de fonds, donne des résultats similaires, mais dans une moindre ampleur. C'est surtout la diminution de la participation des femmes en milieu rural qui est la plus importante. L'effet de revenu de ces apports extérieurs se concrétiserait pour ces femmes par l'abandon des travaux très pénibles et sous-payés dans le secteur informel (Amuedo-Dorantes et Poza, 2006). Ce phénomène est confirmé dans une

---

[77] Cependant, certaines études ne confirment pas la relation inverse entre envois de fonds et diminution de la participation au marché du travail. Ainsi, à contre-courant des conclusions de la majorité des recherches, on citera Cox-Edwards et Rodriguez-Oreggia (2009) qui considèrent que, pour la majorité des pays de ce groupe, ce phénomène est tout à fait insignifiant.

étude couvrant 10 pays d'Amérique latine qui constate une réduction du nombre d'heures travaillées par semaine pour les ménages bénéficiaires (autant pour les hommes que pour les femmes, et autant dans le secteur urbain que dans le secteur rural), avec cependant de très grandes différences entre les pays. Cette étude met aussi en évidence un résultat qui mérite une attention particulière : le retrait de l'activité est d'autant plus faible que le niveau d'éducation des bénéficiaires est élevé (Fajnzylber et Humberto Lopez, 2007).

Travailler moins. Une opportunité positive ?

La diminution de l'offre de travail au sein de ces ménages n'a pas seulement des conséquences négatives. D'abord, ces ressources extérieures facilitent les investissements et soutiennent par conséquent la croissance de la productivité du travail (Ozden et Schiff, 2006). En outre, le temps disponible n'est pas nécessairement consacré à plus de loisirs, mais probablement est-il aussi en partie affecté à encadrer l'éducation des membres les plus jeunes de ces ménages et à améliorer leurs conditions d'habitat. Ce temps libéré donne de plus l'opportunité d'augmenter le capital humain et de faciliter la prise en charge éducative et sanitaire des enfants. Si l'on retient comme unité de mesure le ménage et non pas les individus, la diminution de la participation au marché du travail peut résulter de la prolongation de la scolarité des adolescents. Par ailleurs, on ne dispose pas de travaux permettant d'évaluer la réalité du phénomène inverse, c'est-à-dire de savoir dans quelle mesure l'émigration aurait, dans un premier temps, entrainé une hausse des salaires dans les pays de départ en réduisant l'offre totale de travail. Pour les non-migrants, cet accroissement de salaire pourrait-il constituer un incitant suffisant pour accroitre leur propension à se présenter sur le marché du travail ?

Ces manifestations de l'aléa moral liées à la diminution l'offre de travail à la suite des envois de fonds ne se limitent pas à l'Amérique latine. Elles sont aussi confirmées par de nombreuses études qui ont analysé ce même phénomène dans les Caraïbes, le Pakistan, ainsi que dans un grand nombre de pays d'Afrique subsaharienne, notamment le Mali (Azam et Gubert, 2002).

Le risque d'inflation

Une des autres conséquences défavorables est le risque d'alimenter l'inflation. À un premier niveau d'analyse, la probabilité d'inflation résulterait du déséquilibre entre une offre de biens et services fortement rigide et une demande des ménages des migrants à très forte élasticité/revenu. Les exemples récents de l'Albanie et de l'Égypte sont régulièrement cités. L'inflation par la demande résulterait à la fois d'un effet de revenu et d'un effet de substitution. Face à l'augmentation de la consommation stimulée par la croissance exogène du revenu disponible des ménages bénéficiaires, la rigidité de l'offre de biens et services intérieurs dans le court et le moyen terme entrainerait la hausse générale des prix à partir du secteur de l'immobilier d'abord pour s'étendre ensuite aux biens de première nécessité. On observe effectivement dans de nombreux pays d'émigration une très forte sensibilité du marché immobilier, surtout dans les régions urbaines, en relation avec l'ampleur des envois de fonds, qu'il s'agisse des migrants qui fournissent une aide à leur famille ou de membres permanents de « diasporas » désireux d'investir dans leur pays d'origine. L'envolée du prix des logements crée des tensions au sein de la classe moyenne entre les ménages qui bénéficient de l'aide extérieure et les ménages sans migrants. Ce phénomène ne concerne pas les régions rurales. S'y ajoutent les modifications dans la composition du panier des ménages bénéficiaires dans le sens d'une préférence pour certains biens de luxe ostentatoires provenant de l'étranger, ce qui n'a pas directement d'effet inflationniste, mais stimule la demande de crédits supplémentaires. À un deuxième niveau d'analyse, l'accès plus facile aux crédits, l'augmentation substantielle de liquidités des ménages, la politique plus laxiste des banques centrales assurées de pouvoir disposer de recettes extérieures stables renforceraient cette tendance inflationniste.

La relation entre envois de fonds et inflation a fait l'objet de plusieurs analyses à partir de panels. Parmi celles-ci, une étude récente couvrant 54 pays[78] qui ont bénéficié d'envois de fonds au cours de la période de 1995 à 2004 met clairement en évidence une relation positive et significative entre envois de fonds et inflation (Narayan, Narahan et al., 2011). Il convient cependant de nuancer ce constat, car il ne met en évidence que l'un des facteurs d'inflation peut-être secondaire parmi tous ceux qui agissent dans des économies peu développées. Ceux-ci sont caractérisés par de nombreux goulets d'étranglement et par les contraintes des imperfections de marché. Dans le même sens, quelques recherches ont confirmé que pour un grand nombre de pays, une dépendance croissante aux envois de fonds (ou aux autres ressources de l'étranger) générait un niveau d'inflation plus élevé. Il n'est cependant pas établi que les envois de fonds induiraient des effets inflationnistes plus prononcés que ces autres flux de capital. Ici aussi, il convient de nuancer cette conséquence négative en la mettant en balance avec les opportunités qu'elles génèrent d'accroissement des projets

[78] Ce groupe comprend 19 pays africains, 17 pays d'Amérique latine, 8 pays européens et 7 pays asiatiques.

d'investissement et, par conséquent, de stimulation de la croissance économique (Gapen, Bajaras, Chami et al., 2008)

La réalité d'un « Dutch disease » ?

Une politique migratoire dont le moteur consisterait à maximiser les transferts risque-t-elle d'induire un phénomène de « Dutch disease » ? Ce concept, à l'origine, a été utilisé pour expliquer les conséquences négatives de l'exploitation massive du gaz naturel de la mer du Nord sur l'économie des Pays-Bas. Il en résulta une appréciation du florin et une baisse de sa compétitivité. Disposer d'une ressource génératrice de devises et déconnectée du reste du tissu productif, qu'elle soit d'origine externe (une aide publique massive) ou interne (exploitation du sous-sol) risque de faire basculer un pays vers une économie de rente. Historiquement, le cas similaire le plus connu est celui du déclin de l'Espagne au XVIe siècle en grande partie causé par l'afflux de l'or des colonies. D'autres exemples plus contemporains concernent des pays bénéficiant de l'exploitation de minéraux précieux, de pétrole et de gaz naturel qui représentent une part substantielle de leurs recettes fiscales, mais qui ne génèrent pas suffisamment d'externalités positives pour l'économie.

Pour ce qui concerne les envois de fonds, on admet en général qu'ils ne sont pas susceptibles de provoquer dans tous les cas une appréciation du taux de change des pays bénéficiaires d'une ampleur telle qu'elle réduirait leur compétitivité, à l'exception des PVD les plus pauvres et pour lesquels ces transferts représentent une proportion importante du PNB (en 2013, au Liberia, 31 % ; au Lesotho, 27 % ; en Moldavie, 23 % ; au Népal, 22 %.). Dans cette perspective, une analyse sur 13 pays d'Amérique latine, pour la période de 1990 à 2003, indique que, parmi d'autres effets négatifs, un accroissement de 1 % du ratio envois de fonds/PNB induirait une hausse du taux de change de 2,5 %. Un doublement de ce même ratio aboutirait à un relèvement du cours des devises de ces pays de 5 % (Humberto Lopez, Molina et al., 2008). D'autres études relèvent aussi l'impact des envois de fonds sur l'appréciation des devises (Acosta, Lartey et al., 2009). L'une d'entre elles, portant sur 13 pays d'Amérique latine et des Caraïbes, indique que la probabilité d'un doublement des envois de fonds provoquerait une augmentation de 22 % du cours de leurs devises (Amuedo-Dorantes et Pozo, 2004).

Peut-on faire l'hypothèse que ce phénomène ne soit circonscrit qu'à l'Amérique latine ? Dans ce sens, une enquête de la Banque mondiale sur l'impact des envois de fonds sur le développement en Afrique ne confirme aucune corrélation avec les variations du taux des devises parmi les pays d'Afrique subsaharienne (World Bank, 2011). De même, selon le rapport de la CNUCED consacré aux pays les plus pauvres, on peut relever que les six pays qui sont les plus dépendants des envois de fonds (en pourcentage de leur PNB) n'ont pas connu d'appréciation de leur monnaie.

Plusieurs autres analyses ont mis en évidence d'autres conséquences négatives des envois de fonds. Ils provoqueraient une contraction des secteurs de production (manufacturiers et exportations) les plus dynamiques en faveur des secteurs de biens non commercialisables moins productifs (Barajas, Chami, Fullenkamp et al., 2009). Dans le prolongement de ces résultats, une analyse récente, couvrant un panel de 109 PVD et pays en transition pour la période 1990-2003, montre que l'augmentation des envois de fonds à un rythme constant induirait des dépenses supplémentaires des agents économiques pouvant effectivement entrainer une appréciation des taux de change réels. L'argument principal est que la demande de consommation de biens non échangeables (par exemple les services à la personne) sur le marché international augmente au détriment des biens et services échangeables. Il en résulterait des réaffectations sectorielles non optimales de la main-d'œuvre (Lartey, Mandelman et al., 2012). Ce phénomène risque d'accroitre la dépendance envers l'apport de ressources provenant des travailleurs à l'étranger et, par conséquent, il contribuerait à conforter la tentation des pouvoirs publics à encourager un processus d'émigration permanente.

Tenter de conclure ? Toute conclusion sur l'impact des envois de fonds au niveau macroéconomique ne peut être que très nuancée. D'abord, la diversité des situations nationales interdit toute généralisation. Ensuite, il est présomptueux d'évaluer avec suffisamment de précision l'impact des effets positifs et négatifs sur le taux de croissance et sur les principales variables macroéconomiques des pays d'origine. Ces dernières années, un grand nombre de recherches ont relevé que les déclarations « naïves » ou « optimistes » ne reposaient sur aucune vérification empirique fiable. Au-delà de la réduction de la pauvreté des ménages bénéficiaires et de l'amélioration de leur niveau de consommation, les effets au niveau macroéconomique laissent de nombreux experts sceptiques. Ce questionnement s'inscrit, en grande partie, dans la même problématique que les analyses qui revisitent l'efficacité de l'APD. D'après de nombreuses recherches, l'impact de ce type d'apport de capitaux extérieurs sur la croissance serait surestimé. Certes, dans un cas, il s'agit de canaux publics alors que, pour les autres, ce sont des flux privés ; et il est généralement admis que les mouvements intrafamiliaux sont beaucoup moins menacés par le gaspillage et la corruption.

Parmi les recherches qui contestent l'apport positif des envois de fonds, et qui restent minoritaires dans la littérature, il convient de relever les travaux menés au sein même de la Banque mondiale et du FMI. Ces derniers vont à l'encontre du consensus auquel ces institutions ont par ailleurs largement contribué. Ainsi, selon les estimations de Fajnzylber et Humberto Lopez, l'impact des envois de fonds sur la croissance des PVD aurait été extrêmement faible : il ne se serait élevé qu'à 0,14 % pour l'ensemble des pays concernés. Le maximum se situerait à 0,25 % pour les pays d'Amérique latine et le minimum à - 0,03 % pour les pays d'Afrique subsaharienne (Fajnzylber et Humberto Lopez, 2007 : 48).

Dans un rapport récent, le FMI présente des conclusions encore plus pessimistes (Chami et Fullenkamp, 2013), même si les auteurs reconnaissent néanmoins que les envois de fonds pourraient apporter une contribution significative à la croissance si deux conditions importantes étaient remplies : premièrement, la présence effective d'un ensemble d'institutions et d'infrastructures qui seraient capables de canaliser ces fonds vers des activités productives et, deuxièmement, une volonté politique explicite d'investir et d'accompagner des projets rentables. Il faut cependant rappeler que les gouvernements ne disposent pas d'une grande latitude d'action pour orienter de manière directe, ni même indirecte, l'affectation des revenus générés par les envois de fonds. Il convient par conséquent d'examiner plus en détail, au chapitre 9, la panoplie des incitants économiques, des mécanismes, des politiques et des institutions qu'il conviendrait de mobiliser pour articuler efficacement envois de fonds et politiques de développement.

CHAPITRE 9

LES ENVOIS DE FONDS, INSTRUMENT D'UNE POLITIQUE DE DÉVELOPPEMENT

Au cours de ces dernières années, on a constaté un déplacement significatif dans la démarche des analyses et dans le contenu des thématiques concernant les effets économiques des envois de fonds. Récemment encore, la tendance dominante de la littérature théorique et empirique consistait essentiellement à évaluer les causes et surtout les conséquences positives aussi bien que négatives des envois de fonds sur le développement économique des pays bénéficiaires. Actuellement, c'est une démarche de nature nettement plus politique qui est très largement privilégiée au détriment de l'analyse scientifique. La problématique des migrations est de plus en plus traitée comme une des composantes majeures dans le vaste éventail des instruments dont disposent les acteurs du développement. Cette approche nouvelle s'est concrétisée, au niveau international, par la décision de l'Assemblée générale de l'ONU de septembre 2006 d'instaurer le « Global Migration Group » (GMG) qui a rapidement conduit à l'institutionnalisation du « Global Forum of Migration and Development » (GFMD). Ce Forum se réunit annuellement pour traiter de l'ensemble de la problématique des mouvements migratoires. Le développement y tient une place importante mais aussi les questions politiques, juridiques, culturelles et éthiques telles que les droits des migrants, le trafic d'êtres humains, l'intégration des migrants, etc. Dans ce contexte, la problématique des envois de fonds occupe une place controversée dans la démarche globale visant à intégrer les causes et les conséquences des mouvements migratoires dans la panoplie des politiques de développement. Dans cette approche, l'objectif principal est d'affiner la mise en œuvre des mécanismes et des pratiques destinés à garantir l'utilisation la plus efficace de cette catégorie spécifique d'apports de capitaux étrangers.

À cette fin, deux pistes sont généralement proposées. La première consiste à réduire le plus possible les coûts des transferts internationaux de l'épargne des migrants vers les ménages bénéficiaires. En effet, à chaque transaction, une partie substantielle des flux de fonds est prélevée par divers intermédiaires financiers au détriment des destinataires. La deuxième piste consiste à s'efforcer de mobiliser l'épargne la plus élevée possible auprès des migrants et de la diriger vers leur affectation optimale pour le développement des pays bénéficiaires. Dans cette perspective, les migrations ne sont plus seulement considérées comme une des conséquences importantes de la pauvreté qui sévit dans les pays de départ mais elles sont beaucoup plus investies parmi les déterminants stratégiques du développement.

RÉDUIRE LES COÛTS DU TRANSFERT DES ENVOIS DE FONDS

Depuis quelques années, un grand nombre d'organisations internationales ont mis à l'ordre du jour la problématique de la diminution des coûts de transaction des envois de fonds, l'évaluation des diverses charges qui s'y greffent, et les politiques qui seraient les plus appropriées pour les réduire. Les pays d'émigration ont, au fil du temps, profondément modifié les politiques destinées à optimiser les bénéfices obtenus par les envois de fonds. Dans un premier temps, ces pays se sont efforcés de profiter de ces ressources pour accroitre leurs recettes fiscales et augmenter leurs réserves en devises en instaurant un contrôle strict sur le marché des changes, en imposant des taxes sur les transferts, et aussi en prélevant des impôts supplémentaires sur les sommes reçues par les familles bénéficiaires. Par la suite, presque tous les pays bénéficiaires ont mis fin à ces pratiques et à ces contraintes pour, au contraire, proposer aux migrants des mesures afin de rendre les transferts plus attrayants grâce à des exonérations fiscales, à des taux d'intérêt bonifiés, offrant ainsi une plus grande liberté de gestion de leurs comptes en devises. Les gouvernements ont, par conséquent, été amenés à se concerter au niveau international pour mieux organiser les mécanismes économiques et les modalités juridiques indispensables afin de réduire les coûts des transferts.

Minimiser les coûts des transactions

Cet objectif de réduction des coûts est d'autant plus important que les pertes de ressources sont proportionnellement les plus élevées pour les plus pauvres des PVD bénéficiaires. La nature de ces transferts, alimentés par les économies d'un grand nombre de migrants aux revenus modestes qui, de manière régulière, envoient des montants peu élevés, ne s'inscrit pas dans la pratique habituelle des institutions bancaires internationales. Ces charges sont régressives en fonction du niveau de revenu, car elles tendent à pénaliser beaucoup plus lourdement les envois de fonds de faible volume.

Au niveau mondial, ces coûts de transaction occasionnés par les envois de fonds s'élèvent à environ 40 milliards de US$ par an. Ce montant total recouvre des disparités de coûts très fortes selon les pays bénéficiaires. Ce sont les transferts à partir des autres régions vers l'Afrique qui enregistrent, de loin, les coûts moyens les plus élevés. Ils s'élèvent à environ 12 % du total des montants, mais les coûts des transferts dans le cadre des mouvements interafricains sont encore plus élevés. Et ils s'élèvent à près de 25 % de ces montants (World Bank, AIR, 2014a). Ces sommes représentent évidemment des « fuites » qui échappent aux circuits de ressources entre les donateurs et les bénéficiaires. Dans cette optique, plusieurs recherches ont mis en évidence un taux d'élasticité positif très élevé entre l'augmentation des envois de fonds et la baisse des coûts, principalement en ce qui concerne les mouvements entre l'Amérique latine et les États-Unis (Aycineta et al., 2009).

Les caractéristiques particulières du marché international des transferts de l'épargne des migrants déterminent largement le niveau de ces coûts, principalement l'absence de concurrence réelle entre les opérateurs, le choix des instruments de paiement[79], le nombre des utilisateurs potentiels des services de transfert, le montant moyen relativement bas de chaque transaction, la distance, la densité très faible du réseau bancaire, et aussi les coûts de change inhérents à la conversion de ces sommes en monnaie locale. La réduction des coûts a aussi pour effet secondaire de favoriser la substitution des flux formels aux flux informels généralement moins chers. Il convient cependant, on l'a précisé précédemment, de nuancer les avantages que l'on prête aux circuits formels tels que, principalement, leur capacité d'orienter des ressources disponibles dans le système bancaire vers des projets publics de développement.

La tendance générale à la diminution des coûts des transferts des envois de fonds

Au niveau mondial, le coût moyen des envois de fonds s'élève à 10,2 % du montant total des transactions. Cette moyenne recouvre évidemment des situations très divergentes selon les pays d'origine et d'arrivée des flux, selon les grandes régions, et aussi selon les principaux couloirs bilatéraux où l'écart s'étendait en 2010 entre un minimum de 2,5 % (Arabie Saoudite-Pakistan) et un maximum de 25 % (Allemagne-Croatie). Elle dépend aussi largement du type d'opérateurs disponibles. Pour un même pays bénéficiaire, les coûts supportés sont très différents selon les pays qui sont à l'origine des

[79] Les charges sont différentes selon que le migrant dispose effectivement du choix entre les virements bancaires, les services postaux, les versements en liquide, les chèques, les paiements électroniques, les cartes de crédit, les agences de transfert telles que Western Union ou Forex, ou qu'il préfère utiliser les circuits informels comme les systèmes de compensation traditionnels, par exemple du type « halawa » (Pakistan) et « hundi » (Inde), ou encore apporter lui-même des liquidités lors d'un retour vers le pays d'origine.

flux et inversement. Ainsi, à partir d'un même pays qui transfère une partie de l'épargne des migrants, on constate des écarts de coûts considérables selon les pays bénéficiaires (Beck et Martinez Peral, 2011)[80]. L'évolution du coût total de transferts des migrants à partir des pays du G20 s'inscrit dans une lente tendance décroissante, passant de 9,23 % en 2008 (première année où les données complètes et fiables ont été récoltées au niveau mondial) à 7,45 % en 2017. Les transactions entre certains pays du Sud sont souvent très complexes à mettre en œuvre et sont, dans de nombreuses situations, soumises à divers risques qui découragent le maintien de l'activité de certaines banques[81]. Par conséquent, on constate globalement que les coûts des envois de fonds sont substantiellement plus élevés pour les flux Sud-Sud que pour les flux Nord-Sud ainsi que pour les flux Sud-Nord.

TABLEAU 9.1 : COÛTS MOYENS TOTAUX DES SERVICES D'ENVOIS DE FONDS PAR GRANDE RÉGION - POUR UN MONTANT DE 200 US$ - 2008-2016*

REGIONS	2008	2011 Q3	2016 Q2
Afrique du Nord et Moyen-Orient	11,10	8,15	7,02
Afrique subsaharienne	14,01	12,41	9,52
Amérique latine et Caraïbes	8,37	7,68	6,02
Asie de l'Est et Pacifique	11,05	9,80	8,24
Asie du Sud	7,80	6,15	5,56
Europe et Asie centrale (- Russie)	5,96	6,86	7,49
Europe + Russie	11,00	8,68	6,36
TOTAL	9,81	9,30	7,42

(*) : World Bank (2016).

Au niveau régional, bien qu'il y ait une tendance nette à la diminution des coûts au cours de cette période 2008-2015, les différences restent encore très importantes, comme l'illustre le tableau 9.1. Ce tableau indique le niveau des coûts moyens avec comme hypothèse que tous les transferts d'envois de fonds sont calculés à partir d'un montant standardisé de 200 US$. L'Afrique subsaharienne reste la région la plus coûteuse pour transférer des envois de fonds (9,52 US$) comme l'indique le tableau 9.1, soit environ 30 % au-delà de la moyenne mondiale alors que la tendance à la diminution reste la plus faible par rapport à celle constatée dans les autres régions. En Asie de l'Est ainsi

[80] À titre d'exemple, à partir des États-Unis, les coûts des transferts vers l'Équateur sont de 3,7 % et, par contre, de 14,7 % vers la Thaïlande. Dans l'autre direction, les coûts vers l'Inde, à partir de l'Arabie Saoudite sont de 3,1 %. À partir de l'Allemagne, ils s'élèvent à 13,3 %.
[81] Parmi l'ensemble des instruments disponibles, les transferts par les circuits bancaires sont les plus onéreux et les cartes de crédit prépayées les plus économiques.

qu'en Amérique latine, la diminution au cours des huit dernières années est très nette. Mais c'est manifestement en Asie du Sud, avec un coût moyen de 5,52 US$, que les coûts des transferts restent les plus bas sur une longue période (World Bank, 2015). À titre d'exemple de la grande diversité des situations, l'écart maximum entre pays indique que le coût des transferts est le plus élevé en Afrique du Sud (16,95 US$). C'est en Russie que ce coût est le plus bas (1,75 US$).

Cette présentation au niveau régional donne des indications précieuses sur la réalité des frais qui se greffent sur les transferts des migrants. Elle masque cependant la grande diversité des situations au sein de ces grands ensembles géographiques où le poids économique de certains pays, l'importance des mouvements migratoires et l'intensité des réseaux commerciaux et financiers jouent un rôle déterminant. Les situations de position dominante et les pratiques abusives de quelques grands opérateurs très actifs sur certains marchés de transferts d'épargne (par exemple Western Union) se répercutent largement sur le montant des frais prélevés (Freund et Sparafora, 2008).

Pour mieux évaluer la complexité des situations nationales, il est préférable d'examiner les mouvements bilatéraux et les caractéristiques des principaux « corridors » de transferts. De nombreux facteurs peuvent expliquer les écarts de coûts qui varient au sein d'une fourchette allant entre 20 % pour certains transferts particulièrement onéreux à seulement 1 % pour d'autres. Une étude couvrant 119 corridors bilatéraux a permis de désagréger les niveaux de coûts pour chaque paire de pays et de mettre en évidence les déterminants majeurs qui structurent ces marchés (Beck et Martinez Peria, 2011). On relève trois tendances principales. D'abord, le nombre élevé de migrants déjà établis dans les pays d'accueil et l'ampleur des flux migratoires actuels sont des facteurs qui favorisent la diminution des coûts. Par contre, lorsque le niveau des flux migratoires entre deux pays est bas, les transferts sont beaucoup plus coûteux. Cela s'explique par le fait que le volume des flux et que des intervenants plus importants favorisent les économies d'échelle. L'ancienneté des canaux de transferts de l'épargne est aussi un facteur qui permet de réduire les coûts. Ensuite, la structure des marchés et particulièrement le niveau de la concurrence, le nombre d'opérateurs et le degré de liberté des mouvements de capitaux jouent aussi un rôle important. Par contre, dans les structures de marché où les banques gèrent la plus grande partie des flux, les coûts des transferts sont plus élevés.

Enfin, plusieurs facteurs socioéconomiques et politiques spécifiques à certains pays d'accueil et d'origine ont aussi une influence considérable. Ainsi, l'accompagnement des envois de fonds grâce à des programmes aménagés par les pouvoirs publics a eu globalement pour effet de réduire les coûts. Par contre, lorsqu'une proportion très importante de bénéficiaires réside dans des régions rurales, on constate généralement que les coûts sont plus élevés. Ces dernières années, grâce au programme « Remittances and Prices Worldwide » mis en place par la Banque mondiale, l'information sur le niveau et l'évolution des coûts des transferts s'est considérablement enrichie et elle est maintenant très régulièrement actualisée. La base de données couvre 226 « corridors » bilatéraux reliant 32 pays à l'origine des envois de fonds vers 89 pays bénéficiaires (World Bank, 2014c). Ne sont repris dans les listes des « corridors » que ceux pour lesquels on dispose de données complètes. On peut raisonnablement faire l'hypothèse que pour les « corridors » non retenus, pour lesquels les données sont inaccessibles ou insuffisamment fiables, les coûts sont plus élevés.

Le tableau 9.2 présente, d'une part, les cinq couloirs les plus chers et, d'autre part, les cinq couloirs les moins chers pour des niveaux moyens de 200 US$ par transfert pour un migrant[82]. L'écart entre les coûts est considérable (dans un rapport de 1 à 20) entre ces situations extrêmes. Les coûts restent particulièrement élevés entre les pays du sud de l'Afrique qui concernent des migrants pauvres originaires de pays au revenu très bas par habitant alors qu'ils ont, par contre, fortement diminué pour les transferts entre les pays du sud et du sud-est de l'Asie qui ont instauré depuis de nombreuses années des procédures efficaces pour faciliter les transferts.

TABLEAU 9.2 : COÛT MOYEN EN US$ POUR DES TRANSFERTS DE 200 US$*

Les 5 "corridors" les plus chers	Coût moyen	Les 5 "corridors" les moins chers	Coût moyen
Afrique du Sud - Malawi	21,13	Singapour - Thaïlande	1,20
Afrique du Sud - Botswana	20,19	Singapour - Bangladesh	1,94
Afrique du Sud - Angola	19,77	UEA - Pakistan	2,23
Afrique du Sud - Mozambique	19,18	Arabie Saoudite - Pakistan	2,85
Afrique du Sud - Zimbabwe	17,08	Espagne - République dominicaine	3,09

(*) : World Bank (2015a).

82 Les données concernent le coût des transferts pour le mois de décembre 2014. Le coût total des transactions comprend les frais de transfert ainsi que le coût de conversion des devises.

Les programmes de minimisation des coûts

Malgré la tendance à la diminution des coûts, les « pertes » de revenus restent trop élevées lorsqu'on les rapporte au niveau de l'épargne mobilisable par les migrants pauvres ou lorsque l'on compare les montants des transferts individuels au niveau de vie très bas des ménages des pays bénéficiaires encore loin de disposer d'une infrastructure financière adéquate pour gérer ce type particulier de flux de ressources internationales. Les pays membres du G20 se sont engagés au sommet de 2011 pour mettre en œuvre un « Plan d'action pour le développement des envois de fonds » intitulé « Objectifs 5x5 ». Ce plan est destiné à réduire de 5 points de pourcentage le coût total des transferts. S'il se concrétise à l'ensemble des partenaires, ce programme aurait pour résultat de permettre d'économiser chaque année environ 16 milliards de US$ au bénéfice des PVD. Pour la réalisation de ces objectifs, le plan d'action mobilise les moyens disponibles dans deux grandes directions prioritaires : premièrement, tirer le meilleur parti des avancées technologiques les plus récentes dans la gestion des paiements internationaux et, deuxièmement, corriger les imperfections des marchés et les rigidités des réglementations qui freinent les flux d'envois de fonds.

En ce qui concerne les transactions financières internationales, les progrès technologiques ont généré à la fois de nouveaux acteurs et de nouvelles modalités de paiement. Du côté des utilisateurs, les instruments de paiement se sont multipliés comme, par exemple, les systèmes de compensations internationales de cartes bancaires entre pays d'origine et d'accueil partagés par les migrants et leurs familles. On note aussi des progrès dans la mise en œuvre d'instruments qui connectent directement (via l'e-money) les transferts depuis le pays d'accueil vers des transactions domestiques. De nouveaux acteurs pallient les insuffisances des infrastructures bancaires traditionnelles. Ainsi, de plus en plus d'entreprises implantées dans des PVD proposent à leurs clients et à leur personnel d'utiliser leurs propres services de paiement informatisés qu'ils mettent à leur disposition pour leurs transferts internationaux.

L'essentiel des mesures destinées à modifier la structure des marchés est réalisé sous l'égide du « Remittances Agenda of the G20 » qui a confié à un « Global Remittances Working Group » (GRWG) le soin de rassembler et de coordonner les multiples initiatives spontanées prises par un certain nombre de pays d'accueil, telles que la création de fondations, des accords de coopération bilatéraux, etc. Celles-ci s'ajoutent et complètent toutes les autres directives élaborées au cours de différents sommets du G20 de ces dernières années. Selon le GRWG, depuis la mise en œuvre de ses recommandations destinées à réduire les coûts des transferts, environ 30 milliards de US$ ont pu être économisés au profit des pays bénéficiaires. Si l'on ne prend en compte que les envois de fonds effectués à partir des pays du G20, ce qui représente environ 77 % du volume total des transferts, on constate qu'effectivement, entre 2009 et 2014, le programme « Objectifs 5x5 » s'est généralement concrétisé par des baisses de coûts substantiels, principalement à partir des pays qui se distinguaient auparavant par les niveaux les plus élevés comme l'Australie, le Brésil, et l'Allemagne (World Bank, 2014c).

GRAPHIQUE 9.1 : CHANGEMENT DU COÛT MOYEN DES SERVICES D'ENVOIS DE FONDS À PARTIR DES PAYS DU G20 DE 2009-2014*

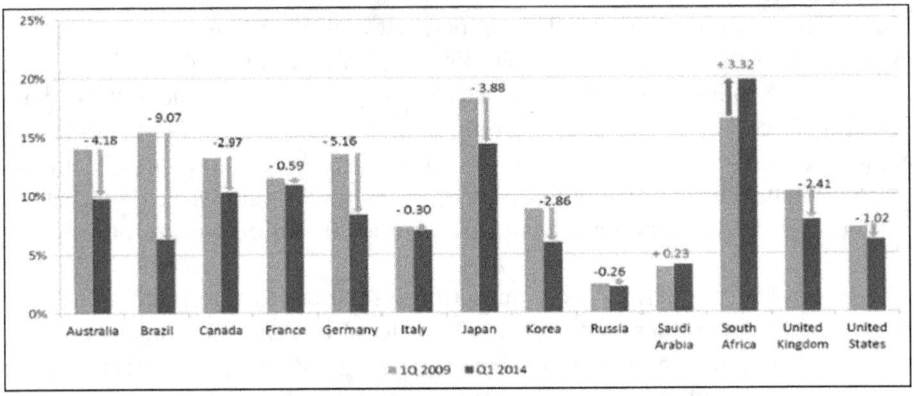

(*) : Worldbank (2014c).

Les lignes de force des actions programmées par le G20 reprennent essentiellement les recommandations formulées par la Banque mondiale :

- d'abord, adopter des mesures facilitant la généralisation de l'accès à des comptes bancaires et, par conséquent, le renforcement de la concurrence ;

- puis, assurer la diffusion d'un outil actualisé de comparaison des coûts prélevés par les agents financiers et les fournisseurs de services en ligne qui aura pour effet de renforcer la transparence du marché. À cela s'ajoute l'amélioration de l'accès aux marchés en réduisant les restrictions à l'entrée et les abus de position dominante ;

- ensuite, encourager toutes les innovations facilitant les procédures de paiement et le développement des infrastructures.

Ce programme recommande enfin d'améliorer la capacité d'une gestion autonome des envois de fonds pour les femmes migrantes et celles restées dans les pays d'origine.

Sur les plans législatifs et réglementaires, l'agenda proposé par le G20 a pour objet de renforcer la coordination entre les agences gouvernementales des pays de départ et des pays d'accueil, d'encourager la coopération entre les secteurs publics, les secteurs privés, les associations de migrants et la société civile. Il a aussi pour objectif aussi d'améliorer l'impact des envois de fonds sur le développement économique et social (World Bank, 2014c).

LES ENVOIS DE FONDS, FACTEURS DU DÉVELOPPEMENT ?

Depuis une quinzaine d'années, au niveau mondial, le volume total des envois de fonds est passé, comme on l'a indiqué, de 132 milliards de US$ en 2000 à environ 605 milliards de US$ en 2016[83]. Cette croissance de près de 360 % sur une très courte période a naturellement eu pour conséquence de stimuler une large panoplie d'initiatives destinées à accroitre la mobilisation et l'orientation de ces ressources internationales qui, maintenant, sont plus élevées que l'APD et les investissements directs extérieurs. Cette croissance de ressources extérieures, autrefois marginales, a entrainé l'émergence dans ce champ d'action d'un très grand nombre d'agents et d'institutions qui ont pour objectif d'intégrer la problématique des envois de fonds au cœur des politiques de développement. Ces initiatives de nature très diversifiée recouvrent un large éventail d'interventions et d'acteurs. Ceux-ci s'inscrivent dans une vaste communauté comprenant des gouvernements, des intermédiaires financiers, des ONG, des organismes publics bilatéraux et multilatéraux de développement gravitant principalement au sein de la famille des institutions de l'ONU. On compte également d'autres institutions régionales et spécifiques, des associations de migrants, des autorités locales et des mouvements à but politique, social et humanitaire (ICMD-Manuel, 2011)[84].

On a relevé précédemment les principales analyses et les données fournies par la littérature initiée par la Banque mondiale et le FMI, qui se sont consacrées à la mesure des flux, du coût des transferts, de leur origine,

---

[83] Il s'agit des dernières estimations calculées par le World Bank Migration and Remittance Unit (World Bank, 2016).

[84] Dans le cadre d'une initiative commune de la Commission européenne et de l'ONU, on citera, à titre d'exemple et pour se limiter aux initiatives européennes, les programmes initiés ou dirigés par le COMPAS (Centre on Migration, Policy and Society), l'EUROMAD (Réseau Européen sur les Migrations et le Développement), le FMMD (Forum Mondial sur les Migrations et le Développement), le GMG (Groupe mondial sur les migrations), le ICMD (Initiative Conjointe pour la Migration et le Développement), le IMI (International Migration Institute), le MPI (Migration Policy Institute). Il convient d'y ajouter aussi les grands acteurs institutionnels traditionnels que sont le PNUD, l'OIM, l'OIT, et le FNUAP.

de leur destination et de leur impact sur l'économie des pays bénéficiaires. Pour ce qui est particulièrement de la problématique « migration, facteur important du développement économique », le plaidoyer sans conteste le plus enthousiaste est présenté dans le rapport du Programme des Nations-Unies pour le développement : « Lever les barrières : Mobilité et développement humains » (PNUD, 2009). Les politiques préconisées dans cet important rapport ont pour objet principal d'optimaliser l'impact positif des migrations internationales sur le développement humain. Le propos est explicite : « Bien qu'elle ne puisse se substituer à des efforts plus larges en matière de développement, la migration peut représenter une stratégie vitale pour les ménages qui cherchent à accroitre le niveau de leur revenu » (PNUD, 2009 : 10). Néanmoins, malgré la mise en œuvre de nombreux programmes centrés spécifiquement sur les aspects économiques des migrations internationales, on constate que les PVD ne placent les envois de fonds qu'au 11e rang dans la liste de leurs priorités (Nations-Unies, 2014)[85]. En réalité, ce classement reflète la grande diversité des situations nationales, les envois de fonds étant une ressource essentielle de revenus pour certains PVD, alors qu'elle est manifestement négligeable pour d'autres, comme on l'a relevé dans les tableaux précédents.

Mobiliser les envois de fonds pour des projets de développement. Les programmes de titrisation

Une grande majorité des migrants envoient une part importante de leur épargne vers leur famille et leurs proches pour des motivations essentiellement altruistes ou par obligation familiale. Mais pour les migrants qui ont d'autres motivations, il est nécessaire de mobiliser des moyens considérables pour accroitre l'attractivité des transferts. Pour eux, l'objectif principal est de se garantir une source supplémentaire de revenus, immédiate ou ultérieure.

Pour encourager ces flux, beaucoup de PVD ont mis en place un éventail de pratiques et de réglementations, les unes avec pour objectif de réduire les obstacles à une plus grande libéralisation des mouvements de capitaux, les autres tendant à renforcer les incitations positives à l'investissement comme, par exemple, le soutien à des programmes de coopérations entre migrants et entrepreneurs locaux encouragés par une participation financière ou administrative des pouvoirs publics. Un grand nombre de ces mesures ont déjà été mises en œuvre depuis plusieurs années, avec plus ou moins de succès, par des pays comme le Mexique et les Philippines qui,

[85] Nations-Unies (2014), Assemblée générale A/69/62. Rapport du Secrétaire général. Plan directeur pour la suite à donner après 2014 au Programme d'action de la CIPD : 241.

historiquement, ont connu une forte émigration et qui furent les premiers à organiser des procédures spécifiques adaptées afin de recueillir dans les meilleures conditions l'épargne des migrants. Ainsi, la création de « titres obligataires pour migrants » (migrants bonds) fut l'une des premières initiatives les plus innovantes pour rencontrer les besoins des migrants et prévenir leurs inquiétudes. Elle a consisté à créer des fonds obligataires spécifiques qui leur étaient réservés. Elle complète d'autres initiatives comme les placements financiers en devises pour non-résidents avec rendements garantis, ou les comptes d'épargne aux conditions préférentielles qui sont proposés par les pays d'origine afin de s'assurer des sources de financement extérieures stables auprès de leurs ressortissants à l'étranger. De nombreux pays ont développé depuis quelques années ce marché obligataire destiné à canaliser les envois de fonds, principalement la Chine, le Bangladesh, l'Inde, Israël, le Liban, le Pakistan, et les Philippines (Page et Plaza, 2006).

Toutefois, il serait erroné d'assimiler les « obligations pour migrants », qui sont avant tout des placements financiers, avec les envois de fonds (au sens habituel) qui font l'objet de transactions directes et personnalisées vers les bénéficiaires des PVD. Une des intentions qui sous-tend la création de ces produits spécifiques est que, à leur échéance, ces obligations soient en fin de compte converties par les migrants en investissements productifs dans les pays d'origine. Le volume des capitaux en question a évidemment suscité la convoitise de certains intermédiaires financiers qui ont mis en place des systèmes *engineering* destinés à développer divers mécanismes de titrisation de ces transferts.

Lors de la crise financière de 2008, la demande pour ce type de placements a fortement diminué, mais depuis 2011, la tendance est de nouveau nettement à la hausse avec une augmentation marquante du nombre de pays qui y ont recours. Les caractéristiques très favorables de ces mécanismes sont relativement semblables pour la plupart des pays bénéficiaires : les migrants investisseurs acceptent de recevoir des taux d'intérêt légèrement inférieurs aux taux du marché pour les dettes souveraines de leur pays d'origine et ils investissent pour des échéances qui dépassent largement celles des placements spéculatifs. Leurs motivations peuvent être de nature patriotique ou alors constituer une étape pour l'organisation de leur retour. Le risque d'instabilité politique ou bien l'hostilité de migrants envers les gouvernements de leur pays d'origine représentent un frein à l'extension de ces programmes. Malgré ces nombreuses incertitudes, il s'agit d'une opportunité de financement que les principaux acteurs du développement ne négligent pas. Ainsi, selon une récente étude du FMI, si seulement 10 % de l'épargne des migrants originaires d'Afrique était investie dans les programmes de Bonds, ce serait un apport supplémentaire de plus de 3 milliards de US$ de ressources externes dont l'Afrique bénéficierait chaque année (Ratha et Plaza, 2011). Une première estimation approximative situe, au niveau mondial, le niveau des dépôts bancaires des migrants à 497 milliards de US$ en 2013 (Word Bank, 2015). Plusieurs initiatives sont actuellement mises en place pour mobiliser 1/10e de cette épargne, ce qui représenterait des ressources supplémentaires de près de 50 milliards de US$ par an pour l'ensemble des PVD. À ces programmes s'ajoutent, par ailleurs, d'autres incitations spécialement ciblées pour promouvoir les investissements des migrants ou de leurs descendants, indépendamment de tout projet de retour vers le pays d'origine.

Les transferts peuvent aussi refléter d'autres préoccupations spécifiques de migrants qui choisissent, par solidarité, de participer à des formes d'investissements collectifs destinés à des projets communautaires pour leurs régions d'origine, en coordination avec des associations locales issues de la société civile. Ces transferts peuvent contribuer à réaliser les objectifs officiels des programmes de développement économique, mais ils peuvent aussi se fonder sur des préoccupations humanitaires ou encore, comme on l'a vu, répondre avec rapidité à des situations de crises climatiques ou environnementales. Il est unanimement admis que tout ce qui permet de réduire la vulnérabilité des ménages de bénéficiaires contribue à créer un climat propice à la croissance de la consommation et à l'investissement.

Orienter les flux vers des projets productifs

Ces flux mettent uniquement en relation des donateurs et des destinataires privés (en général au sein d'une famille). Il en résulte que toutes ces transactions reposent sur des approches individuelles et bilatérales, contrairement aux ressources qui transitent dans le cadre de l'Aide publique au développement. Ces spécificités sont d'autant plus prégnantes qu'il s'agit, très souvent, de flux qui circulent via des canaux informels basés sur des pratiques coutumières et des contacts personnels fondés sur la confiance. Toutes ces caractéristiques augmentent considérablement la probabilité que ces flux soient plus fréquemment orientés vers des régions rurales marginalisées à l'opposé d'un grand nombre de programmes de grande échelle de l'APD qui passent par l'entremise des organismes gouvernementaux[86]. Ce sont, par nature, des montants très modestes

[86] Tout en reconnaissant que les envois de fonds sont plus efficaces que l'APD, les analystes sont unanimes pour rappeler qu'ils ne se substituent aucunement aux transferts de l'aide publique, mais bien qu'ils leur sont complémentaires.

puisqu'ils sont limités par les faibles capacités d'épargne des migrants individuels ou même regroupés.

Orientés en grande partie vers des régions rurales peu développées, ces flux favorisent l'accessibilité au système bancaire d'une partie de la population, négligée jusqu'alors par les institutions financières qui n'investissent pas suffisamment dans la généralisation de l'implantation géographique de la couverture de leurs services par manque de rentabilité à court terme. Permettre à plus de ménages à bas niveau de revenus et aux besoins spécifiques de bénéficier de l'accès au crédit et aux facilités offertes par des réseaux bancaires grâce à l'ouverture de comptes personnels réduit les rigidités des économies insuffisamment monétarisées. Pour attirer ces flux, les banques et les autres institutions financières ont été incitées à mettre en œuvre des pratiques mieux adaptées à cette clientèle et à innover de nouveaux services qui répondent aux particularités des motivations des migrants ainsi qu'aux besoins de leurs familles (Orosco, 2006). Ces innovations ont aussi pour autre objectif, grâce à la mise en œuvre d'instruments financiers qui répondent mieux aux modalités des transferts au sein des familles de migrants, d'intégrer les flux qui circulent d'abord au sein de réseaux informels vers des projets d'investissements à petite échelle dans le secteur de l'économie formelle.

Les envois de fonds et le microcrédit

La nature de ces transferts, dans la mesure où ils représentent surtout des montants très peu élevés fondés sur la confiance et l'absence des motivations de profit immédiat, est particulièrement bien adaptée pour s'inscrire parmi les initiatives générées par les programmes de la microfinance. Ce mécanisme nouveau de collecte d'épargne et d'accès au crédit s'est rapidement développé au cours des dix dernières années. Il est largement pratiqué sous diverses modalités dans près de 90 pays, et plus de 100 millions de personnes parmi les populations les plus pauvres sont engagées dans ces réseaux de solidarité et de prêt (Bylander, 2013). Naturellement, les modalités du fonctionnement de la microfinance (principalement l'implication de ménages à bas niveau de revenus, les motivations de solidarité et l'importance des relations interpersonnelles) représentent une opportunité particulièrement pertinente pour une activation efficace des envois de fonds. Les initiatives de microfinance en milieu rural sont, dans un grand nombre de cas, alimentées par les versements réguliers des migrants, facilités grâce à la qualité des relations personnelles, familiales ou communautaires. Elles permettent l'accès au crédit des proches restés au pays qui, autrement, n'auraient probablement eu que très peu de possibilités d'accès au réseau bancaire commercial traditionnel.

Généralement, les envois de fonds contribuent également à la mise en place de réseaux alternatifs de financement. L'affectation de ces flux vers des projets devenus réalisables grâce aux mécanismes de solidarité des microcrédits a aidé à la création de nouveaux produits financiers et à l'adaptation des institutions financières traditionnelles. Celles-ci répondent mieux aux particularités des familles bénéficiaires, parfois peu familiarisées avec les pratiques de l'économie monétarisée. Cependant, les taux d'échec des projets de microcrédit sont en général très élevés, et ceux qui sont alimentés par les envois de fonds se caractérisent aussi par une grande fragilité et une faible viabilité à long terme. Un consensus se dégage actuellement parmi les acteurs concernés par la problématique « migrations et développement » pour mettre en place l'encadrement professionnel et institutionnel indispensable pour pérenniser ces initiatives ponctuelles.

À partir de ces pratiques spécifiques de collecte de l'épargne des communautés de migrants, les programmes initiés par le microcrédit ont souvent été amenés à prolonger leurs interventions en développant des plans d'épargne (pour les migrants ou leurs familles) et des programmes d'assurances qui, parce qu'ils réduisent les risques d'insolvabilité, renforcent leur capacité à accéder à des crédits pour entreprendre des investissements. Sur un autre plan, l'examen des interactions entre microcrédit et migrations révèle des tendances parfois contradictoires. D'une part, dans de nombreux cas, les familles ont recours au microcrédit pour faire face aux dépenses qu'ils doivent engager afin de favoriser l'émigration d'un de leurs membres, mais, d'autre part, ces envois facilitent l'accès au crédit auprès d'organismes de microfinance et ils peuvent de cette façon garantir des ressources permanentes permettant de rembourser les dettes des petits exploitants agricoles et des artisans. Dans cette hypothèse, ils constituent un frein à l'exode rural et à l'émigration.

Dans une perspective plus générale, on compte actuellement un nombre considérable de programmes de développement nationaux, régionaux et internationaux destinés à tirer le meilleur parti des envois de fonds. Ils reposent sur les politiques basées sur l'articulation « migration-envois de fonds-commerce extérieur », ou encore sur celles de l'axe « envois de fonds-aménagement des institutions financières » qui s'est fixé comme objectif la réduction des obstacles réglementaires et la réduction des barrières du marché. Cette approche a été synthétisée à l'occasion de l'élaboration du « Guidance Report for the Implementation of the General Principles for International Remittances Services » (World Bank, 2012). Ce rapport a été préparé par la Banque mondiale à la lumière de l'examen des nombreuses initiatives qu'elle a encouragées depuis plus de 5 ans dans plus de 30 pays. Ce document de travail énonce les grands principes destinés à assurer un service plus efficace des envois de fonds que l'on peut synthétiser comme suit.

D'abord, le marché des services des envois de fonds doit être transparent et assurer la protection des consommateurs (donateurs et bénéficiaires). Ensuite, le rapport préconise d'améliorer l'infrastructure de l'ensemble des systèmes de paiement et il précise que ces transferts devraient se dérouler dans un cadre législatif clair, stable et non discriminatoire. Il convient aussi de garantir que les services de crédit puissent se dérouler dans un marché concurrentiel et d'assurer le libre accès aux infrastructures locales, ce qui aura pour effet de réduire les coûts des transferts. Enfin, il est important que ces services soient soutenus par une gouvernance de qualité et par une gestion équilibrée des risques.

Les contributions des « diasporas »

Au-delà de l'analyse des comportements individuels des migrants, l'examen des contributions spécifiques que les « diasporas » sont susceptibles de fournir au bien-être des familles et au développement économique des pays d'origine appelle nécessairement une approche plus multidisciplinaire. La question est d'apprécier dans quelle mesure les mécanismes de solidarité générés par un groupe, une communauté ou une « diaspora » apportent une plus-value par rapport aux initiatives individuelles. Le potentiel des apports fournis par ces communautés dépend de nombreux facteurs. Elle dépend d'abord du stock de migrants installés, de son ancienneté, de leur statut économique et social et de la situation économique du pays d'accueil. Ensuite, ces apports résultent aussi de la nature des liens politiques que les migrants entretiennent avec les gouvernements des pays d'origine. Ainsi, une émigration bien encadrée et favorisée de longue date par des organismes publics en coopération étroite avec les associations de migrants et les structures d'accueil des pays d'immigration est capable de générer des retombées bénéfiques. Ces retombées seraient, par contre, inexistantes dans le cas des expulsions de minorités ethniques ou des départs de réfugiés pour des raisons politiques.

La nature particulière des liens qui unissent les pays de départ aux pays d'accueil est aussi un élément déterminant à prendre en considération : les mouvements de population entre les anciens pays colonisateurs et les pays colonisés s'inscrivent dans un contexte où les relations économiques et commerciales se sont déjà bien établies depuis longtemps. Par contre, des flux migratoires qui se dirigent vers un éventail de nouveaux pays d'accueil génèrent bien moins d'opportunités que celles reposant sur des relations historiques. Le meilleur potentiel de retombées positives à partir d'une communauté de migrants se constate le plus souvent dans le cadre des relations bilatérales stables et durables entre pays. Bien entendu, au sein de ces « diasporas », les motivations qui déterminent les décisions d'envois de fonds, comme on l'a présenté au chapitre 6, dépendent aussi de leur composition sociodémographique, de l'attachement affectif qui est entretenu envers le pays de départ ainsi que du caractère permanent, temporaire ou circulaire de l'émigration. La capacité de mobilisation au sein d'une « diaspora », les institutions qu'elle a créées pour conserver les liens avec le pays d'origine et les réseaux de solidarité qui se sont constitués dans la durée sont sans conteste des facteurs qui favorisent les transferts.

Il importe, en outre, de faire une distinction selon que la majorité des migrants établis dans le pays d'accueil est composée de personnel hautement qualifié (HQ) ou de main-d'œuvre non qualifiée. Dans le second cas, les retombées seront uniquement financières alors que, dans le premier, elles peuvent être à la fois financières et technologiques. Les retombées positives d'une « diaspora » en termes d'acquisition de connaissances scientifiques et de transferts technologiques relevant principalement de l'analyse de la problématique du brain drain, on s'intéresse ici principalement à l'aspect financier.

Le potentiel financier de la « diaspora »

Du point de vue financier, en plus des envois de fonds individuels vers les familles et les communautés, il importe de prendre en compte le climat favorable aux investissements internationaux et l'amélioration des relations commerciales initiées par les diasporas qui sont en situation de jouer un rôle stratégique d'intermédiaire entre pays d'accueil et pays d'origine. Dans la littérature de la sociologie économique, de nombreux travaux ont mis en lumière le rôle d'intermédiaire joué par certaines minorités dans le développement du commerce international entre pays de départ et pays d'accueil ; ces minorités ayant immigré parce qu'elles étaient bloquées dans leur ascension sociale. Les études consacrées à la place des minorités expatriées, des entreprises ethniques, des entraides religieuses ou communautaires, des groupes de solidarité basés sur les familles et les proches ont clairement mis en relief les nombreux exemples de réussites économiques, surtout en Asie de l'Est et du Sud (Granovetter, 1995)[87].

Les questionnements autour du financement des objectifs du « Post 2015 Development Agenda » sont à l'origine de multiples projets présentés lors du

---

[87] Ces analyses prolongent et approfondissent l'approche pionnière de Bonacich (1973) sur « l'avantage du groupe ethnique » et sur la théorie des « middleman minorities » dans le domaine des envois de fonds des migrants.

sommet « Financing for Development » organisé par l'ONU à Addis-Abeba en juillet 2015. Certaines de ces propositions s'inscrivent dans la perspective de la valorisation des migrations internationales et s'appuient plus spécifiquement sur les moyens à mettre en œuvre pour mobiliser les « potentialités des diasporas » (United Nations, 2015). Les probabilités d'une plus forte participation financière des diasporas ont fait l'objet d'une évaluation qui, bien que reposant sur certaines hypothèses discutables concernant les revenus des migrants et leur taux d'épargne, fournit néanmoins un ordre de grandeur impressionnant. Ainsi, le tableau 9.3 donne des indications sur le stock de migrants originaires de PVD, le total de leur revenu et le montant global de l'épargne de toutes les diasporas pour l'année 2013.

TABLEAU 9.3 : ESTIMATION DES REVENUS ET DE L'ÉPARGNE DE LA DIASPORA DANS LES RÉGIONS EN DÉVELOPPEMENT - 2013*

	Nombre de migrants de la diaspora (millions)	Revenus totaux diaspora (milliards US$)	Epargne totale diaspora (milliards US$)
Asie de l'Est - Pacifique	31	579	116
Europe centrale et de l'Est	32	402	80
Amérique latine et Caraïbes	24	275	55
Asie du Sud	38	402	80
Afrique subsaharienne	23	181	36
Tous les pays en développement	182	2 484	497

(*) : World Bank (2015b).

La question est de savoir sur quels mécanismes et institutions il faudrait s'appuyer pour orienter 10 % de ces 500 milliards de US$ vers le développement des PVD. Même si les hypothèses retenues semblent particulièrement optimistes, il n'en reste pas moins que les montants en jeu sont considérables, surtout pour les régions d'Asie de l'Est et d'Amérique latine. Parmi les pays à niveau de revenu intermédiaire, le Mexique est en capacité de pouvoir s'appuyer sur une épargne de 53 milliards de US$ détenus par sa diaspora, la Chine pourrait attirer une partie des 46 milliards de sa diaspora tandis que l'Inde disposerait, en principe, de 44 milliards de U$. Pour les pays plus pauvres, l'épargne de la diaspora du Bangladesh s'élève à 9,5 milliards de US$ et celle d'Haïti à 5,4 milliards. Pour les pays économiquement les plus fragiles, l'épargne accumulée par la diaspora peut représenter une proportion élevée du PNB : 81 % pour la Somalie, 53 %

pour Haïti et 29 % pour le Liberia (World Bank, 2015). Le niveau très élevé de ces montants potentiellement disponibles implique la mise œuvre d'une gouvernance qui s'inscrit dans le long terme pour coordonner au niveau international les divers acteurs privés et publics concernés.

Sans négliger la contribution que des initiatives de nature philanthropique peuvent apporter dans des situations spécifiques, celles-ci paraissent jusqu'à présent relativement marginales. On peut relever les initiatives telles que les HTAs (Hometown Associations) qui ont eu du succès au Mexique. Essentiellement, il s'agit d'un mécanisme où les pouvoirs locaux et le gouvernement apportent une contribution financière égale à celle fournie par les associations de migrants. Ces formules sont difficiles à évaluer. Leur efficacité et leur viabilité sont loin d'être garanties, et la pertinence des projets choisis est souvent problématique.

Les aspects sociaux et politiques

Sur un autre plan, en dehors des facteurs strictement économiques, les dimensions sociales, culturelles et politiques de l'action des diasporas ont des implications financières indirectes. Par exemple, les « diasporas » sont souvent en situation d'infléchir la politique des pays d'accueil en favorisant les échanges commerciaux et les relations politiques envers leur pays d'origine. Les pays d'émigration disposent, grâce à la présence et à la solidarité de forts contingents d'ex-nationaux, d'une capacité d'influence sur la politique étrangère de ces pays qui se marque principalement dans les domaines tels que l'aide au développement, les campagnes pour les droits de l'homme, le soutien à leur cause au sein des instances internationales et, plus généralement, le renforcement de liens privilégiés entre les pays d'origine et d'accueil.

Cependant, cette influence résulte d'un ensemble de circonstances qui ont joué un rôle déterminant dans la décision d'émigrer et qui continuent, ultérieurement, d'avoir également un poids politique et une influence économique parmi les migrants dans les pays d'accueil (Vertovec, 2005). Par contre, si une « diaspora » est majoritairement hostile au gouvernement du pays d'origine, si elle est dans des situations conflictuelles, elle est souvent en capacité de disposer de l'influence suffisante pour mobiliser l'opinion publique et pour organiser une opposition politique. Les exemples de l'influence des diasporas sont de plus en plus nombreux.

CONCLUSION

On a mis en exergue, dès le début de cet ouvrage, que la mobilité internationale des individus est une constante indiscutable de l'histoire de l'humanité. Les mouvements des individus ont façonné la société et l'économie des régions d'accueil qui ont très largement profité de ces mouvements au cours de leur développement historique. La situation individuelle des migrants s'est, elle aussi, considérablement améliorée dans la plupart des cas, leur mode de vie et leurs aspirations ayant pu s'épanouir grâce aux opportunités offertes par leurs migrations. On ne peut toutefois occulter que, longtemps, on a eu tendance à négliger certains autres aspects de leur situation, certes bien plus favorable qu'avant leur migration. Mais on a sous-estimé la gangue dans laquelle ils étaient finalement tenus de se débattre pour soutenir, au cours de toute leur vie active, l'aide et même la survie de leurs familles et de leurs proches restés dans les pays de départ. Ceux-ci tenaient pour définitivement acquis et légitimes ces apports extérieurs que leur fournissaient souvent les migrants.

Ce livre n'aborde ni les gains et les inconvénients des pays d'accueil, ni même les effets des démarches individuelles des migrants afin de se focaliser uniquement sur l'analyse des principales conséquences économiques des migrations internationales pour les populations des pays de départ. Cette thématique n'a guère joui d'une longue et noble tradition dans la littérature économique. Elle relève plutôt de ce qu'on a appelé, à une certaine époque, « l'économie politique » car les gouvernants, pour mesurer leur puissance, se focalisaient principalement sur le nombre des hommes et le volume des mouvements de capitaux qu'ils étaient en mesure d'absorber.

Dans la littérature économique, seule une première analyse salutaire et rigoureuse émerge chez Adams Smith dans *Recherches sur la nature et les causes de la richesse des nations* (1776). Il mit en évidence que d'un point de vue économique les migrations étaient avant tout un phénomène de redistribution du facteur travail, fondant la théorie économique classique : la migration n'est que le résultat des différences de l'offre et la demande de travail dans divers lieux. L'école classique s'affirme résolument en faveur de la suppression de toutes les barrières qui empêcheraient les déplacements des travailleurs d'une région à bas salaires vers une région à hauts salaires. Smith plaida pour une totale liberté des mouvements internationaux du capital, du travail et des biens qui permettent aux forces du marché d'assurer le développement économique maximum. Ce phénomène perd beaucoup de son importance chez les auteurs ultérieurs, car les migrations étaient naturellement dépendantes de leurs hypothèses sur l'immobilité du facteur travail et le thème de la population a tout naturellement, par la suite, été négligé par les autres économistes classiques à l'exception de Stuart Mill (1848) et, plus tard et dans une moindre mesure, de Meade (1951).

Ce n'est que bien plus tard, sous la contrainte de l'émergence fulgurante des mouvements migratoires, qu'un foisonnement d'études empiriques reprennent cette thématique. En effet, deux phénomènes d'une ampleur tout à fait inégalée ont émergé très récemment. Premièrement, l'accroissement des migrations internationales et, en ce que nous concerne, le « brain drain » ou fuite des cerveaux, dont le volume a plus que doublé depuis 1995. Deuxièmement, les envois de fonds ont augmenté de près de 800 % depuis 1995 jusqu'à présent. Cet ouvrage a présenté ce double phénomène inédit dans l'histoire contemporaine, avec le souci constant d'éviter les *a priori* théoriques et idéologiques, de présenter les arguments divergents et les données les plus récentes pour les PVD.

Une première question, élémentaire, mais trop globale, se pose d'emblée. Peut-on identifier les gagnants et les perdants du « brain drain » et évaluer les avantages et inconvénients pour chacun ? L'ouvrage met clairement en évidence les différences de situations qui résultent du niveau de développement des pays, du niveau d'éducation de leurs populations, de la performance de leurs systèmes d'éducation et du degré d'ouverture de leurs économies sur le monde extérieur. Une économie ouverte et dynamique n'a pas à se soucier, outre mesure, du départ d'une partie minime de ses HQ comme c'est le cas pour la Chine et l'Inde. Par contre, pour un grand nombre de PVD aux économies fragiles et aux marchés du travail étroits, les pertes sont très substantielles. Ce n'est là que l'illustration, dans un domaine spécifique, du rapport de force qui s'est instauré entre pays émergents et pays plus pauvres au cours du processus de mondialisation.

Cette constatation remet assurément en question la doxa selon laquelle « les migrations, en toutes circonstances, auraient des effets favorables sur les populations de départ ». Ce jugement trouve son origine dans une sorte de « consensus de New York » qui a prévalu jusqu'à récemment. Il cumulait, au sein des organisations de la « famille des Nations Unies » et des organismes qui y étaient liés, les préoccupations humanitaires, le souci des droits individuels et les pratiques politiques « votes automatiques » des pays favorables à l'émigration la plus libre possible vers les pays occidentaux. Les préoccupations d'organisations telles que l'OMS ou l'UNCTAD ont permis de nuancer ces politiques grâce, de plus en plus, aux recherches économiques les plus récentes qui ont mis l'accent sur certains aspects négatifs délibérément sous-estimés. On ne citera que l'aléa moral de l'offre de travail qui fut longtemps oblitéré dans certaines sociétés traditionnelles, et les phénomènes de « Dutch disease » qui risquent de prendre une extension croissante et de favoriser l'installation de manière quasi permanente, au sein des modèles de croissance de certaines économies des PVD, de cette tendance à la dépendance.

Les arguments favorables ou négatifs du « brain drain » sont difficiles à évaluer pour juger avec précision les politiques les plus favorables au bien-être des populations des pays de départ. Il reste un domaine qui, sans l'ombre d'une hésitation, fait pencher la balance du côté négatif. C'est celui de l'émigration de main-d'œuvre médicale à partir des PVD. Les effets se sont fait sentir sur les coûts de la santé, la formation des médecins, la couverture médicale de la population, les finances publiques et l'efficacité des infrastructures médicales publiques. Le chapitre 4 a présenté nos estimations des taux d'expatriation des médecins qui furent formés dans les PVD. Il fournit les taux de densité médicale « réelle » (c'est-à-dire observée une année donnée) et « virtuelle » (celle qui prévaudrait dans ce pays si, hypothèse extrême, aucun médecin HQ n'avait émigré). On constate d'énormes différences (surtout en Afrique) entre les deux taux, qui permettent de se rendre compte de l'ampleur et la gravité du phénomène. Au Libéria, le taux de densité médicale observée est de 4 médecins pour 100 000 habitants contre un taux de densité médicale virtuelle de 7,8 pour 100 000 habitants ; au Niger, la densité observée est de 1,9 contre une densité virtuelle de 4,0 médecins pour 100 000 habitants ; au Burundi, les densités observées et virtuelles sont respectivement de 2,8 et 6,3 médecins pour 100 000 habitants. Ces situations sont certes extrêmes. Rappelons, toutefois, que le taux de densité médicale est de 4 000 pour 100 000 habitants dans les pays développés. Les « taux de pénuries critiques » de médecins calculés par l'OMS sont aussi très importants et méritent d'être pris en compte. Face à cette situation, les partisans les plus acharnés du « brain drain » illimité ont argumenté que la libre circulation des futurs médecins provoquait un « effet d'incitation », lequel induisait nécessairement des investissements beaucoup plus importants en études de médecine pour profiter des opportunités de la demande du marché de la santé des pays développés et des pénuries de médecins.

Il est exact que fonctionne, dans certains pays, un « effet d'incitation » qui augmente le nombre de candidats médecins et favorise les investissements en santé. Il n'en reste pas moins que cet effet est largement insuffisant pour compenser les effets de l'expatriation de médecins dans un grand nombre de PVD. Prétendre que des anticipations individuelles fondées sur la conviction que la demande de médecins provenant des pays riches va stimuler ces incitations solvables n'est pas irréaliste pour beaucoup de pays. Mais prétendre que l'élasticité par rapport à la demande sera si élevée qu'elle pourra non seulement compenser, mais plus encore accroître le nombre de médecins dans la plupart des PVD, dévoile surtout l'intention de décrocher un certificat d'adepte de la théorie néo-classique.

Il est actuellement très communément admis dans la littérature théorique et dans les recherches empiriques que les facteurs économiques seuls ne suffisent pas pour bien évaluer l'impact des envois de fonds sur le développement des pays bénéficiaires. Globalement, les effets positifs l'emportent dans un grand nombre de situations, surtout en ce qui concerne la pauvreté et le transfert de technologie. Mais, comme on l'a rappelé, les effets négatifs ont trop souvent été négligés. Le contexte politique, social et institutionnel dans les pays de départ joue indéniablement un rôle fondamental pour assurer des retombées positives pour toute la population dans les meilleures conditions. Les facteurs sociopolitiques agissent de manière déterminante dans les deux sens. La littérature a largement mis en évidence les éléments positifs.

Néanmoins, il importe de nuancer une vision qui serait devenue trop optimiste, au fil des polémiques et des initiatives de nombreuses organisations internationales, au sujet de la relation envois de fonds-développement. Un grand nombre de facteurs négatifs, très présents dans de nombreux pays d'émigration, risquent d'empêcher les incitations permettant la concrétisation des effets favorables des envois de fonds. Parmi ceux-ci, on relèvera principalement l'ampleur de la corruption, l'excès de la bureaucratie, l'insuffisance et l'inefficacité des politiques publiques d'éducation et de santé et les barrières douanières. Il convient aussi d'essayer de prendre la mesure de l'impact du manque de stabilité politique, des incertitudes du système juridique et du manque de confiance de la population des pays de départ envers les institutions publiques et les gouvernements. Ces mêmes facteurs jouent un rôle significatif principalement dans l'exode d'une partie de la main-d'œuvre très qualifiée.

En synthèse, on pourrait sans doute soutenir que l'exode des cerveaux et les envois de fonds ne constituent pas la panacée du développement. Mais, à l'inverse, il serait excessif de leur attribuer une responsabilité disproportionnelle dans les causes et les conséquences des processus de développement mal conçus.

LISTE DES GRAPHIQUES

LISTE DES TABLEAUX

BIBLIOGRAPHIE

Abdih Y., Chami R., Gapen M., Mati A., 2009, *Fiscal Sustainability in Remittance-Dependent Economies*, IMF Working Papers, WP/09/190.

Abrego L., 2009, Economic Well-Being in Salvadoran Transnational Families: How Gender Affects Remittances Practices, *Journal of Marriage and Family*, vol. 71 : 1070-1085.

Acosta P., 2007, Entrepreneurship, Labor Markets and International Remittances: Evidence from El Salvador, in Schiff M. (ed.) (2007), *International Migration Policy and Economic Development: Studies across the Globe*, Washington, World Bank : 141-160.

Acosta P., Fajnzylber P. et Humberto Lopez J., 2008, How important are Remittances in Latin America?, in Acosta P., Fajnzylber P. et Humberto Lopez J., *Remittances and development: lessons from Latin America*, World Bank : 21-49.

Acosta P., Lartey E. et Mandelman F., 2009, Remittances and the Dutch Disease, *Journal of International Economics*, vol. 79, n°1 : 102-116.

Adams R., 1991, *The Effects of International Remittances on Poverty, Inequality and Development in Rural Egypt*, International Food Policy Research Institute (IFPRI), Research report 86.
- 2006a, Remittances, Poverty and Investment in Guatemala, in Özden C. et Schiff M. (ed.), *International Migration, Remittances and the Brain Drain*, Washington, World Bank and Palgrave Macmillan : 53-80.
- 2006b, *Remittances and Poverty in Ghana*, Development Research Group (DECRG), MSN MC3 303, World Bank, WPS3838.
- 2011, Evaluating the Economic Impact of International Remittances on Developing Countries Using Household Surveys: a Literature Review, *Journal of development studies*, vol. 47, n°6 : 809-828.

Adams R. et Cuecuecha A., 2010, Remittances Household Expenditure and Investment in Guatemala, *World Development*, vol. 33, n°11 : 1626-1641.

Adams R., Cuecuecha A. et Page J., 2008, *The Impact of Remittances on Poverty and Inequality in Ghana*, World Bank, Policy Research Working Paper, n°4732.

Adams R. et Page J., 2005, Do International Migration and Remittances Reduce Poverty in Developing Countries?, *World Development*, vol. 33 : 1645-1669.

Aggarwal R. et Horowitz A.W., 2002, Are International Remittances Altruism or Insurance? Evidence from Guyana Using Multiple-Migrant Households, *World Development*, vol. 30, n°11 : 2033-2044.

Alcaraz C. et Chiquiar D., 2012, Remittances, Schooling and Child Labor in Mexico, *Journal of Development Economics*, vol 97, n°1 : 156-165.

Alfieri A., Havinga I. et Hvidsten V., 2005, *Definition of Remittances and Relevant BPM5 Flows*, United Nations Statistics Division, Technical subgroup on movement of natural persons - Mode 5 - TSG 2/16 - TSG /3.

Aluttis C, Bishaw T. et Frank M., 2014, The Workforce for Health in a Globalized Context - Global Shortages and International Migration, *Global Health Action*, vol. 7, http://dx.doi.org/ 10.3402/ghaV7.23611.

Amuedo-Dorantes C., Bansak C. et Pozo S., 2005, One the Remitting Patterns of Immigrants: Evidence from Mexican Survey Data, *Economic Review*, vol. 90, n°1 : 37-58.

Amuedo-Dorantes C. et Pozo S., 2004, Workers Remittances and the Real Exchange Rate: a Paradox of Gifts, *World Development*, vol. 38, n°8 : 1407-1417.
- 2006a, Remittances as Insurance: Evidence from Mexican Immigrants, *Journal of Political Economics*, vol. 19, n°4 : 227-254.
- 2006b, Migration, Remittances and Male and Female Employment Patterns, *American Economic Review*, vol. 26, n°2 : 222-226.

Anyanwu J. et Erhijakpor A., 2010, Do International Remittances Affect Poverty in Africa?, *African Development Review*, vol. 22, n°1 : 51-91.

Arslan C., Dumont J.-C., Kone Z., Moullan Y., Özden C., Parsons C., Xenogiani T., 2015, A New Profile of Migrants in the Aftermath of the Recent Economic Crisis, *OECD Social, Employment and Migration Working Papers*, n° 160 : http://dx.doi.org/10.1787/5jxt2t3nnjr5-en

Aycinena D., Martinez L. et Yang D., 2009, *The Impact of Remittance Fees on Remittance Flows: Evidence from a Field Experiment Among Salvadoran Migrants*, Department of Economics, University of Michigan Press.

Azam J.-P. et Gubert F., 2002, Ceux de Kayes : L'effet des transferts des immigrés maliens sur leur famille d'origine, in Heran F. (ed.), *Immigration, marché du travail, intégration*, Commissariat Général du Plan, La documentation française : 203-230.

Barajas A., Chami R., Fullenkamp C., Gapen M. et Montiel P., 2009, Do Workers' Remittances Promote Economic Growth? Washington, *IMF Working Paper*, WP/09/153.

Beck T. et Martinez Peria M.S., 2011, What Explains the Price of Remittances? An Examination Across 119 Country Corridors, *The World Bank Economic Review*, vol. 25, n°1 : 105-131.

Beine M., Docquier F. et Rapoport H., 2007, Measuring International Skilled Migration: A New Database Controlling for Age of Entry, *World Bank Economic Review*, vol. 21, n°2 : 249-254.
- 2008, Brain Drain and Human Capital Formation in Developing Countries: Winners and Losers, *The Economic Journal*, n°118 : 631-652.

Bhagwati J., 1978, The Brain Drain, Compensation and Taxation, Economic and demographic change: issues for the 1980s, *Proceedings of the IUSSP Conference*, Helsinki, vol. 3 : 179-190.
- 2009, Overview of Issues, in Baghwati J. et G. Manson (ed.), *Skilled Immigration: Problems, Prospects and Policies*, Oxford, Oxford University Press : 3-11.

Bhagwati J. et Dellalfar W., 1973, The Brain Drain and Income Taxation, *World Development*, vol. 1, n°1-2 : 94-101.

Bhagwati J. et Hamada K., 1974, The Brain Drain, Integration of Markets for Professionals and Unemployment. A Theorical Analysis, *Journal of Development Economics*, vol. 1, n°1 : 19-42.

Bhargava A. et Docquier F., 2008, HIV Pandemic, Medical Brain Drain and Economic Development in Sub-Saharan Africa, *The World Bank Economic Review*, vol. 22, n°2 : 345-366.

Bhargava A., Docquier F. et Moullan Y., 2011, Modeling the Effects of Physician Emigration on Human Development, *Economic and Human Biology*, vol. 2, n°9 : 172-183.

Bollard A., McKenzie D., Morton M. et Rapoport H., 2011, Remittances and the Brain Drain Revisited: The Microdata Show that More Educated

Migrants Remit More, *World Bank Economic Review*, vol. 25, n°1 : 132-156.

Bonacich E., 1973, A Theory of Middelman Minorities, *American Sociological Review*, vol. 38, n°5 : 583-594.

Berry R. et Soligo R., 1969, Some Welfare Aspects of International Migration, *Journal of Political Economy*, vol. 77, n°5 : 778-794.

Bylander M., 2013, *The Growing Linkages Between Migration and Microfinance*, Migration Policy Institute, http://www.migrationpolicy.org.

Carringon W. et Detragiache E., 1998, How Big Is the Brain Drain?, *IMF Research Department Working Paper*, WP/98/102.

Chami R., Fullenkamp C. et Jahjah S., 2005, Are Immigrant Remittance Flows a Source of Capital for Development? *International Monetary Fund*, Staff Papers, vol. 52, n°1.

Charbit Y., 2007, Transferts, retours et développement économique. Données, concepts et problématiques, in Petit V., *Les migrations internationales de retour dans la perspective des pays du Sud*, Paris, CEPED : 44-75.

Charbit Y. et Feld S., 2008, Les migrations internationales et les transferts de ressources vers les populations des pays en développement, *Monde en développement*, n°142 : 53-66.

Chauvet L., Gubert F. et Meslé-Somps S., 2009, Les transferts des migrants sont-ils plus efficaces que l'aide pour améliorer la santé des enfants ? Une évaluation économétrique sur des données inter- et intra-pays, *Revue d'économie du développement*, vol. 23, n°4 : 41-80.

Chisasa J., 2014, Nature and Characteristics of Informal Migrant Remittances Transfer Channels: Empirical Study of Remittances from South Africa to Zimbabwe, *Banks and Bank Systems*, vol. 9, n°2 : 58-69.

Central Intelligence Agency, 2012, *World Factbook*, Washington Government Publications.
- 2017, *World Factbook*, Washington Government Publications.

Clemens M., 2007, *Do Visas Kill? Heath Effects of African Health Professional Emigration*, Washington, Center for Global Development Working Paper, n°114.
- 2011, The Financial Consequences of High-Skill Emigration: Lessons from African Doctors Abroad, in Plaza S. et Ratha D. (ed.), *Diaspora for Development in Africa*, Washington, World Bank : 165-182.
- 2015, Smart Policy Toward High-Skill Emigrants, *IZA World of Labor*, n° 203. doi : 10.15185/IZAWOL 203.

Clemens M. et McKenzie D., 2014, Why Don't Remittances Appear to Affect Growth?, *Policy Research Working Paper*, n°6856, World Bank, Development Research Group.

Cox Edwards A. et Rodriguez-Oreggia E., 2009, Remittances and Labor Force Participation in Mexico: An Analysis Using Propensity Score Matching, *World Development*, vol. 37, n°5 : 1004-1014.

Cox Edwards A. et Ureta M., 2003, Internation Migration Remittances and Scooling: Evidence from El Salvador, *Journal of Development Economics*, vol. 72, n°2 : 429-461.

De Haas H., 2005, International Migration, Remittances and Development: Myths and Facts, *Third World Quarterly*, vol. 26, n°8 : 1269-1284.

De Haas H. et Van Rooij A., 2010, Migration as Emancipation? The Impact of Internal and International Migration on the Position of Women Left Behind in Rural Marocco, *Oxford Development Studies*, vol. 38, n°1 : 43-62.

Desai M., Kapur D., McHale J. et Rogers K., 2009, The Fiscal Impact of High-Skilled Emigration: Flows of Indians to the US, *Journal of Development Economics*, vol. 88, n° 1 : 32-44.

Docquier F. et Marfouk A., 2006, International Migration by Education Attainment, 1990-2000, in Özden C. et Schiff M. (ed.), *International Migration, Remittances and the Brain Drain. Trade and development*, Washington, World Bank and Palgrave Macmillan : 151-200.

Docquier F. et Rapoport H., 2012, Globalization, Brain Drain, and Development, *Journal of Economic Literature*, vol. 50, n°3 : 681-730.

Dumont J. et Lemaire G., 2005, *Country Immigrants and Expatriates in OECD Countries: A New Perspective*, OECD Social, Employment and Migration Working Papers, n°25.

Faini R., 2006, *Remittances and the Brain Drain*, IZA Discussion Papers, n°2155.
- 2007a, Migrations et transferts de fonds, Impact sur les pays d'origine, *Revue d'économie du développement*, vol. 2-3 : 153-182.
- 2007b, Remittances and the Brain Drain: Do More Skilled Migrants Remit More?, *The World Bank Economic Review*, vol. 21, n°2 : 177-191.

Faini R., Melo J. et Zimmerman K. (ed.), 1999, *Migration. The Controversies and the Evidence*, Cambridge, Cambridge University Press.

Fajnzylber P. et Humberto Lopez J., 2007, *Close to Home. The Development Impact of Remittances in Latin America*, Washington, The World Bank.
- 2008, *Remittances and Development. Lessons from Latin America*, Washington, The World Bank Publications.

Feld S., 1982, *Les conséquences économiques de l'émigration de main-d'œuvre qualifiée des pays sous-développés*, Liège, Presses de l'Université de Liège.

Fonchamnyo D., 2012, The Altruistic Motive of Remittances: A Panel Data Analysis of Economies in Sub Saharan Africa, *International Journal of Economics and Finance*, vol. 4, n°10 : 192-201.

Frankel G., 2011, Are Bilateral Remittances Countercyclical?, *Open Economies Review*, vol. 22 : 1-16.

Freund C. et Spatafora N., 2008, Remittances, Transaction Costs and Informality, *Journal of Development Economics*, vol. 86, n°2 : 356-366.

Funkhouser E., 2006, The Effect of Emigration on the Labor Market Outcomes of the Sender Household: A Longitudinal Approach Using Data from Nicaragua, *Well-Being and Social Policy*, vol. 2, n°2 : 2-25.

Gapen M., Barajas A., Chami R., Montiel P., Fullenkamp C. et Cosimano T., 2008, Macroeconomic Consequences of Remittances, *IMF Occasional Paper,* n° 259.

Gibson J. et McKenzie D., 2010, The Economic Consequences of "Brain Drain" of the Best and Brightest: Microeconomic Evidence from Five Countries, *Policy Research Working Paper*, n°5394, Washington, World Bank.
- 2011, Eight Questions about Brain Drain, *Journal of Economic Perspectives*, vol. 25, n°3 : 107-128.

Giuliano P. et Ruiz-Arranz M., 2009, Remittances, Financial Development and Growth, *Journal of Development Economics*, vol. 90, n°1 : 144-152.

Granovetter M., 1995, The Economic Sociology of Firms and Entrepreneurs, in Portes A. (ed.), *The Economic Sociology of Immigration: Essays on Networks, Ethnicity and Entrepreneurship*, Russel Sage Foundation : 128-165.

Grubel H.G. et Scott A. D., 1966, The International Flow of Human Capital, *American Economic Review Papers and Proceeding*, vol. 56, n°2 : 268-275.
- 1968, The International Flow of Human Capital: Reply, *American Economic Review Papers and Proceeding*, vol. 58, sept. 1968 : 545-548.

Gupta S., Patillo C. et Wagh S., 2007, Impact of Remittances on Poverty and Financial Development in Sub-Shaharian Africa, *IMF Working Paper*, WP/07/38.

Gustafsson B. et Makonnen N., 1993, Poverty Remittances in Lesotho, *Journal of African Economics*, vol. 2, n°1 : 49-73.

Harris J., Todaro M., 1970, Migration, Unemployment and Development: a Two-Sector Analyses, *American Economic Review*, vol. 60, n°1 : 120-142.

Hildebrandt N. et McKenzie D., 2005, The Effects of Migration on Child Health in Mexico, *Economia*, vol. 61, n°1 : 257-289.

Humberto Lopez J., Molina L. et Bussolo M., 2008, Remittances, the Real Exchange Rate and the Dutch Disease Phenomenon, in Fajnzylber P., Humberto Lopez J., *Remittances and Development Lessons from Latin America*, Washington, The World Bank : 216-252.

Imai K., Gaiha R., Ali A. et Kaicker N., 2014, Remittances, Growth and Poverty: New Evidence from Asian Countries, *Journal of Policy Modelling*, vol. 36, n° 3 : 524-538.

Isaac J., 1947, *Economics of Migration*, New York, Oxford University Press.

Jampaklay A., 2006, Parental Absence and Children's School Enrolment, *Asian Population Studies*, vol. 2, n°1 : 93-110.

Johnson H.G., 1968, Le point de vue "cosmopolite", in Adams W. et Rieben H. (ed.), *L'exode des cerveaux*, Lausanne, CRE : 79-103.

Joseph G. et Plaza S., 2010, *Impact of Remittances on Child Labor in Ghana*, The World Bank, Draft Paper.

Katz E. et Stark O., 1968, Labor Migration and Risk Aversion in Less Developed Countries, *Journal of Labor Economics*, vol. 4 : 134-149.

Kirigia J.M., Gbary A. R., Muthuri L. K., Nyoni J. et Seddoh A., 2006, The Cost of Health Professionals' Brain Drain in Kenya, *BioMedCentral Health Research*, vol. 6 : 89, http://www.biomedcentral.com/1472-6963/6/89.

Kuznetsov Y., 2006, Leveraging Diasporas of Talent: Toward a New Policy Agenda, in Kuznetsov Y. (ed.), *Diaspora Networks and the International Migration of Skills*, Washington, The World Bank.

Lartey E., Mandelman F. et Acosta P., 2012, Remittances, Exchange Rate Regime and the Dutch Disease: a Panel Data Analysis, *Review of International Economics*, vol. 20, n°2 : 377-395.

Lopez Cordova J. E., 2006, Globalization, Migration and Development: the Role of Mexican Migrant Remittances, *Economia*, vol. 6, n°1 : 217-256.

Lu Y. et Treiman D., 2007, *The Effect of Labor Migration and Remittances on Children's Education among Blacks in South Africa*, California Center for Population Research, University of California. https://escholarship.org/uc/item/4s38n8qh

Lucas R., 2004, *International Migration Regimes and Economic Development*, Stockholm, Report for the Expert Group on Development Issues (EGDI), Swedish Ministry of Foreign Affairs.

Lucas R. et Stark O., 1985, Motivations to Remit: Evidence from Botswana, *Journal of Political Economy*, vol. 93, n°5 : 901-917.

Mahut D., 2017, *Le déclassement dans la migration. Ethnographie d'une petite bourgeoisie bamakoise installée à Paris*, Paris, L'Harmattan.

Martinez C. et Yang D., 2007, *Remittances and Poverty in Migrants Home Areas: Evidence from the Philippines*, Departemento de Economia de la Universidad de Chili, SDT n°257.

Mashayekhi M., 2013, *Maximizing the Development Impact of Remittances*, Geneva, UNCTAD.

Massey D., Arango J., Hugo G., Kouaouci A., Pellegrino A. et Taylor S., 1998, *Worlds in Motion. Understanding International Migration at the End of the Millenium*, Oxford, Clarendon Press.

McKenzie D. et Rapoport H., 2007, Network Effects and the Dynamics of Migration and Inequality: Theory and Evidence from Mexico, *Journal of Development Economics*, vol. 84, n°1 : 1-24.
- 2011, Can Migration Reduce Educational Attainment? Evidence from Mexico, *Journal of Population Economics*, vol. 24, n°4 : 1331-1358.

Mills E., Kanters S., Hagopian A. et Bansback N., 2011, The Financial Cost of Doctors Emigrating from Sub-Sahara Africa: Human Capital Analysis, *British Medical Journal*, 343 : d7031.

Mills E., Shabas W., Volmink J., Walker R. et Ford N., 2008, Should Active Recruitment of Health Workers from Sub-Saharian Africa Be Viewed as a Crime? *Lancet*, vol. 371 : 685-688.

Mohapatra S., Joseph G. et Ratha D., 2012, Remittances and Natural Disasters: Ex Post Response and Contribution to Ex Ante Preparedness, *Environment Development and Sustainability*, 14(3) : 365-387. doi 10.1007/S10668_011-9330-8.

Mohapatra S. et Ratha D. (ed.), 2011, *Migration, Remittances in Africa. An Overview*, World Bank, Remittances Markets in Africa, DID Finance.
- 2012, Forecasting Migrant Remittances During the Global Financial Crisis, in Sirkedi I, Cohen J. et Ratha D., *Migration and Remittances During the Global Financial Crisis and Beyond*, Washington, The World Bank : 23-34.

Narayan P.K., Narayan S. et Mishra S., 2011, Do Remittances Induces Inflation? Fresh Evidence from Developing Countries, *Southern Economic Journal*, vol. 77, n° 4 : 914-933.

Niimi Y., Özden C. et Schiff M., 2010, Remittances and the Brain Drain: Skilled Migrants Do Remit Less, *Annals of Economics and Statistics*, vol. 97/98, n°1 : 123-141.

Organisation for Economic Co-operation and Development, 2012, *Resserrer les liens avec les diasporas : Panorama des compétences des migrants*, Paris, Éditions OCDE.
- 2015a, *Perspectives des migrations internationales 2015*, Paris, Éditions OCDE. doi : http://dx.doi.org/10.1787/migr_outlook-2015-fr

- 2015b, *Panorama de la santé 2015 : Les indicateurs de l'OCDE*, Paris, Editions OCDE. doi : http://dx.doi.org/10.1787/health_glance-2015-fr, version 1, dernière mise à jour 27 octobre 2015.
- 2015c, *Health statistics 2015.*

Organisation Internationale des Migrations, 2013, *Diasporas and Development: Bridging Societies and States*, Geneva, International Dialogue on Migration, n° 22.

Organisation Mondiale du Commerce, 2013, Statistiques du commerce international. https://www.wto.org/french/res_f/statis_f/its2013_f/its2013_f.pdf
- 2015, Statistiques du Commerce international.
https://www.wto.org/french/res_f/statis_f/its2015_f/its2015_f.pdf

Orozco M., 2006a, *International Finance Flows and Workers Remittances. Best Practices*, UNDP, www.thedialogue.org/publicationsfiles.
- 2006b, Migration, Money and Markets: The New Realities for Central America, in Terry D. et Wilson S., *Beyond Small Change: Making Migrant Remittances Work for Development*, Washington, Inter-American Development Bank : 193-218.

Özden C., 2006, Educated Migrants: is There Brain Waste?, in Özden C. et Schiff M. (ed.), *International Migration, Remittances and the Brain Drain*, Washington, World Bank et Palgrave Macmillan : 227-244.

Özden C. et Schiff M. (ed.), 2006, *International Migration, Remittances and the Brain Drain*, Washington, World Bank et Palgrave Macmillan.

Page J. et Plaza S., 2006, Migration Remittances and Development. A Review of Global Evidence, *Journal of African Economics*, vol. 15, n°2 : 245-336.

Patinkin D., 1968, Le point de vue "nationaliste", in Adams W. et H. Rieben, *L'exode des cerveaux*, Lausanne, CRE : 105-121.

Petit V. (ed.), 2007, *Migrations internationales de retour et pays d'origine*, Paris, CEPED.

Plaza S., Navarrete et Ratha D., 2011, *Migration and Remittances Household Surveys in Sub-Saharan Africa: Methodological Aspects and Main Findings*, World Bank, African Migration Project Migration and Remittances Unit of the Development Economics.

Portes L., 2009, Remittances, poverty and inequality, *Journal of Economic Development*, vol. 34, n°1 : 127-140.
Pozo S., 2005, On remittance and Risk, in Terry D. et S. Wilson, *Beyond Small Chang: Making Migrant Remittances*, Work for Development Washington DC, Inter-American Development Bank : 71-94.

Programme des Nations Unies pour le développement, 1992, *Rapport mondial sur le développement humain*, New York, Economica, Programme des Nations Unies pour le développement économique.

Psacharopoulos G., 1971, On Some Positive Aspects of the Economics of the Brain Drain, *Minerva*, vol. IX, n°2 : 231-242.

Rapoport H., 2010, Le “Brain Drain” et son incidence sur les pays en développement, *Regards croisés sur l'économie*, vol. 2, n°8 : 110-124.

Rapoport H. et Docquier F., 2006, The Economics of Migrants' Remittances, in Kolm S. et Mercier-Ythier J. (ed.), *Handbook of the Economics of Giving, Altruism and Reciprocity*, Amsterdam, North Holland, vol. 2, chap. 17 : 1135-1198.

Ratha D., 2007, *Leveraging Remittances for Development*, Washington, Migration Policy Institute, Policy Brief.

Ratha D. et Plaza S., 2011, Harnessing Diasporas, *IMF Finance and Development*, vol. 48, n°3 : 48-51.

Ratha D. et Shaw W., 2007, *South-South Migration and Remittances,* Washington, The World Bank, World Bank Working Paper n° 102.

Schiff M., 2006, Brain Gains: Claims About Its Size and Impact on Welfare and Growth are Greatly Exaggerated, in Özden C. et Schiff M., *International Migration, Remittances & the Brain Drain*, Washington, World Bank and Palgrave MacMillan : 201-225.

Sirkeci I., Cohen J., et Ratha D., 2012, *Migration and Remittances during the Global Financial Crisis and Beyond*, Washington DC, World Bank, World Bank e-library.

Spatafora N., 2005, Worker Remittances and Economic Development, in IMF, *World Economic Outlook*, Washington : 69-84.

Stark O., 1991, *The Migration of Labor*, Cambridge, Oxford, Basil Blackwell.

Stark O. et Bloom D. E., 1985, The New Economics of Labor Migration, *The American Economic Review*, vol. 75, n°2 : 173-178.

Stark O. et Fan C., 2007a, International Migration and "Educated Unemployment", *Journal of Development Economics*, vol. 83, n°1 : 76-87.
- 2007b, Losses and Gains to Developing Countries from the Migration of Educated Workers, *World Economics*, vol. 8, n°2 : 259-269.

Stark O., Helmenstein C. et Prskawetz A., 1998, Human Capital Depletion, Human Capital Formation and Migration: a Blessing or a "Curse"?, *Economics Letters*, vol. 60, n°3 : 363-367.

Stark O. et Katz E., 1986, Labor Migration and Risk Aversion in Less Developed Countries, *Journal of Labor Economics*, vol. 4, n°1 : 134-149.

Stark O., Taylor J. et Yitshaki S., 1988, Migration, Remittances and Inequality, *Journal of Development Economics*, vol. 28 : 309-322.

Taylor J., Mora J. et Adams R., 2005, Remittances, Inequality and Poverty: Evidence from Rural Mexico, in World Bank, *Research Program on International Migration and Development*, Washington : 103-130.

Union européenne et Nations Unies, 2014, *Migration et développement : une approche issue de la base. Un manuel pour les praticiens et les décideurs politiques*, Bruxelles, CE-ONU, ICMD, UNDP.

United Nations, 1985, *Yearbook of the United Nations 1985* (Department of Public Information).
- 2004, *World Economic and Social Survey, International Migration* (Department of Economic and Social Affairs).
- 2006, *Migrations internationales et développement* (Rapport du Secrétaire général à l'Assemblée générale, A/60/871).
- 2010, *Health Workers International Migration and Development* (Division of Population and Development, March 2010/2/E/Rev).
- 2013, *New Trends in Migration Demographic Aspects* (Report of the Secretary-General, U.N. Economic and Social Council, Commission on Population and Development, E/CN39/2013/3).
- 2014, *Framework of Actions for the Follow-up to the Programme of Action of the International Conference on Population and Development Beyond 2014* (Report of the Secretary-General, A/69/62).

- 2015a, *World Population Prospect. The 2015 Revision* (DESA, Population Division, POP/PD/WPP/Rev2015/POP/F-01).
- 2015b, *Trends in International Migrant Stock: The 2015 Revision* (Department of Economic and Social Affairs, Population Division, United Nations Database, POP/DB/MIG/Stock/Rev.2015).
- 2016, *International Migration Report 2015* (Department of Economic and Social Affairs, Population Division, ST/ESA/SER.A/384).

United Nations, Assemblée générale, 2014, *Plan directeur pour la suite à donner après 2014 au Programme d'Action de la Conférence internationale sur la population et le développement*, Rapport du Secrétaire général, A/69/62.

United Nations Conference on Trade And Development, 1978, Monographie sur le transfert inverse de technologie (exode des compétences) : Examen des problèmes et des politiques au Pakistan, TD/B/C.G/AC.4/3, en Inde, TD/B/C.G/AC.4/6, au Sri Lanka, TD/B/C.G/AC.4/4, aux Philippines, TD/B/C.G/AC.4/5.
- 1987, *Trends and Current Situation in Reverse Transfer of Technology*, Geneva, TD/B/AC.35/16.
- 2011, *Impact of Remittances in Poverty in Developing Countries*, UN Geneva, UNCTAD/DITC/TNCD/2010/8.
- 2012, *The Least Developed Countries Report 2012, Harnessing Remittances and Diaspora Knowledge to Build Reductive Capacities*, Geneva, UNCTAD/LDC/2012.
- 2013, *Maximizing the Development Impact of Remittances*, UN Geneva, UNCTAD/DITC/TNCD/2011/8.

Vertovec S., 2005, *The Political Importance of Diasporas*, Oxford, Centre on Migration, Policy and Society, Working paper n°13.

Widmaier, S. et Dumont J-C. (2011), Are recent immigrants different? A new profile of immigrants in the OECD based on DIOC 2005/06, *OECD Social, Employment and Migration Working Papers* n°126 : http://dx.doi.org/10.1787/5kg3ml17nps4-en

Wilson J., 2007, Taxing the Brain Drain. A Reassessment of the Bhagwati Proposal, in Dimopoulos E., Krishna P., Panagariya A. et Way K., *Trade, Globalization and Poverty*, Routledge.

Woodruff C. et Zentano R., 2007, Migration networks and micro-entreprises in Mexico, *Journal of Development Economics*, vol. 82, n°2 : 509-528.

World Bank, 2013a, Migration and Development, *Brief*, n°20, 19 avril 2013.
- 2013b, Migration and Development. *Brief*, n° 21, 21 octobre 2013.
- 2014a, *Send Money Africa*, African Institute for Remittances (AIR). http://www.sendmoneyafrica.worldbank.org.
- 2014b, *Remittances Price Worldwide. An Analysis of Trends in the Cost of Migrants Remittance Services*. http://remittanceprices.worldbank.org.
- 2014c, *Report on the Remittances Agenda of the G20, Financial Inclusion and Infrastructure Global Practice*, Washington, World Bank.
- 2014d, *Data World Development Indicators. Government Expenditures on Education*, World Bank.
- 2014e, *Annual Remittances, Data inflow staff calculations Prospect Data & Research,* IMF Balance of Payments, Statistics Yearbook.
- 2014f, *Data & Research Prospect. Migration and Research Data, Remittances outflows*. Annual Remittances Data.
- 2015a, Remittances Price, Worldwide. http://remittanceprices.worldbank.org.
- 2015b, *World Bank Staff, Calculation, Bilateral Migration Matrix, Data on Skill Level from the Database* OCDE (DIOC) and World Development Database.
- 2016, *Remittances Prices Worldwide*. http://remittanceprices.worldbank.org.
- 2017a, *Migration and Remittances*, Migration and Development Brief, n°27.
- 2017b, *Remittances Data*, Migration and annual Remittances updated.

World Bank et KNOMAD, 2016, *Migration and Remittances Recent Development and Outlook*, Washington, Migration and Development, Brief n°40 A.
- 2018, *Migration and Remittances Recent Development and Outlook*, Washington, Migration and Development, Brief, n°29.
World Health Organisation,
- 2006, *The Global Shortage of Health Workers and its Impact*, Fact Sheet, n°2, Geneva, WHO.
- 2010, 63e Assemblée générale de l'OMS "*International Recruitment of Health Personnel", Draft Global Code of Practice*, A63/in.doc/2.
- 2011a, *Public Hearing on the Draft Guidelines for Monitoring the Implementation of the Global Code of Practice on the International Recruitment of Health Personnel, 21 mars - 17avril 2011*.
- 2011b, *User's Guide to the Global Code of Practice on the International Recrutment of Health Personnel*, WHO/HSS/HRH/HMP.
- 2014, *The 2014 Update. Global Health Workforce. Statistics*, http://www.who.int/hrb/statistics/inf.stat.

- 2015, *Global Health Observatory (GHO), Indicators Views. The Data Repository. Density of Physicians Latest Available Year, Absolute Numbers Data by Country.*

Ziesemer T.H.W., 2012, Worker Remittances, Migration, Accumulation and Growth in Poor Countries: Survey and Analysis of Direct and Indirect Effects, *Economic Modelling*, vol. 29, n°2 : 103-118.

Collection "Populations"

Dirigée par Yves Charbit, Maria Eugenia Cosio-Zavala Hervé Domenach

La démographie est au cœur des enjeux contemporains, qu'ils soient économiques, sociaux, environnementaux, culturels, ou politiques. En témoigne le renouvellement récent des thématiques : développement durable, urbanisation et mobilités, statut de la femme et de l'enfant, dynamiques familiales, santé de la reproduction, politiques de population, etc.

Cette démographie contextuelle implique un renouvellement méthodologique et doit donc prendre en compte des variables en interaction, dans des espaces de nature diverse (physiques, institutionnels, sociaux).

La collection "Populations" privilégie les pays et les régions en développement sans pour autant oublier leurs liens avec les pays industrialisés et contribue à l'ouverture de la démographie aux autres disciplines.

Liste des ouvrages parus depuis 1998

1998 Frédéric Sandron. *Les naissances de la pleine lune et autres curiosités démographiques.*

1998 Véronique Petit. *Migrations et société dogon.*

1998 Stéphanie Toutain. Une *interminable réforme : les systèmes de retraite en Italie.*

1999 Jesus A. Alejandre et Jean Papail. *L'émigration mexicaine vers les Etats-Unis.*

2000 Patrice Vimard et Benjamin Zanou, dir. *Politiques démographiques et transition de la fécondité en Afrique.*

2001 Patrick Livenais. *Peuplement et évolution agraire au Morelos (Mexique).*

2001 Olivia Samuel. *Mariage et famille en milieu rural mexicain.*

2001 Frédéric Sandron et Bénédicte Gastineau. *Dynamiques familiales et innovations socio-démographiques. Etudes de cas dans les pays du sud.*

2002 Sarah Hillcoat-Nalletamby. *La pratique de la contraception à l'Ile Maurice.*

2002 Myriam de Loenzien. *Connaissances et atitudes face au VIH/SIDA.*

2002 Bénédicte Gastineau et Frédéric Sandron. *La transition de la fécondité en Tunisie.*

2002 Yves Charbit et Catherine Scornet, dir. *Société et politiques de population au Viêt-Nam.*

2002 Lelio Marmora. *Les politiques de migrations internationales.*

2003 Corinne Régnard. *Crise économique, santé et mortalité à Madagascar.*

2004 Hervé Domenach et Michel Picouët, dir. *Environnement et population : défis et perspective.*

2004 Véronique Petit et Marie-Laetitia des Robert, dir. *Entre résistance et changements : la planification familiale en milieu rural sénégalais.*

2004 Jean-François Léger. *Les jeunes et l'armée.*

2004 Ralph Schor. *Français et immigrés en temps de crise (1930-1980).*

2006 Michèle Dion. *Quand la Réunion s'appelait Bourbon.*

2007 Lise Beck. *Contexte de paupérisation et mortalité des enfants ruraux au Rwanda, 1980-1994.*

2008 Maryse Gaimard. *Goitre endémique et démogpraphie en Afrique noire. L'exemple d'un village en Côte d'Ivoire.*

2008 Yves Charbit, Olivier Belbeoch et Souraya Hassan Houssein. *La population de Djibouti.*

2008 Mustapha Omrane. *Accès à la terre, dynamique démographique et ancestralité dans les Hautes Terres de Madagascar.*

2008 Frédéric Sandron et Bénédicte Gastineau. *Population et développment dans les Hautes Terres de Madagascar.*

2009 Céline Clément. *La mère et ses enfants : devenir adulte et transmissions intergénérationnelles.*

2010 Aurélie Godard. *Economie domestique et société. Le travail des femmes en Guinée Maritime.*

2011 Maryse Gaimard. *Population et santé dans les pays en développement.*

2013 Marc-Antoine Pérouse de Montclos, Véronique Petit, Nelly Robin, dir. *Crises et migrations dans les pays du Sud.*

2014 Myriam de Loenzien. *Famille et société au prisme du Vih/sida au Viêt Nam.*

2014 ROKHAYA CISSE. *L'HERITAGE DE LA PAUVRETE. ENTRE RECURRENCE, RUPTURE ET RESILIENCE DANS LES TRAJECTOIRES DES PAUVRES AU SENEGAL.*

2014 Yves Charbit et Teiko Mishima, dir. *Migrations internationales et santé en Afrique sub-Saharienne. Recherches interdisciplinaires en France et au Japon.*

2015 Institut national de la statistique du Niger. *Niger : vers le développement social.*

2016 Laure Hadj. *Inégalités régionales en Nouvelle Calédonie.*

2016 Serge Rabier. *L'ambition suédoise pour le développement. Genre, santé et droits sexuels et reproductifs.*

2016 Lucas Tchetgnia. *Face au Sida, quel comportement en Afrique. Le cas du Cameroun.*

2017 David Mahut. *Le déclassement dans la migration. Ethnographie d'une petite bourgeoisie bamakoise installée à Paris.*

2018 Armelle Klein. *Vieillisement, innovation et territoire. Le cas de l'île de la Réunion*

2018 Madeleine Sène. *Congrégations catholiques et santé au Sénégal (1819-2018)*

2018 Aminata Ngian Diene. *La gouvernance de la santé au Sénégal.*

MIGRATIONS ET IMMIGRATIONS
AUX ÉDITIONS L'HARMATTAN

Dernières parutions

GASSAMA COEUR-DE-LION

Le courage et l''héroïsme d'un migrant

Joseph Ndzomo-Molé

En observant Mamoudou Gassama, jeune Malien immigré clandestin à Paris, escaladant un immeuble pour sauver un petit Français suspendu au quatrième étage et passant subitement, grâce à cet acte héroïque, du statut de quidam à celui d'une célébrité reçue par des chefs d'états, on est amené à réfléchir sur le courage, l'héroïsme et le phénomène migratoire en Europe, qui est sans doute un signe des temps de la mondialisation. L'auteur propose l'organisation de sommets sur la migration : à l'échelle de l'Afrique, qui perd en cerveaux et en bras rentabilisables pour son propre compte et à l'échelle de l'Europe, grande plaignante.

(Coll. Points de vue, 104 p., 12,5 euros)

ISBN : 978-2-343-16071-9, EAN EBOOK : 9782140114977

POLITIQUES DU CARE EN FRANCE ET EN ALLEMAGNE

Parcours des assistantes et assistants maternels issus de l'immigration

Janina Glaeser

Cet ouvrage vise à étudier la manière dont les politiques du care agissent sur la mobilité sociale des assistant-e-s maternel-le-s issu-e-s de l'immigration en France et en Allemagne (de l'Ouest). Il vise aussi à interroger la répartition du travail de care entre les femmes et plus largement la problématique globale du care dans l'État-providence européen. À partir d'entretiens biographiques avec des assistant-e-s maternel-le-s dans les deux pays, sont étudiées les conditions de la sous-traitance des tâches ménagères et de la garde des enfants qui permettent aux mères (et aux pères) d'être actifs-ves.

(Coll. Logiques sociales, 250 p., 25 euros)

ISBN : 978-2-343-16306-2, EAN EBOOK : 9782140114618

BANLIEUE - IMMIGRATION

Des paradoxes de la solidarité à l'idéologie victimaire

Ivry-sur-Seine, 1968-2018

Gérard Bonnefon

Cet ouvrage étudie sur une période de cinquante années, de 1968 à 2018, les attitudes et les politiques concernant les travailleurs et les familles immigrés dans une ville de la banlieue populaire Ivry-sur-Seine dirigée depuis 1925 par les majorités successives placées sous l'égide du PCF. À partir d'exemples concrets, l'auteur étudie les évolutions d'une politique paradoxale qui préconisait, dans les années 1970, l'instauration de quotas d'immigrés, renvoyait la prise en charge de ces travailleurs et familles à l'État et aux employeurs, tout en faisant profession d'antiracisme et de solidarité.

(304 p., 30 euros)

ISBN : 978-2-343-16787-9, EAN EBOOK : 9782140114809

MIGRATIONS INTERNES AU MALI ET INSERTION DES MIGRANTS DE RETOUR

Arouna Sougane

Cet ouvrage analyse les effets de la migration sur le comportement des membres des ménages d'origine à un moment où les drames de l'immigration clandestine continuent de faire la une de l'actualité mondiale. Contrairement à une opinion fort répandue du fait de la médiatisation des tragédies à répétition des migrations africaines vers l'Occident, les migrations d'Africains sont en grande partie intra-africaines. Le travail de recherche de l'auteur, appliqué au Mali, élargit l'analyse aux migrations internes qui sont de forte intensité dans ce pays.

(Coll. Études Eurafricaines, 224 p., 23,5 euros)

ISBN : 978-2-343-16707-7, EAN EBOOK : 9782140114793

LES EVONDO, EHONDO, ABY ET AUTRES BETSENGA

Migrations et sédentarité du XVIIè siècle à nos jours

Christian Mbarga Owono

Cette étude raconte spécifiquement l'histoire des Evondo, clan majeur chez les Batsenga (Beti). Elle s'inscrit dans la mouvance de la philosophie du Sankofa, concept symbolisant la quête de la connaissance basée sur un examen critique, patient et intelligent du passé, pour garantir un meilleur avenir. Ce travail représente en outre un microcosme du monde beti. Contenant des arbres généalogiques de familles beti couvrant une période de plusieurs siècles, il sera d'un grand intérêt pour ceux qui veulent approfondir leurs connaissances de l'univers des Beti et des peuples africains en général.

(Coll. Littératures et cultures afro-américaines, 384 p., 38 euros)

ISBN : 978-2-343-16425-0, EAN EBOOK : 9782140109782

AFRIQUE, QUE FAIS-TU DE TES JEUNES ?

Alassane, Lauric, Aminata, Mohamed... et les autres ?

Jean-Yves Vlahovic

En écrivant cet ouvrage, l'auteur donne à lire des récits de vie recueillis auprès de jeunes migrants arrivés isolés à Nantes. C'est bien en se penchant sur ces histoires liées à des contextes et à des événements particuliers que l'on peut comprendre ce qui les a conduits sur les chemins de l'exil. L'ouvrage offre quelques clefs pour une meilleure appréhension d'un phénomène social récent. Devant cette enfance en danger, il en appelle à une prise de conscience citoyenne.

(232 p., 23,5 euros)

ISBN : 978-2-343-16017-7, EAN EBOOK : 9782140107429

ACCUEILLIR LES MIGRANTS

Un pari sur l'avenir

Xavier Bilbault

Avec la collaboration de François Escofier et de ses partenaires du site www.pupi.fr

Xavier Bilbault souhaite un changement de regard sur les migrations. Il convie les États occidentaux et les ONG à mettre en place dans tous les lieux de tri et de détention, des programmes de formation en lien avec les capacités réelles des migrants, leurs acquis culturels et leurs propres souhaits. L'objectif est de lancer de telles formations tant du côté africain que du côté européen avec comme priorité la promotion de développements locaux ou transfrontaliers.

(94 p., 12 euros)

ISBN : 978-2-343-15962-1, EAN EBOOK : 9782140104442

MIGRATIONS ET SAVOIRS

Stations, itinéraires et périples, de l'apprentissage sur le parcours migratoire entre l'Éthiopie et Allemagne

Délia Evelyne Nicoué

D'où viennent les réfugiés qui arrivent jusqu'en Allemagne ? Quelles sont les particularités du parcours et du vécu quotidien des femmes dans ces mouvements migratoires ? La migration des servantes domestiques est analysée comme un processus dynamique d'apprentissage et de quête de soi qui mène des jeunes femmes éthiopiennenes jusqu'en Europe. Leur parcours apparaît plus comme un parcours expérimental d'apprentissage continuel et non comme un projet de migration reconçue au départ de l'Ethiopie.

(Coll. Logiques sociales, 294 p., 30 euros)

ISBN : 978-2-343-15203-5, EAN EBOOK : 9782140101953

VIE ET MORT DU PETIT QUÉBEC DE LA FLORIDE

Floribec en textes

Rémy Tremblay

Qui sont ces hivernants et touristes québécois ? Pourquoi se regroupent-ils ? Pourquoi faire communauté touristique ? Les plus aventureux, les immigrants, pourquoi ont-ils choisi ce coin de la Floride en particulier ? Floribec est un noyau d'immigrants et de migrants canadiens-français en terre américaine. Il est né du tourisme, de migrations volontaires, et en dépend toujours, ce qui n'a rien à voir avec les migrations forcées du XVIIIe siècle. Floribec un fort bel exemple de migrations nouvelles, transnationales, non forcées, comme c'est le cas de nombreux Britanniques, Allemands et autres Européens qui fréquentent le sud sur une base annuelle, saisonnière, voire mensuelle pour travailler ou par pur plaisir.

(Coll. Tourisme et migrations, 110 p., 13 euros)

ISBN : 978-2-343-15268-4, EAN EBOOK : 9782140102240

L'IMMIGRATION DES DIPLÔMÉS MALIENS DE FRANCE

Fuite des cerveaux ou quête de promotion sociale ?

Fodié Tandjigora

Préface de Mahamet Timera

L'immigration malienne n'est pas l'apanage des seuls ruraux analphabètes, mais elle est une pratique transversale touchant même les diplômés. L'immigration des diplômés maliens en France est une réalité qui a longtemps été étouffée par les schémas migratoires classiques.Traiter l'immigration malienne sous l'angle des cadres, des élites et des intellectuels, peut paraître incongru tant il est vrai que l'image sociale des immigrés maliens est indissociablement liée à la misère et à la clandestinité. Cet ouvrage ne va pas sans rupture avec les représentations communes sur l'immigré malien de France.

(Coll. Études Eurafricaines, 228 p., 23 euros)

ISBN : 978-2-343-15010-9, EAN EBOOK : 9782140100420

LA CRISE DE L'ACCUEIL DES RÉFUGIÉS DE 2015

Une pathologie du modernisme

Nader Vahabi

Préface de Michel Wieviorka

En quoi le flux migratoire de 2015 constitue-t-il une crise ? Pourquoi tant de réfugiés se sont-ils dirigés vers l'Europe ? Quelle place y occupe la Méditerranée et comment les pays du vieux continent réagissent-ils face à des personnes prêtes à prendre le risque de payer de leur vie le coût de leur déplacement ? En quoi mondialisation et migration sont-elles intrinsèquement liées à la modernité ?

(Coll. Cultures sans frontières, 200 p., 23 euros)

ISBN : 978-2-343-15715-3, EAN EBOOK : 9782140100413

WOMEN AND CHILDREN IN MIGRATION

Protections and reception systems

Stefania Giova et Antonio Mancini

Cet ouvrage apporte une réflexion multidisciplinaire sur les droits, la protection, la réception et les pratiques d'intégration s'adressant aux migrants forcés en Italie, avec un focus spécifique sur les femmes et les mineurs isolés.

(Coll. Harmattan Italia, 188 p., 29 euros)

ISBN : 978-2-336-31231-6, EAN EBOOK : 9782140100321

PEUT-ON ÊTRE MUSULMAN EN OCCIDENT ?

Le cas du Québec

Radouane Bnou-Noucair

Peut-on être musulman en Occident ? Le présent ouvrage se propose d'apporter des éléments de réponse à cette question en : Rappelant la situation actuelle des musulmans en Occident ; Décrivant comment l'islamophobie s'est développée dans les pays occidentaux, en se basant sur le cas du Québec ; Rappelant les principaux freins à desserrer pour le bon fonctionnement du vivre-ensemble. Dans la conclusion, une réponse est fournie en précisant les conditions incontournables à sa réalisation.

(134 p., 15 euros)

ISBN : 978-2-343-15505-0, EAN EBOOK : 9782140098932

LES DÉFIS DE LA "MOBILITÉ"

Expériences, dispositifs et interculturalité en éducation et formation

Sous direction de Véronique Fortun-Carillat, Pascal Lafont et Frédérique Montandon

La mobilité est appréhendée en lien avec les notions d'apprentissage, d'éducation et de formation, en mettant en avant différents niveaux ou types de mobilités : « mobilités » individuelle, collective, institutionnelle, disciplinaire. Cet ouvrage poursuit l'objectif d'élargir la réflexion sur les différentes formes de « mobilités » que peut prendre la confrontation à la différence et à d'autres types de « culture » au niveau spatial, temporel et contextuel. Voici un ensemble de questionnements autour des thématiques principales de cette réflexion.

Téraèdre (236 p., 26 euros)

ISBN : 978-2-36085-087-7, EAN EBOOK : 9782140095894

L'ALLEMAGNE ET LES MIGRANTS

Théories, stratégies et regards croisés sur une réalité complexe

Sous la direction de François Genton et Susanne Berthier-Foglar

L'histoire de l'humanité est une histoire de migrations. La fin des empires coloniaux, les crises économiques et démographiques et les guerres ont engendré un phénomène de migrations qui concernent tous les continents. Prenant pour objet central l'Allemagne, qui a ouvert son territoire à la fin de l'été 2015 à des centaines de milliers de réfugiés, cet ouvrage présente les théories et les stratégies qui sous-tendent les migrations, puis se ramifie vers les régions (anciennement) colonisées et la construction de nouvelles identités.

(Coll. Minorités et Sociétés, 230 p., 23,5 euros)

ISBN : 978-2-343-14727-7, EAN EBOOK : 9782140094439

PARCOURS MIGRATOIRE ET TRAJECTOIRES DE VIE DES PERSONNES ÂGÉES IMMIGRÉES

Sociologie de l'accompagnement social

Fatima Mezzouj

Cet ouvrage s'intéresse aux personnes immigrées en France âgées de 60 ans et plus, originaires du Maroc, de l'Algérie et de la Tunisie, et aux professionnels de l'action sociale et médico-sociale. À partir de l'analyse des parcours de vie de ces personnes âgées immigrées, il apporte un éclairage intéressant sur la souffrance et le bonheur de cette population.

(Coll. Espaces interculturels, 262 p., 27 euros)

ISBN : 978-2-343-14762-8, EAN EBOOK : 9782140092404

DIEU, LES MIGRANTS ET L'AFRIQUE

Sophie Bava

Cet ouvrage a pour ambition d'explorer le rôle joué par le religieux dans le renouvellement de la question migratoire, mais également, d'apprécier la place de la migration dans les recompositions religieuses contemporaines entre le Sénégal, le Burkina Faso, l'Egypte, la Tunisie, le Maroc et l'Argentine. Entre l'Afrique au-delà du Sahara et l'Afrique méditerranéenne, des chercheurs, tous spécialistes des mobilités, interrogent l'émergence d'une scène religieuse musulmane et chrétienne dynamisée par les migrations.

(Coll. Les mobilités africaines, 242 p., 25 euros)

ISBN : 978-2-343-14921-9, EAN EBOOK : 9782140093432

Structures éditoriales du groupe L'Harmattan

L'Harmattan Italie
Via degli Artisti, 15
10124 Torino
harmattan.italia@gmail.com

L'Harmattan Hongrie
Kossuth l. u. 14-16.
1053 Budapest
harmattan@harmattan.hu

L'Harmattan Sénégal
10 VDN en face Mermoz
BP 45034 Dakar-Fann
senharmattan@gmail.com

L'Harmattan Cameroun
TSINGA/FECAFOOT
BP 11486 Yaoundé
inkoukam@gmail.com

L'Harmattan Burkina Faso
Achille Somé – tengnule@hotmail.fr

L'Harmattan Guinée
Almamya, rue KA 028 OKB Agency
BP 3470 Conakry
harmattanguinee@yahoo.fr

L'Harmattan RDC
185, avenue Nyangwe
Commune de Lingwala – Kinshasa
matangilamusadila@yahoo.fr

L'Harmattan Congo
67, boulevard Denis-Sassou-N'Guesso
BP 2874 Brazzaville
harmattan.congo@yahoo.fr

L'Harmattan Mali
Sirakoro-Meguetana V31
Bamako
syllaka@yahoo.fr

L'Harmattan Togo
Djidjole – Lomé
Maison Amela
face EPP BATOME
ddamela@aol.com

L'Harmattan Côte d'Ivoire
Résidence Karl – Cité des Arts
Abidjan-Cocody
03 BP 1588 Abidjan
espace_harmattan.ci@hotmail.fr

L'Harmattan Algérie
22, rue Moulay-Mohamed
31000 Oran
info2@harmattan-algerie.com

L'Harmattan Maroc
5, rue Ferrane-Kouicha, Talaâ-Elkbira
Chrableyine, Fès-Médine
30000 Fès
harmattan.maroc@gmail.com

Nos librairies en France

Librairie internationale
16, rue des Écoles – 75005 Paris
librairie.internationale@harmattan.fr
01 40 46 79 11
www.librairieharmattan.com

Librairie l'Espace Harmattan
21 bis, rue des Écoles – 75005 Paris
librairie.espace@harmattan.fr
01 43 29 49 42

Lib. sciences humaines & histoire
21, rue des Écoles – 75005 Paris
librairie.sh@harmattan.fr
01 46 34 13 71
www.librairieharmattansh.com

Lib. Méditerranée & Moyen-Orient
7, rue des Carmes – 75005 Paris
librairie.mediterranee@harmattan.fr
01 43 29 71 15

Librairie Le Lucernaire
53, rue Notre-Dame-des-Champs – 75006 Paris
librairie@lucernaire.fr
01 42 22 67 13

www.ingramcontent.com/pod-product-compliance
Lightning Source LLC
LaVergne TN
LVHW011015061026
849535LV00006B/1888
* 9 7 8 2 3 4 3 1 6 5 4 3 1 *